金鼎D管理模式

西安交通大学金鼎管理模式课题组

西安交通大学出版社
XI'AN JIAOTONG UNIVERSITY PRESS

内容简介

本书以前沿管理理论为指导,综合考虑国内外著名企业的管理实践,以公司成长发展历程为研究对象,运用质性研究方法和扎根理论,系统研究了金鼎公司管理模式形成的独特性和生命力,总结了其管理的基本思想、方法和机制。

本书第一部分主要阐述管理模式的研究方法。以归纳法和质性研究方法为主,从现象出发,逐项识别公司发展过程中具有重要影响的关键性管理措施以及这些措施的实施结果,形成初步理论。接着再用理论反思和剖析现象及问题,直到解释饱和为止。通过这一过程析出了金鼎D管理模式的特点和内涵。本书第二部分全面阐述了金鼎D管理模式,包括D管理模式的历史演变、含义、结构和内涵,以及金鼎D管理模式在金鼎实践过程中的具体措施和实施手段。

本书可供企业管理者、大中专院校学生以及管理研究者理解管理理论和设计管理体系时作为参考。

图书在版编目(CIP)数据

金鼎D管理模式/西安交通大学金鼎管理模式课题组著. —西安:西安交通大学出版社,2012.9
ISBN 978-7-5605-4541-7

Ⅰ.①金… Ⅱ.①西… Ⅲ.①国有企业-企业管理-研究-中国 Ⅳ.①F279.241

中国版本图书馆 CIP 数据核字(2012)第 209948 号

书　名	金鼎D管理模式
著　者	西安交通大学金鼎管理模式课题组
责任编辑	叶　涛
出版发行	西安交通大学出版社
	(西安市兴庆南路10号　邮政编码710049)
网　址	http://www.xjtupress.com
电　话	(029)82668357　82667874(发行中心)
	(029)82668315　82669096(总编办)
传　真	(029)82668280
印　刷	陕西元盛印务有限公司
开　本	727mm×960mm　1/16　印张 13.75　字数 248千字
版次印次	2012年9月第1版　2012年9月第1次印刷
书　号	ISBN 978-7-5605-4541-7/F·324
定　价	48.00元

读者购书、书店添货,如发现印装质量问题,请与本社发行中心联系、调换。
订购热线:(029)82665248　(029)82665249
投稿热线:(029)82664954
读者信箱:jdlgy@yahoo.cn

版权所有　侵权必究

前 言

《管子》说,"化变者,天地之极也","本乎无妄之治,运乎无方之事,应变不失之谓当"。伴随着中国改革开放三十多年,国有企业改革、创新、发展取得了令人瞩目的成就,可以说其发展的速度、广度在世界经济发展史上都无出其右者。特别是近年来,当全球金融危机跌宕起伏,中国企业却能够牢牢把握发展战略机遇,始终保持"风景这边独好"的态势,充分显示出其蓬勃的生命力,而且充分表现出完全不同于欧美和日本企业的中国特色,使得理论界和实践界都在讨论是否存在一个或若干个普适的管理模式。但是目前的成果只是集中在对某些企业成功要素的总结上,并没有从认识论的角度出发去进行深层次的思索。

基于此,山西晋煤集团金鼎煤机矿业有限公司与西安交通大学管理学院协同成立了课题研究组,以公司成长发展历程为研究对象,运用质性研究方法和扎根理论,系统研究了其管理模式形成的独特性和生命力,总结了其管理的基本思想和管理方法与机制,提炼形成了成型的管理体系,编写成本书。

本书第一部分主要阐述管理模式的研究方法。在这一部分确定了管理模式研究的基本视角,然后以归纳法为主,从现象出发,以质性研究方法和扎根理论方法为工具,逐项识别金鼎公司发展过程中具有重要影响的关键性管理措施以及跟踪这些措施的实施结果,形成初步理论。接着再用理论反思和剖析现象和问题,直到解释饱和为止。通过这一过程析出了金鼎"D"管理模式的特点和内涵。

本书第二部分主要是对金鼎D管理模式的全面阐述,包括D管理模式的历史、演变、含义、结构、内涵、相关管理理论等内容,以及金鼎D管理模式在金鼎实践过程中的具体措施和实施手段。

金鼎公司只是中国成千上万个企业中的一例,它的发展过程既有其独特的一面,也有与众多成功企业相似的地方。正如前面所提到的,本书没有从素材整合的一般方式入手析出金鼎D管理模式,而是用规范的管理研究方法,从认识论的高度出发进行一层层的剥茧抽丝,使得金鼎D管理模式自然而然地清晰呈现于读者面前。这应该是除了总结金鼎管理模式之外,本书的另一重要目的。

千淘万漉虽辛苦,吹尽狂沙始到金。中国企业的发展需要从"中国制造"的圈子里真正走出来,形成基于但不囿于中国传统文化影响的、同时又明显有别于欧美和日本的现代企业管理思想和管理模式。就像三十多年前,"精益管理模式"拯救了日本企业一样,处在新一轮转型重塑阶段的中国企业,需要中国式管理模式的形成、提炼和指引。这一过程有懒于众多从事管理研究和实践的人们的共同努力,本书愿以一己之力,为这项艰巨而又有划时代意义的事业尽绵薄之力!

编 者

2012 年 7 月

目 录

前言

第一章 管理模式一般分析 (1)
  1.1 管理模式的一般研究 (1)
    1.1.1 研究管理模式的三个视角 (1)
    1.1.2 基于三个视角研究和总结企业的管理模式 (7)
  1.2 现有管理模式介绍 (7)
    1.2.1 A 管理模式 (7)
    1.2.2 B 管理模式 (8)
    1.2.3 C 管理模式 (9)
    1.2.4 A、B、C 管理模式的对比 (12)
  1.3 金鼎公司的管理模式 (13)
    1.3.1 金鼎公司管理模式的特点 (14)
    1.3.2 金鼎公司管理模式的归类 (16)

第二章 建构 D 管理模式的研究方法 (18)
  2.1 理论建构的一般方法 (18)
  2.2 关键事件分析法 (23)
  2.3 建构金鼎 D 管理模式的基本思路与方法 (29)
  2.4 金鼎公司发展的关键事件分析与 D 管理模式建构 (32)

第三章 "D"管理模式 (38)
  3.1 "D"管理模式的历史追溯 (38)
  3.2 "D"管理模式的含义——"鼎"的内涵 (40)
    3.2.1 宏大 (41)
    3.2.2 治理 (42)
    3.2.3 变革 (43)
  3.3 "D"管理模式的内容:"鼎"的结构 (44)
    3.3.1 存在条件:天时、地利、人和 (44)
    3.3.2 外部结构:一心、两耳、四足、四维 (44)
    3.3.3 内部运行:五行相生相克 (46)

  3.3.4 成长发展:动力系统 ……………………………………… (47)
3.4 "D"管理模式的 7 大要素 ……………………………………… (49)
  3.4.1 企业家精神 ……………………………………………… (50)
  3.4.2 产业联动 ………………………………………………… (51)
  3.4.3 技术创新 ………………………………………………… (51)
  3.4.4 组织体系 ………………………………………………… (52)
  3.4.5 全面工序管理 …………………………………………… (53)
  3.4.6 文化变革 ………………………………………………… (54)
  3.4.7 安全管理 ………………………………………………… (55)
3.5 "D"管理模式涉及到的相关管理理论 ………………………… (56)
  3.5.1 D 管理模式的基本管理思想 …………………………… (56)
  3.5.2 相关管理理论 …………………………………………… (57)

第四章 "鼎"之一心 ………………………………………………… (61)
4.1 企业家精神的含义:创新制胜 ………………………………… (61)
  4.1.1 企业家与企业家精神 …………………………………… (62)
  4.1.2 企业家精神内涵 ………………………………………… (63)
4.2 企业家精神的传导机制:由个体到组织 ……………………… (66)
  4.2.1 企业家的能力 …………………………………………… (66)
  4.2.2 企业家精神的传导 ……………………………………… (68)
4.3 企业家精神的作用:价值创造 ………………………………… (71)
  4.3.1 企业家精神促进企业创新 ……………………………… (72)
  4.3.2 企业家精神提升企业核心竞争力 ……………………… (74)

第五章 "鼎"之两耳 ………………………………………………… (76)
5.1 产业整合与升级 ………………………………………………… (76)
  5.1.1 产业整合与核心竞争力提升 …………………………… (76)
  5.1.2 产业升级与价值链提升 ………………………………… (80)
  5.1.3 产业整合升级是金鼎发展的必然途径 ………………… (82)
  5.1.4 金鼎产业整合升级的实施 ……………………………… (85)
5.2 技术创新 ………………………………………………………… (87)
  5.2.1 技术创新的相关理论 …………………………………… (87)
  5.2.2 技术创新是金鼎发展的必然选择 ……………………… (89)
  5.2.3 金鼎公司技术创新的实施 ……………………………… (91)
5.3 两耳拉动企业发展 ……………………………………………… (93)

5.3.1　产业升级整合与技术创新的相互关系……………………(93)
　　5.3.2　两耳拉动金鼎发展……………………………………………(94)

第六章　"鼎"之四足………………………………………………………(96)
　6.1　安全管理……………………………………………………………(96)
　　6.1.1　安全管理相关理论……………………………………………(96)
　　6.1.2　金鼎安全管理的实施…………………………………………(98)
　　6.1.3　安全管理对金鼎发展的作用…………………………………(102)
　6.2　企业文化变革………………………………………………………(104)
　　6.2.1　企业文化的涵义………………………………………………(104)
　　6.2.2　金鼎公司文化变革的意义……………………………………(107)
　　6.2.3　金鼎公司企业文化及内容……………………………………(109)
　6.3　组织体系优化………………………………………………………(113)
　　6.3.1　集团公司组织体系相关理论…………………………………(113)
　　6.3.2　金鼎原有的组织模式…………………………………………(119)
　　6.3.3　金鼎公司组织体系优化方案…………………………………(120)
　　6.3.4　组织优化对金鼎发展的作用…………………………………(123)
　6.4　全面工序管理………………………………………………………(124)
　　6.4.1　全面工序管理的起源…………………………………………(124)
　　6.4.2　全面工序管理的基本理论……………………………………(124)
　　6.4.3　全面工序管理生产体系………………………………………(126)
　　6.4.4　推行工序管理的四个阶段……………………………………(130)
　　6.4.5　全面工序管理对金鼎发展的作用……………………………(130)

第七章　"鼎"之四维、三才与五行循环…………………………………(132)
　7.1　领导指挥与控制系统………………………………………………(132)
　　7.1.1　垂直指挥系统…………………………………………………(132)
　　7.1.2　横向联络系统…………………………………………………(133)
　　7.1.3　金鼎公司的管控系统…………………………………………(134)
　7.2　品牌塑造与市场营销系统…………………………………………(135)
　　7.2.1　品牌塑造………………………………………………………(135)
　　7.2.2　市场营销………………………………………………………(137)
　　7.2.3　金鼎公司的品牌塑造与市场营销……………………………(138)
　7.3　研发设计与生产系统………………………………………………(138)
　　7.3.1　研发设计与生产………………………………………………(138)

  7.3.2 金鼎公司的研发设计与生产 …………………………… (139)
 7.4 人力资源管理系统 ……………………………………………… (141)
  7.4.1 人力资源 ………………………………………………… (141)
  7.4.2 人力资源管理 …………………………………………… (142)
  7.4.3 金鼎公司的人力资源管理体系 ………………………… (145)
 7.5. "鼎"的五行循环 ………………………………………………… (147)
 7.6 "鼎之"三才 ………………………………………………………… (151)

第八章 调和鼎鼐 高屋建瓴 …………………………………… (153)
 8.1 抓住机遇 破茧成蝶 ………………………………………… (153)
 8.2 步步为营,全面推进 …………………………………………… (156)
 8.3 产业升级 业务整合 ………………………………………… (161)
  8.3.1 煤机制造与检修产业 …………………………………… (162)
  8.3.2 煤炭装备试验基地 ……………………………………… (162)
  8.3.3 矿井建设与安装产业 …………………………………… (163)
  8.3.4 贸易与物流产业 ………………………………………… (163)
 8.4 金鼎公司未来产业升级整合的基本思路 …………………… (163)
  8.4.1 走整合矿井建设之路 …………………………………… (164)
  8.4.2 走深化技术创新之路 …………………………………… (165)
  8.4.3 走品牌化发展之路 ……………………………………… (166)
  8.4.4 走市场化运作之路 ……………………………………… (168)

第九章 鼎新革故 开拓进取 …………………………………… (170)
 9.1 安全管理 重中之重 ………………………………………… (170)
  9.1.1 健全安全管理制度 ……………………………………… (170)
  9.1.2 强化安全质量标准化管理 ……………………………… (174)
  9.1.3 强化安全生产教育培训 ………………………………… (174)
  9.1.4 加强班组管理 …………………………………………… (175)
  9.1.5 强化安全管理文化建设 ………………………………… (176)
 9.2 文化塑造 变革观念 ………………………………………… (177)
  9.2.1 金鼎企业文化建设的主要内容 ………………………… (177)
  9.2.2 金鼎企业文化建设的主要方法 ………………………… (180)
  9.2.3 金鼎文化建设的具体措施与重点工作 ………………… (183)
 9.3 调整组织 优化体系 ………………………………………… (185)
  9.3.1 金鼎公司组织模式的选择 ……………………………… (186)

9.3.2　金鼎公司管理层次定位 …………………………………………（190）
第十章　多脔共鼎　运筹帷幄 ……………………………………………（193）
　10.1　子集团管控模式:金鼎的领导指挥与控制体系 ……………………（193）
　10.2　对外品牌塑造与对内市场营销:金鼎的品牌塑造与市场营销体系
　　　　………………………………………………………………………（195）
　10.3　瞄准前沿、技术储备:金鼎的研发设计与生产体系 ………………（197）
后记 …………………………………………………………………………（207）

第一章 管理模式一般分析

1.1 管理模式的一般研究

1.1.1 研究管理模式的三个视角

模式,是指某种事物的结构特征与存在形式。运用在管理方面的就称之为管理模式。管理模式是在人性假设的基础上设计出的一整套具体的管理理念、管理内容、管理工具、管理程序、管理制度、管理机制和管理方法论体系,并将其反复运用于企业,使企业在运行过程中自觉加以遵守的管理规则。人们对管理模式的一般认识是:从特定的管理思想出发,在管理过程中不断探索、不断发展,最终固化下来的一套操作体系。

管理模式是指管理所采用的基本思想和方式,是指一种成型的、能供人们直接参考运用的完整的管理体系,通过这套体系来发现和解决管理过程中的问题,规范管理手段,完善管理机制,实现既定目标。

管理模式是一种宏观上的说法。从结构上讲,是管理方法思路性的、框架性的高度概括;从内容上讲,是管理制度、管理方法和管理机制的高度概括;管理机制、管理手段、管理工具等方面的改变,都可能引起管理模式的改变。管理模式往往抽象为几个字,从管理模式的名称上往往无法看出管理者的具体管理方法和管理思想。比如,A 管理模式、网络管理模式等,仅从字面上看不出到底是什么内容。

好的管理模式的重要标志是其对环境的适应性。管理模式,通俗地讲就是一个企业在管理制度和管理实践上与其它企业不一样的地方,也就是企业在管理规章制度和企业文化上最基本的不同特征。一般来说,不同国家的企业有不同的管理模式,而且同一企业在不同时期也有不同的管理模式。在国家层面上比较公认的管理模式有日本管理模式和美国管理模式等。不同管理模式决定其管理特征的差异性,如美国管理模式的特点是鼓励个人英雄主义及以能力为主要考核特征的模式,它在管理上的主要表现就是规范管理、制度管理和条例管理以及以法制为主体的科学化管理。而日本管理模式的特点则是以集体主义为核心的年功序列制、禀议决策制、重视人际关系和以集体利益至上、家族主义等情感管理为主要特征。

从管理理论的发展演变过程可以将管理模式分为：传统的等级模式、人际关系模式、系统模式和现代人本主义管理模式。其中，传统的等级模式重点在于区分命令链条的等级制和自上而下的指挥体系，强调垂直等级管理，对员工实行层级式的管理；人际关系模式侧重于组织内管理体制和管理技术的提升与完善，强调组织内正式或非正式团队的建设，目的在于提高组织的效率，对员工实行平等式的管理；在系统模式下，管理的侧重点转向于注重组织的整体性和目标性，强调人与人之间、人与部门之间、部门与部门之间的整体协调，对员工实行协作互动式管理；人本主义管理模式则强调以人为中心，强调个体在组织中的作用，管理的中心任务是围绕如何调动员工的工作积极性而开展的人力资源管理与开发，对员工实行民主的、开放的管理，目的在于使组织更富有活力。

在管理实践中，管理者将某企业的管理特点加以总结形成某种管理模式，比如：GE的管理模式、海尔的管理模式、华为的管理模式等，以凸显该企业在管理上的特点。

总体而言，管理模式可以用公式表述为：

管理模式 ＝ 管理理念 ＋ 系统结构 ＋ 操作方法

其中，管理理念又突出反映为管理思想，系统结构又以管理工具为载体，操作方法反映为管理实践。因此，管理模式又可以表述为：

管理模式 ＝ 管理思想 ＋ 管理工具 ＋ 管理实践

这就是我们研究管理模式入手的三个视角：管理思想、管理工具和管理实践。

1. 管理思想

管理思想，是人们对管理过程中发生的各种关系的认识的总和，是由一系列观念或观点所构成的知识体系，它是指导管理人员从事各项管理活动的路标和蓝图。

在人类历史的漫长进程中，人们从未停止对管理实践的思考，对于许多具体问题提出了独到并且有意义的见解，记录下了许多成功的管理经验和方法，从而形成了古代丰富的管理思想遗产。然而这些思想是零碎的、分散的，缺乏理论上的分析、总结和概括，也没有形成完备的思想体系。但是，这些思想却无时无刻地在影响着人类的社会活动，影响着人类社会的发展。

中国古代管理思想和国外管理思想均对人类的管理思想做出了杰出的贡献。

（1）中国古代管理思想

中国朴素的古代管理思想是中华民族历经数千年积累、沉淀而形成的对管理的基本认识和指导管理实践的方法论体系，尤以儒、道、禅、兵最具影响力。它们分别强调道德、自然、觉悟以及谋略的力量。

■ 儒家思想

儒家思想单从管理的角度进行概括就是"修己安人、举贤任能"。孔子认为领导人的思想道德素养是实现有效管理的关键。以"仁"为核心，以"礼"为准则、以"和"为目标的伦理思想，是其管理思想的精髓。孔子认为，管理者得到被管理者的信任程度以及由此产生的被管理者信心的高低，对于管理工作的成败，具有根本性的重要意义。《史记》中商鞅"立木为信"的故事就是这种以信立业思想的最好例证。孔子这种以人为本的伦理思想，应用于现代企业管理中，就是对企业进行人本主义的管理，其特点是企业管理工作以做好人的工作为核心，通过伦理规范和道德教化，培养人们共同的信念和价值观，增强员工对企业的向心力和凝聚力，实现企业和谐有序发展的目标。

孔子提倡在管理时要对民众做到："惠而不费、劳而不怨、欲而不贪、泰而不骄、威而不猛"。意即既要施惠于民，又不过度耗费；既要役使百姓，又不使其产生抱怨；既有欲求，又不贪心；既庄重又不傲慢；既威严又不凶猛；刚柔相济、恩威并用。这就是"中庸"思想在管理中的体现。

举贤才与任而能信。孔子说："举直错诸枉，则民服；举枉错诸直，则民不服"。选拔正直的、有真才实学的人居于高位，则民众就会悦服，反之，则民众就不会悦服。这反映了孔子的任人唯贤的管理思想。"任而能信"是孔子人才管理思想中的另一个重要内容。他认为，对于考查合格已被任用的人，应在工作上给予充分的信任和支持，这是用好人才、发挥其才干的重要条件。孟子则以"选贤与能"和"任而能信"为推行仁政的组织保证。他认为，国君选用贤能的人要听取多方面的意见：如果身边的人说贤能，不能相信；大夫们说贤能，也不能相信；全国的人都说贤能，并且考查之后发现他真的贤能，才可任用。身边的人说不行，不要听信；大夫们说不行，也不要听信；全国的人都说不行，并且考查之后发现他真的不行，才可罢免。这样才能选用贤人、做好国君。

■ 道家思想

老子的著作包含着高深的哲理和济世安民的智慧。如果对他的思想进行高度概括的话，就是道法自然、天人合一、无为而治。

"道法自然"：人与自然和谐的生态伦理精神。老子认为宇宙的本原是"道"。他说："人法地、地法天、天法道，道法自然。"人生活在地上受地的制约，所以要以地为法则；地在天下，受天的制约，所以要以天为法则；天地之间包括人在内的万物是受道的制约，所以天要以道为法则；"道"是先于天、地、人而生的一种独立不改、周行不殆的力量，这种力量受制于自然，所以"道"要以自然为法则。

大道运行的规律，即宇宙变化的法则是"反"。"反"字有三个意义，即相反相成、反向运动、循环往复。"道法自然"揭示了整个宇宙的特性，以及生生不息的流行规律。"道"又通过"德"的外化作用，把天地间这些包罗万象的事物的属性完整地表现出来，这就是说"观天之道，执天之行"。在道家看来人和万物共同构成一个有机的整体。

"天人合一"：人与自然的和谐关系。"道"的意义不仅在于自然生态和谐统一，更在于人与宇宙的和谐统一，在于生命的主体和自然的客体在生态学和美学基础之上，实现"天人合一"的生态美的合理结合。在中国传统哲学里的"天人"关系实际上是指人和自然的关系。中国传统文化特别强调人与自然的亲和与协调，追求"天人合一"境界就是自然而然，人只有遵循自然的法则、合乎自然的要求，才能为自然界所接纳。在天之道与人之道的对比中，舍弃"人之道"而崇尚"天之道"，保持天地自然的均衡与和谐，以获得"天人"之亲和。而人也必须遵循自然的法则才能发展。"天道"、"地道"、"人道"之本是"生态"之道。

"无为而治"：社会生态观。老子是这样理解天道的："人法地，地法天，天法道，道法自然"。老子（见《老子》第三章）说："为无为，则无不治"。道家提出的"无为而治"，其基本涵义一是因任自然，二是不恣意妄为。圣人之治应采取"无为"的理念，以"为无为"的理念而达到"无不为"的效果。

■ 禅学思想

禅学是佛教的一种思想，其大意是放弃用已有的知识、逻辑来解决问题，认为真正最为容易且最为有效的方法是直接用源于自我内心的感悟来解决问题，寻回并证入自性。禅学理论认为这种方法不受任何知识、任何逻辑、任何常理所束缚，是真正源自于自我的，所以也是最适合解决自我的问题的。也就是说可以把禅理解为是一种最为简单也是最为有效的解决问题的方法。

禅学强调觉悟，认为人生中的烦恼都是自己找的，当心灵变得博大、空灵无物，犹如倒空了的杯子，便能恬淡安静。人的心灵，若能如莲花与日月，超然平淡，无分别心、取舍心、爱憎心、得失心，便能获得快乐与祥和。水往低处流，云在天上飘，一切都自然和谐地发生，这就是平常心。拥有一颗平常心，人生如行云流水，回归本真，这便是参透人生，便是禅。

■ 兵家思想

兵家思想强调谋略的重要性，其思想的核心正如《孙子兵法》开篇所言："兵者，诡道也"，强调如何使用谋略来取得胜利。孙子是中国最杰出的兵学大师，他的思想对现在的商战具有非常重要的指导意义。孙子的战争原理可概括为四项，即"慎战"、"先知"、"先胜"、"主动"。

知彼知己与慎战、先知原理：孙子认为，战争是国家的大事，要详加体察。不是对国家有利，就不用兵；不是不太危险，就不作战。

善于用兵者，要从治道、天时、地利、将领、法制这五个方面来比较、综合分析各种因素，以求得其事实，即先知。

不战而屈人之兵与先胜、主动原理："先胜"原理的最高境界是"不战而屈人之兵"。战争会造成伤亡和损失，无论胜利的一方或战败的一方，都不会有很多好处。

因此,"兵贵速不贵久。"

孙子说:"故上兵伐谋,其次伐交,其次伐兵,最下攻城。"要想不伤丝毫,惟有使用战争以外的手段,此即"伐谋"与"伐交"。这些都是"不战而屈人之兵"的先胜手段。另外,先胜态势取决于周全的准备。

在战争进行中和军事行动之前,谁能争取主动,谁就有操胜券的可能,这就是"主动"原理。

(2) 国外管理思想

■ 经验管理思想

经验管理思想的基本观点是,管理的有效性取决于管理者的个人素质,要学会管理必须基于管理实践。其代表人物是彼得·德鲁克和明兹伯格等。

■ 科学管理思想

科学管理思想的基本观点是管理的有效性不仅仅取决于管理者的个人经验,更重要的是要依据科学的方法来管理活动和组织。其代表人物是泰勒、法约尔和韦伯等。

■ 行为管理思想

行为管理思想认为,人不仅是经济人,更多的是社会人,其劳动生产率受社会的、心理的和群体的因素影响。其代表人物有梅奥、马斯洛和麦克雷格。

行为管理思想的特点在于改变了人们对于管理的思考方法,它把人看作是宝贵的资源,强调从人的作用、需求、动机、相互关系和社会环境等方面,研究其对管理活动及其结果的影响,研究如何处理好人与人之间的关系、做好人的工作、协调人的目标、激励人的主动性和积极性,以提高工作效率。

表 1-1 德鲁克和明兹伯格的主要观点

德鲁克	明兹伯格
• 管理是一种实践,其本质不在于"知"而在于"行",其验证不在于逻辑,而在于管理是一种社会职能并根植于一种文化(一个社会)、一种价值传统、习惯和信念之中,根植于政府制度和政治制度之中 • 管理是一门学科,这首先就意味着,管理人员付诸实践的是管理学而不是经济学,不是计量方法,不是行为科学。无论是经济学、计量方法还是行为科学,都只是管理人员的工具	• 管理不是科学,管理不是专业,管理更多的是一种艺术 • 管理是一种实践,它将大量的技巧(经验)和一定程度的艺术(洞察力)和一些科学(分析)结合在一起 • 所有管理者的工作核心就是执行管理者应扮演的这些角色,不同管理者的风格当然会有所不同,但是差别不在于这些角色的执行是否到位,而在于管理者倾向于扮演什么角色,以及这些角色的具体执行过程

表 1-2 科学管理思想的主要特点

研究重点：如何提高效率	主张用科学代替经验	管理专业化，职业化
泰勒注重于工人劳动效率和管理人员工作效率的提高	形成了一系列的科学管理原理和方法	主张管理者和操作者的分离
法约尔着眼于管理效率的提高	提出一般管理理论和基本管理原则	主张进行专门的管理专业教育
韦伯注重组织整体效率的提高	提出从技术上而言的效率最高的组织结构形式	主张管理工作应该职业化

■ 定量管理思想

定量管理思想认为有效管理的关键在于度的把握，只有致力于定量化，才能真正提高管理的效率与效益。其核心是把数学、统计学和计算机用于管理决策和提高组织效率。主要包括三个分支：管理科学、作业管理和信息技术在管理中的运用。代表人物有赫伯特·亚历山大·西蒙等。

定量管理的特点是力求减少决策中个人艺术成分，依靠建立一套决策程序和数学模型来寻求最优答案；各种可行方案决策以效益作为评判依据；广泛使用计算机作为辅助管理手段等。

■ 权变管理思想

权变管理思想认为世界上不存在普遍适用的最佳管理理论与方法，每一种管理理论与方法都有其一定的适用范围。权变管理思想主要包括系统理论、权变理论、过程理论等。代表人物有巴纳德、费雷德·菲特勒和孔茨等。

权变管理思想的最大特点是，它在继承以前各种管理思想的基础上，把管理研究的重点转移到了对管理有重大影响的环境因素的研究，希望通过对环境因素的研究，找到各种管理原则和理论的具体应用场合。

2. 管理工具

企业管理工具是影响企业竞争力的核心要素。管理工具（各种规章制度、目标管理、绩效考核、员工职业发展规划、ISO9000 质量管理标准体系等）对实现组织运行的稳定性、规范性，以及获得较高的效率起到了明显的推动作用。通过应用管理工具，可以对企业进行有效地管理，让组织效率得到明显的提高，因此管理工具是具有重要实践意义的，同时也是管理模式的重要组成部分。

3. 管理实践

管理大师彼得·德鲁克说过："管理是一种实践，其本质不在于知，而在于行；其验证不在于逻辑，而在于成果；其唯一权威就是成就。"为了阐明实践的重要性，德鲁克还专门撰写了一本书《管理的实践》。由此可见实践对于管理的重要性。管理来源于实践,又高于实践,同时管理的成果又要再次运用到实践当中。可以说,管理指导实践,实践影响着管理。

当前,随着中国经济的腾飞,越来越多的中国企业走向成功,中国企业的管理水平也在逐步提升。随着中国企业管理水平的提升,中国企业管理实践从最初凭经验、拍脑袋,逐步向讲科学、重实效转变。融合创新产生了大量的成功管理实践,成为具有中国特色的管理模式重要的组成部分。

表1-3 主要的管理工具

企业战略工具	领导力工具	人力资源工具	销售与营销工具	运作管理工具
• 7S模式 • 五力分析模型 • 战略地图 • ……	• ERG理论 • 管理方格图 • ……	• 德尔菲法 • LIFO系统 • 职业锚定 • 行动学习法 • 人力资源能力成熟度模型	• 4P营销组合 • 定位营销	• 业务流程重组（BPR） • 六西格玛 • 精益生产 • 供应链管理 • ……

1.1.2 基于三个视角研究和总结企业的管理模式

通过了解企业的管理思想、管理工具,以及企业在管理实践中的应用情况,能够对该企业的管理状况有一个基本的了解。然后再根据以上三个视角,总结出该企业的管理特点。比如金鼎公司管理模式中的管理思想可以总结为：人本管理、文化整合、安全管理等;管理工具手段是运用全面工序管理、强化技术创新体系等;管理实践包括：组织体系的优化、调整,全面工序管理推广与实施,煤与煤机联动发展等。

1.2 现有管理模式介绍

关于管理模式的分类,目前有理论上和实践上的两种分类,都称为A、B、C管理模式,分别介绍如下。

1.2.1 A管理模式

■ A管理模式

根据对现有文献资料的分析,A管理模式又分为理论上和实践上两种,都叫A管理模式。

■ 理论上的 A 管理模式

A 模式为金字塔型组织结构,是立体的三角体,等级森严,高层、中层、基层逐层分级管理,这是在传统生产企业中最常见的一种组织形式。在计划经济时代,该结构在稳定的环境下,在生产力相对落后的阶段、信息相对闭塞的时代,不失为一种较好的组织形态。它机构简单、权责分明、组织稳定,并且决策迅速、命令统一。但在市场经济条件下,信息技术发达的今天,金字塔型的组织结构则由于缺乏组织弹性,缺乏民主意识,过于依赖高层决策,高层对外部环境的变化反应缓慢,而凸显出刻板生硬、不能快速随机应变的机械弊端。

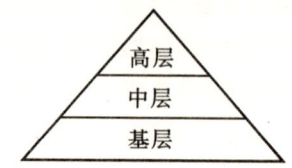

图 1-1 A 管理模式:经典的科层制

■ 实践上的 A 管理模式

在上世纪 80 年代初,大量跨国企业集团进入中国市场,为了迅速适应中国市场,他们致力于研究和设计适合中国国情的管理模式。经过实践总结和检验,逐渐探索出了一套适合中国本土国情的管理模式:实践上的 A 管理模式。

实践上的 A 管理模式有如下主要观点:受监督的个人负责制;企业行动以预算为核心;一个上级的原则;既无重叠,又无空白的分工原则。

1.2.2 B 管理模式

B 管理模式也有理论上和实践上两种,都叫 B 管理模式。

■ 理论上的 B 管理模式

B 模式为扁平化的圆锥型组织结构,金字塔式的棱角和等级没有了,管理者与被管理者的界限变得不再清晰,权力分层和等级差别的弱化,使个人或部门在一定程度上有了相对自由的空间,能有效地解决企业内部沟通的问题,因而 B 管理模式使企业面对市场的变化时,不再是机械的和僵化的,而是"灵捷"了。不过,随着全球经济一体化和社会分工的趋势化,扁平化组织也会遇到越来越多的问题,在不断地分析问题、解决问题的过程当中,B 管理模式"学习"的本质对人的要求将越来越高。

■ 实践上的 B 管理模式

管理是科学也是艺术,这已经是不争的事实。管理的科学性体现在,管理是有一定规律可循的;而管理的艺术性,则体现出了管理技术的应用水平。对于管理的定义以及理解,实践上的 B 管理模式认为:管理就是指管理者关于管理

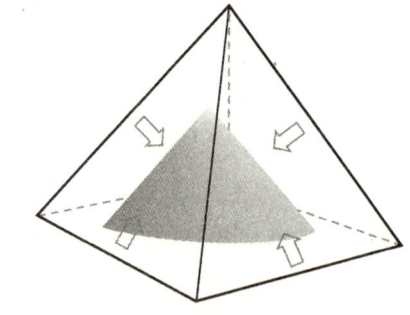

图 1-2 B 管理模式:扁平式、学习型组织

对象"干什么、怎么干、干到什么程度、干到什么程度会怎么样"等全部的工作内容和全部的工作过程。"干什么"是指工作任务;"怎么干"是指工作方法和操作程序;"干到什么程度"是指工作标准;"干到什么程度会怎么样"是指工作考核与工作报酬。由此可见,B管理模式对于管理的认识是基于工作本身发展衍生而来。

1.2.3 C管理模式

C管理模式,就是构建一个以人为核心、形神兼备、遵循宇宙和自然组织普遍法则,能够不断修正、自我调节、随机应变的智慧型组织,并将中国国学(为人处世之道)与西方现代管理学(做事高效高量之法)相互融合,进行企业人性化管理的一种新型企业组织管理运营模式。

这种以人为运营核心的、具有更大的能动性和更强的应变能力的企业组织,简称为"智慧型组织"。由于它是继金字塔型机械式组织(A管理模式)、学习型扁平式组织(B管理模式)之后出现的第三种组织模式,并且是在西方先进的现代管理学的基础上,融入了中国国学之大智慧的组织类型,因而取"CHINA"的第一个字母"C",为这个智慧型组织命名为"C管理模式"。

智慧型组织整体为球型,其任何一个截面都是一个和谐而"灵动"的圆形——这个圆,由众多的圈和线构成,大圈代表基层,中间的圈代表中层,中心代表高层;中间的粗线用以区分中层各部门;每个扇形中间的线条代表基层、中层、高层的纵向沟通;整个基层、中层、高层围成圈组成圆,代表各层之间的横向沟通。高层管理着中层,中层管理着基层,然而他们各层之间横向、纵向又相互联通,基层可以畅通无阻的联通高层,高层对基层的反馈也会迅速做出决策。可以说,智慧型组织的球型结构,其每一个截面都因具有这种高效的沟通机制而拥有完整的组织功能,这正是智慧型组织的"智慧"所在。

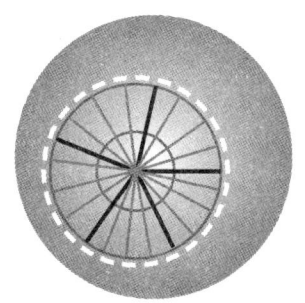

图1-3 C管理模式:智慧型组织

(注:C管理模式源于中国本土文化。图片来自于《C管理模式》王汝平著,四川人民出版社,2009年5月)

在这种以人为核心的智慧型组织中,企业整体就是一个圆——"天-人-地"组织结构中一种最为美满、最为和谐、最为生态的架构。在这个球型的结构中,企业高层、中层、基层之间通过诸多和谐的圆形结构相互沟通、协调、配合。在这个球型结构中,甚至任何一个部门或员工在发现或遇到外界变化的时候,都能够进行迅速而有效的沟通和强有力的决策,既可作为灵活应对的个体,又可通过完整统一的整体,灵活、迅速地作出反应。

在这个球型组织结构的企业里,每个基层子系统都是相对独立运作的,一旦遇到超出子系统本身职权范围之事能迅速反应到子系统的板块系统和中央指挥系统,对于在什么状况下各部门在自己的小方块中各尽其能,在什么状况下基层直接联通高层,他们都配合得非常默契,充满智慧和能动。

人是在"天-人-地"这一自然组织中,通过"物竞天择"的自然法则胜出的万物之灵,因而以人为形的智慧型组织,在各类形态的企业组织中具备强大的生命力和竞争力。C管理模式认为,智慧型组织就是一个以人为核心,形神兼备、遵循宇宙和自然组织普遍法则,能够不断修正、自我调节、随机应变的和谐生态组织。C管理模式以人为核心的内容,包含了"以人为形"的组织构架和"以人为本"的运营原则,以及"道法自然"的管理思想。

■ 以人为核心是构建智慧型组织的基本,是C管理模式的关键。

C管理模式构建企业组织,是以人为基本元素,把企业内部所有能动的、灵活的、应变的人,组合成为一个更为能动、灵活、应变的、能力更为强大的完整的人。如果把智慧型组织比作一个人,那么,C管理模式的"头"(大脑),就代表智慧型组织的管理高层,是信息处理决策中心;"躯干"(五脏),代表智慧型组织的管理中层,维系着智慧型组织内外环境之间的相对平衡协调;而"四肢"(形体诸窍),则代表智慧型组织的员工,是智慧型组织的执行机构。C管理模式所构建的智慧型组织不仅头脑清晰、身体内部各脏腑功能协调,更重要的是,面对外界的进攻,它的手脚能够迅速有力地做出正确的反应。

就产业链而言,智慧型组织作为一个"人",必须将组织延伸到产业链上,以"泛组织"的形式与其它企业组织形成有效的产业分工协作,构成企业在产业链上的"人形结构",共同打造一个更为强大的有机整体——行业"超人"。由于"泛组织"同样是"以人为核心"、"以人为形",并且是一种"以人为本"的合作关系,因此"泛组织"具有智慧型组织的一切特征,它同样也是产业链上最具能动性、最具灵活性,也最具应变能力的企业联盟。为此,C管理模式就企业如何构建、优化自己的泛组织,也提出了一套全面而系统的解决方案。

■ "以人为本"运营智慧型组织,是C管理模式的原则。

当然,企业拥有了"以人为形"的组织结构,只是具备了智慧型组织的外形,而能否做到能动、灵活与应变,还取决于企业是否能使构成企业智慧型组织"人形结构"的各个部位或器官,真正"以人为本"地发挥其应有的功能。因此,C管理模式借鉴中国传统的中医理论,"以人为本"地结合智慧型组织人形结构的特点,根据其各个部位或器官的特定功能和相互关系,按照"高强度运动"的要求,紧密构建了其内部各个部位或器官的联系与互动机制,从而实现智慧型组织系统机能最大化。如果以五脏之中的心为例,剖析其功能及组织内部高、中、基层之间的运营关系,那么在企业智慧型组织中,心就好比企业管理层的一个部门,只有管理层五脏中的心,心气充足,才能把"血液"输送到企业各个部门,从而发挥"滋润濡养"作用,使人体(智慧型组织)身体健康,机能正常。

■ "道法自然",遵循自然组织的普遍规律和基本法则,是C管理模式的主要特征。

C管理模式认为,是人都会生病,以人为核心、以人为形的智慧型组织自然也不例外。C管理模式通过对道家"道法自然"、"天人合一"思想的研究发现,起源于"天-人-地"的自然组织、作为人类组织一部分的智慧型组织,同样必须符合自然组织的普遍规律和内在法则,也需要营造组织内在的和谐、自然,通过有效的"调理修身"机制,使组织内各部分机能始终保持健康状态,避免病症的发生。因此,C管理模式为智慧型组织建立了不断修身的"养性"机制以及"以人为本"的自我调理机制,以预防或及时发现企业组织的病灶,及早处理组织器官的功能问题和对外应变能力,从而使智慧型组织保持健康的身体状态和旺盛的生命力。

■ "道儒法"相结合,创立智慧型组织的家文化观。

C管理模式还有许多非常新颖的观点,比如,它认为智慧型组织应视企业是一个家,在智慧型组织的"家庭"中,高层、中层、基层之间应遵循中国传统家庭"三代同堂"的持家理念和持家之道。

在持家理念上,C管理模式要求高层对中层基层做到道法自然,中层对高层做到合情合理,基层对中层做到合理合法。在智慧型组织的大家庭中,各个层级之间的关系通过"道"来维系,"法"来维护,都必须讲"道法",而各个层级间又各有侧重和不同:C管理模式提倡智慧型组织高层对中层讲"德"与"理",对基层讲"仁"与"情";中层对高层讲"忠"与"礼",对基层讲"法"与"勇";基层对高层讲"诚"与"信",对中层讲"果"与"能"。

在持家之道上,C管理模式强调智慧型组织高层对中层要育"德"与"理",对基层要讲"仁"与"情",其治家之道体现了"道法自然"的管理理念;中层对高层要讲"忠"与"礼",对基层要讲"法"与"勇",其治家之道体现了以"儒家思想"为特点的管理理念;基层对高层要讲"诚"与"信",对中层讲"果"与"能",其治家之道体现了以"法家思想"为特点的管理理念。

1.2.4　A、B、C 管理模式的对比

理论上，A、B、C 三种模式本质的区别在于对构成企业组织的"人"的态度。

A 模式视企业内部的"人"为机器人，工作程序化。A 管理模式为等级森严的金字塔型组织结构，高层、中层、基层是逐层分级管理。因此 A 模式面对市场是机械的。

B 管理模式为扁平化的圆锥型组织结构，强调企业内部的沟通、协作与学习创新，人的地位有所提高，因而 B 模式面对市场变得相对灵活，但由于外部沟通的缺乏，应变力仍受到限制。

C 模式以"人"为核心，倡导"以人为本"的人性化运营及管理模式，通过给"人"以更多的自由和创造空间，充分发挥每一个人的智慧。同时 C 模式强调组织应作为一个完整的"人"与外部进行人性化沟通。因此，C 模式面对市场具有能动性，显得更为灵活和应变。C 管理模式是在对西方现代企业管理模式先进经验继承的基础上，创造性地融入了中国国学智慧精髓，构建了以人为核心和"人形结构"为特征的智慧型组织，创立了"天人合一"的组织管理的全新模式，首次提出了"道法自然"的企业经营哲学、"以人为本"的组织管理思想。由于 C 管理模式任何一个截面都是一个和谐而灵动的圆形，每一个圆型都能够以人为核心，"以人为形"，并通过"以人为本"的人性化运营及管理，给人以更多的自由和创造空间，充分发挥了每一个人的智慧，因而具有更大的能动性、灵活与应变力。见表 1-4。

表 1-4　A、B、C 三类管理模式的主要特点

		A 管理模式 （金字塔型组织特点）	B 管理模式 （学习型组织特点）	C 管理模式 （智慧型组织特点）
理论上	优点	机构简单、权责分明、组织稳定、决策迅速、命令统一	层级减少，内部沟通顺畅，提高了灵活性和能动性	以人为本的人性化运营管理模式，充分发挥每个人的特点，具有能动性，更为灵活和应变
理论上	缺点	缺乏弹性、缺乏民主意识，低层行动依赖高层决策，高层反应缓慢	外部沟通缺乏，应变力不强，对个人要求很高	组织作为完整的人与外部进行沟通，对成员间相互协作提出要求
实践上		源于 20 世纪 80 年代初来中国投资的外企，通过与咨询公司合作，结合中国国情形成的一套符合中国企业的管理模式	认为管理就是指管理者关于管理对象"干什么，怎么，干到什么程度，干到什么程度会怎么样"全部的工作内容和全部的工作过程。是一套基于工作本身衍生的管理模式	就是将中国国学思想（为人处世之道）与西方现代管理学（做事高效）相互融合，进行企业人性化管理的一种新型企业组织管理运营模式

三种管理模式的发展演变过程是基于机械式的组织,发展成学习型组织,考虑到人本管理思想,并综合考虑"天地人"的配合与协调,发展成为智慧型的组织模式。见图1-4。

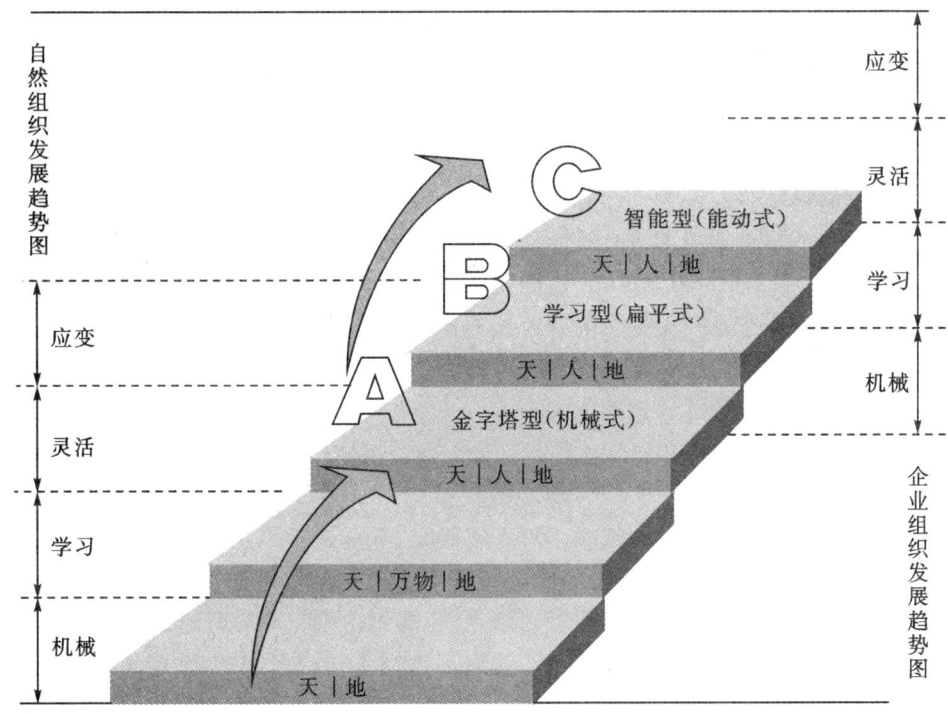

图1-4 管理模式的发展演变

1.3 金鼎公司的管理模式

山西晋煤集团金鼎煤机矿业有限责任公司(以下简称"金鼎公司")是山西晋城无烟煤矿业集团有限责任公司全资子公司,注册资金8亿元,企业总资产30亿元。企业位列中国煤炭机械工业50强第7位、国家级高新技术企业、国家级重大技术装备企业,是独具特色的综合性煤机制造企业。公司先后被评为全国煤炭机械工业优秀企业、山西省煤炭装备制造十佳企业、山西省"科技奉献奖"先进集体一等奖、山西省企业文化建设先进单位。

近年来,该公司把握全国煤机行业发展机遇,以园区化为承载,强化项目集中布局,产业集群发展、资源集约利用、功能集合构建,实现煤机产业发展的集群化、集约化、循环化;以煤炭装备制造的高端化为重点,立足当前,着眼长远,发挥大型国有企业的资源特性、资本和市场优势，强化"多产构造，多极支撑，多链循环，多元给力"，扎实推进煤机产业发展，坚持自主创新，发扬首创精神，走产学研结合之路，构建了集煤机研发、设计、制造、检修、租赁、服务为一体的煤机产业链条，形成了集煤机制造与检修、矿井建设与安装、贸易与物流、煤炭装备与试验基地相互呼应，煤与煤机联动发展的新模式、新格局。

金鼎公司从一个边缘化的小型煤机企业实现华丽转身，成长为中国煤机行业最具潜力、煤炭装备成套能力最强的煤机制造基地，靠的不仅有政府和上级单位的支持与行业发展的大好形势，还有金鼎公司独具特色的"一心、两耳、三才、四足、四维、五行"的科学管理模式。在改革的过程中，以"企业家精神"为核心，产业联动和技术创新为拉动力，安全管理、企业文化变革、组织体系优化、全面工序管理为推动力，实现了领导指挥与控制体系、品牌塑造与市场营销体系、研发设计与生产体系和人力资源管理体系四大体系的有效运转和相互配合，从而达到顺天时、依地利、行人和，打破发展瓶颈，实现了由小煤机检修企业向煤机产业的转型跨越发展，引领煤炭装备制造业的高端发展。

1.3.1 金鼎公司管理模式的特点

管理之实质在于对人的把握。对人之研究，不论是行为还是心理，自上古而始的中国道家、儒家与中医理论都有着各自深刻而系统的著述。如何巧妙地将这些博大精深的国学精粹运用于企业的管理之中，从而在人与人之间的关系，企业与企业之间的结合中寻得一副灵丹妙药。我们正是基于这样的思想，对金鼎公司的管理模式展开研究与总结的。

根据对金鼎公司的调研与分析，我们画出了金鼎的画像，如图1-5。

金鼎管理模式的特点如下。

■ 企业家精神，指明前进道路

公司决策层团结合作，带领职工围绕"六条路径"，杀出一条生路，闯出一片新天地。在创新之路上，走得大气，走出了辉煌；在和谐发展之路上，走得豪迈，走出了激情；在改革之路上，走得谨慎，走出了非凡。公司董事长高瞻远瞩、深谋远虑，根据自己的管理思想，打破常规，割断藩篱，敢于做"第一个吃螃蟹的人"，在煤机行业率先提出"依托煤炭，振兴煤机"的新思维，以项目建设推进产业链构建，率先走出一条互为推进的"以煤兴机，以机促煤，各得其所，多元发展"的低成本转型发展、跨越发展之路。作为企业家，凭借着敢作敢为，敢想敢干的领导风格以及远见卓识，爱岗敬业的个人特质，带领金鼎扬帆起航，不断前进，步入辉煌。几年间公司从处于边缘化的企业，变成集煤机制造与检修、矿井建设与安装、贸易与物流、煤炭装备试验基地四大产业于一体的综合型大企业。

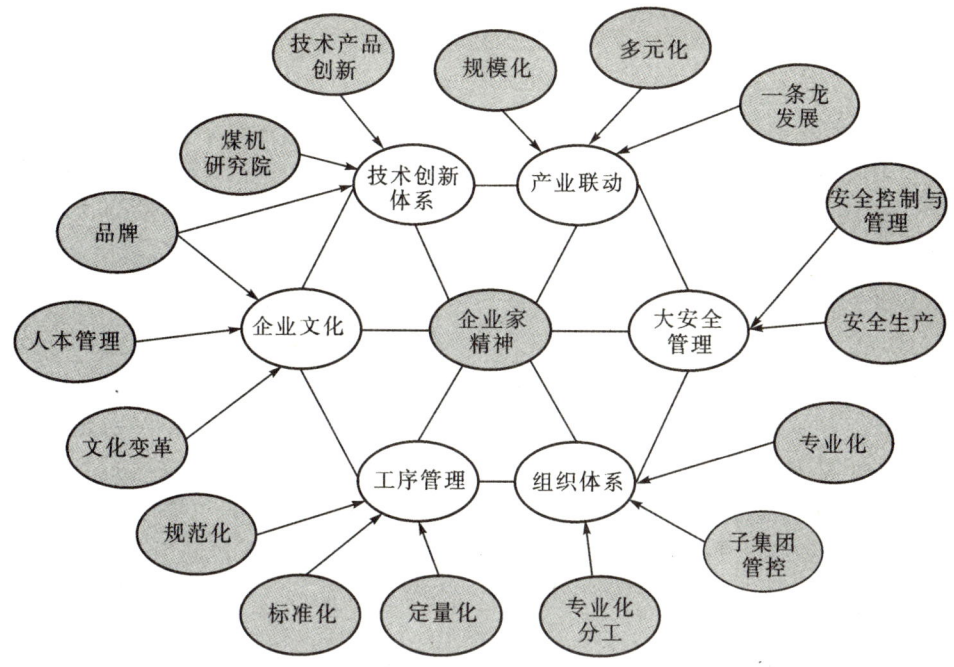

图 1-5　金鼎公司的画像：发展过程中管理的主要特征

■ 企业改革,增强发展活力

金鼎公司解放思想、迎难而上,改革执行力、创造力和竞争力,进行煤机资产、资源、资本、体制、机制全方位的战略重组,公司制改革、专业化生产、集团化运作取得总体推进。一是实现了"工厂制"向"公司制"的根本性转变,优化了经济结构,增强了经济活力;二是实现了煤机产业由单一检修向多链产业发展的根本性转变,构建起"煤机制造与检修、矿井建设与安装、贸易与物流、煤炭装备试验基地"的循环经济"一条龙"产业链条;三是实现了从专业化向集团化的扩张,构建起集"研发—制造—试验"为一体的煤机技术创新产业链和产品开发设计、生产制造、配送分销、销售服务一体化的竞争链条。三管齐下,三箭齐发,极大地激发了活力,增强了动力,生产力水平显著提高。

■ 科技创新,提升核心竞争力

金鼎公司以机制建设助创新,以投入保障保创新,以课题研究带创新,以文化建设促创新,闯出了一条引进创新、集成创新、协同创新、自主创新的多途径创新之路。通过组建煤机技术中心和煤机研究分院,完善了技术创新体系,推动了技术创新工作制度化、程序化、系统化,激发了创新活力。截至2012年6月,金鼎公司申请专利达到200余项,创造了5项世界领先、7项世界先进、12项国内领先的业绩。

其中,"割内放外"大采高短壁采煤成套装备和永磁同步电机,被列入山西省重大装备技术;以自主研发的 7.6 米高端液压支架和具有多项自主知识产权的多型号采煤机,以及重型刮板机等系列成套装备为标志的"采掘六项工艺技术和装备",不仅为煤矿实现综合机械化开采提供了一体化解决方案,而且填补了煤矿综合机械化开采的多项世界空白。

■ 以人为本,推进企业文化建设

以企业文化建设为重点,积极培育企业精神,将团结、合作、包容、创新、奉献的先进理念凝聚成挑战自我、争创一流的竞争文化;勇于承担、敢干善谋的担当文化;勇于实践,迎难而上的实干文化;勇于开拓、放胆争先的创新文化;形成企业"一盘棋"、产业"一条链"、品牌"一杆旗"、全员"一股劲"的和谐文化。使金鼎公司的企业文化理念真正深入人心,使企业形象真正渗透到全体职工心中,营造出"人企合一"的文化氛围,塑造良好的企业形象。

■ 管理创新,提高管控水平

金鼎公司科学分析煤机产业发展环境和形势,理顺煤机发展的生产关系,高效配置生产力要素,初步建立起科学合理的子集团管控体系。通过不断管理创新,加强制度建设,强化过程控制,规范工作流程,从现场抓起,以子公司、职能部室为管理实体,以行为养成和绩效评价为主要内容,建立健全内部责任制,量化细化管理目标,进行精细化管理,也即全面工序管理。在各项生产经营指标上层层分解,细化量化到个人。公司内部实行绩效考核制、分配挂钩制,确保管理张弛有序,提升了全员制度意识、规范意识、细节意识,使管理更加规范化、精细化和科学化。

■ 工序管理,铸造企业辉煌

金鼎公司改制后,围绕愿景目标和公司的实际情况,推行全面工序管理制度。全面工序管理是企业生产过程中的全面质量管理,是集岗位责任制、安全责任制、质量责任制、经济责任制等多种制度为一体的科学管理模式。公司成立了活动领导组,认真制定活动方案,层层召开动员大会,并利用班前班后会、黑板报等多种形式进行推行教育。实行全面工序管理后,员工反应热烈,大大调动了员工的工作积极性,激发了广大员工爱企敬业、勇于奉献的热情,从根本上推动了公司质量管理水平上了一个新台阶。

1.3.2 金鼎公司管理模式的归类

深入研究和总结,便能发现金鼎公司在企业家精神、产业升级与整合、形成煤炭与煤机联动、技术与产品创新、企业文化、组织体系、工序管理等方面具有鲜明的特点,这些特点来源于金鼎公司的成功实践,同时也让金鼎公司的管理思想、管理工具凸现出来。再加以对比便可知,金鼎公司的管理中既有 A 管理模式的严谨与执行力,又有 B 管理模式的灵活性,同时又兼具 C 管理模式的以人为本、人性化管理的特点。金鼎公司的管理模式,是具有良好的人-组织匹配特性和独具特色的人性化管理模式,通过管理制度体系的完善和企业家个人魅力的影响,通过一件又一件具体的人文关怀,使管理理念和管理思想直达人心,将企业运营的成果和每个员工的家庭幸福紧密结合,凸显出强烈的"人企共存、天人合一、道法自然、和谐生态"的管理理念。所以,结合现有的成果,总结出属于金鼎公司特有的"鼎"管理模式,又称 D 管理模式,如图 1-6。对该管理模式的详细介绍见第 3 章,这里只给出框架性意义的说明。

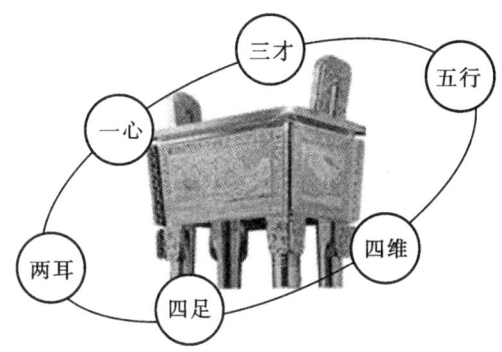

图 1-6　金鼎公司"D"管理模式示意图

- "一心":企业家精神
- "两耳":煤与煤机产业联动、技术创新体系
- "三才":天时、地利与人和
- "四足":企业文化变革、组织体系优化、安全管理理念、全面工序管理
- "四维":领导指挥与控制体系、品牌塑造与市场营销体系、研发设计与生产体系、人力资源管理体系
- "五行":统筹决策(土)、领导指挥与控制(金)、适时权变(水)、创造生产(木)、协调人事(火)

第二章 建构 D 管理模式的研究方法

2.1 理论建构的一般方法

理论建构的一般方法为归纳法和演绎法两种,见图 2-1。归纳推理是从个别出发达到一般,从一系列特定的观察中,发现一种模式,在一定程度上代表所有给定事件的秩序。归纳式发现并不能解释为什么这个模式会存在(因为它已经存在了)。

演绎推理是从一般到个别,从(1)逻辑或理论上预期的模式到(2)观察检验预期的模式是否确实存在。

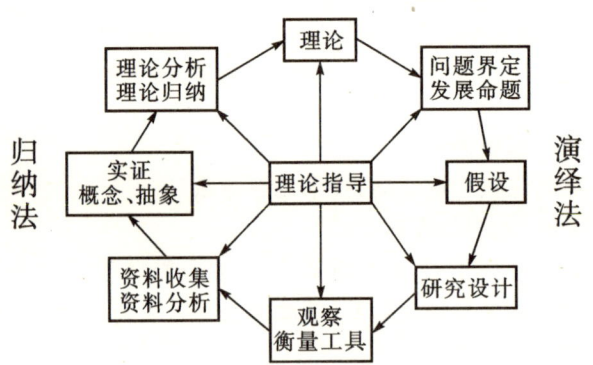

图 2-1 科学之轮

(注:资料来源:艾尔·巴比《社会研究方法》中译本第八版,华夏出版社,有修改)

归纳式理论建构可以分为定性和定量两种方法。

归纳式理论建构的一般过程分为三步:

第一步是对经验现象进行观察。这种观察既可以是定量的,也可以是定性的。比如采用定量的方法,需要收集大量的资料,然后通过描述统计,概括出样本的特征和规律,并以此推断总体结构和特征。同样,研究者也可以采用定性研究的方法,具体地、深入地进行观察,并运用分类、综合等手段,抽取出现象的内涵,形成对各个具体现象的具体描述。无论哪种方式,研究者都要完成从具体的观察结果到对现象的经验概括这一提升过程。

第二步是经验概括。经验概括指的是对现象基本规律或特征的总结,或者是对变量之间存在的某种关系的说明。经验概括要借助于一定的概念或命题完成,这是对事物进行抽象总结分析,寻找一般模式的重要步骤。

第三步是建构理论。当研究者从大量个别具体的现象得出一般性的经验概括之后,就已舍弃了存在于每个特定现象或事物本身的特殊性,而集中到了所存在的共性特征。这种共性特征所展示的是现象的某种规律性特征。当我们试图对所观察的事物或现象提出某种解释时,我们就是在发展或建构理论。

与归纳推理的过程相反,演绎推理的过程是从一般到个别,从逻辑或理论上预期的模式到经验观察,最后检验原来的理论模式的过程。对于演绎推理来说,推理过程在帮助人们检验一种理论、判断一种理论的正确性方面起着至关重要的作用。没有经过经验检验的理论解释常常只是一种可能的解释。

演绎推理方法的主要特点是:

(1)演绎是按照严格的逻辑规律推导结论的思维过程;

(2)公理是演绎的逻辑出发点;

(3)演绎是从一般原理向实践转化的重要逻辑形式。

演绎式理论建构一般包括如下步骤:

第一步,从待检验的理论推演出一组概念化的命题,用可检验的命题形式即假设的形式重述概念化的命题。

第二步,收集有关的证据加以验证。

第三步,理论修正与发展。社会科学研究完全支持原始理论的情况很少,有时理论在某些方面会得到支持,而在另一些方面却没有得到支持。在这种情况下,我们需要对原来的理论进行重新思考或修正,使理论假设得到发展。而要确定这种修正的理论是否正确,最终还是需要接受经验验证。

自然科学多采用演绎式方法建构理论,社会科学多采用归纳式方法建构理论。葛拉瑟(Glaser)和斯特劳斯(Strauss)两位学者1967年提出用"扎根理论"(Grounded theory)来称呼运用归纳推理进行理论建构的方法[①]。扎根理论方法属于质性研究。

1. 质性研究

质性研究(也称质的研究、质化研究等)是自20世纪70年代以后开始运用于

[①] 艾尔·巴比《社会研究方法》中译本第八版,华夏出版社,P84

社会科学研究中的一种新的范式。简单地讲，这种研究范式"放弃数字；问问题时搜集的是句子，不是数字；搜集的资料是故事，不是数据；观察记录是笔记式的事件描述"等等。确切地讲，质性研究是"以长期、第一手观察的形式，从近距离观察社会及文化层面的现象及运作规律"。质性研究"不隶属于任何单一的哲学背景、学术思潮或研究传统，具有跨学科、超学科的特性"。

在对"社会真实"的认识上，波普（Popper）认为"客观真实"在自然界中是存在的，不管是否有人去研究发现它，它依然存在。然而，人类社会不同，人类社会生活是互动的过程及结果，不同对象之间的互动本来就不同，所以无所谓客观真实，既然没有客观真实存在，当然就不能被客观研究。同时，既然没有客观的"社会真实"存在，研究者所能掌握的只是研究者与被研究者互动的结果而已。因为强调个别主观经验及其无法独立的客观存在，这种认识论就从根本上否决了实证研究方法对社会研究的适用性，并指出了社会研究的另一个方向，即任何对"社会真实"的研究，必须基于生活其间的人们的主观经验。在这种认识论下，质性研究便无法排除研究者涉入的影响，而且意义与互动因人而异。因此研究只能是了解，不能控制实验或验证测试，更不能被复制。另外，质性研究认为企图分析并解释因果关系应该是自然科学范畴内的事，因为不同的事件对不同的人具有不同的意义，人的行为又是针对其个人意义而反应的，因此，人的行为不那么容易被预测。还由于社会现象的复杂性，如个人心理动机、决策过程、或其他细密问题，均不是三言两语可以解释得清的，所以问卷调查在质性研究中并不适宜。质性研究还反对按照一定的程式进行研究，具有一定的弹性。

概括起来，质性研究有以下特性：
- 透过被研究者的视角看待社会，只有掌握被研究者个人的解释，才能明了其行事的动机。但并不意味可以否决研究者"二度建构"的可能；
- 研究过程的情景描述被纳入研究中，情景描述能够提供深层次发现；
- 将研究对象放置在其发生的背景和脉络之中，以对事件的始末及过程做通盘的了解；
- 质性研究具有弹性，任何先入为主的或不适当的解释架构都应当避免，它采用开放的或非结构的方式；
- 质性研究的资料整理主要依赖分析、归纳，并最终形成理论。

质性研究更加强调研究的过程性、情境性和具体性。从某种程度上来说，质的研究方法是建立理论的典范，其中扎根理论方法是最常用的一种方法。在质的研究中，理论来源于数据并且扎根于数据而不是抽象或者假设。扎根理论是一种对定性资料进行分析以构建理论的研究方法，主要应用于社会学领域，其主要目标是建立理论，而非验证假设。

2. 扎根理论

扎根理论是对经由系统化搜集的定性资料进行比较、归纳、浓缩提炼,进而形成暂时验证过的理论的一种定性研究方法。扎根理论不是一种理论,而是一种方法,是一种让研究者建立自己的"扎根理论"的研究方法。它不仅为社会科学研究提供了一种具体的研究方法,"提供了唯一系统的社会科学研究形式",而且其基本原则也成为质化研究的一般指导性原理。扎根理论虽形成于社会学研究,但却被广泛运用到不同的学科领域,尤其是健康、护理、教育、商业以及心理学研究中。20世纪 90 年代开始,更是在西方形成了一个运用扎根理论方法研究各种社会现象和人类生活经验的热潮。

扎根理论的主要思想有:

(1)从资料中产生理论。扎根理论特别强调从资料中提升理论,认为只有通过对资料的深入分析,一定的理论框架才有可能逐渐形成。扎根(Grounded)这一词汇表明了这一方法的根本宗旨:从参与者所处的复杂的社会生活经验中收集资料,从而形成创新性的理论。

(2)对理论的敏感性。由于扎根理论研究方法的主要宗旨是建构理论,因此它特别强调研究者对理论保持高度的敏感性。

(3)运用不断比较的方法。扎根理论的主要思路是比较,在资料与资料之间、理论与理论之间不断进行对比,然后根据资料与理论之间的相关关系提炼出有关的类属及其属性。

(4)理论抽样。在收集和分析资料的过程中,研究者还应该不断对自己的初步理论假设进行检验。经过初步检验的理论可以帮助研究者对资料进行理论抽样,逐步去除那些理论上薄弱的、不相关的资料,将注意力放在那些理论上丰富的、对建构理论有直接关系的资料上。

扎根理论是学者对于定性研究的发展,尤其当学者对研究对象的真实状况,研究问题的真实性有疑问的时候。扎根理论,强调综合运用演绎和归纳的方法,重视真实世界中的问题,不断深入观察事实,反思建构理论的可能性和适应性,力图做到让理论达到"饱和"。

扎根理论的特别之处在于它不想简单地做描述事实的定性研究,而是要发展出合适的理论。简单来说,要找到真问题应做到"先漫游,再聚焦"。先漫游,说的是研究者刚刚进入研究领域时,可大可小地研究问题,然后去调研访谈,进入真实世界,提出开放性问题,让事实引导自己的思路。之后,经过几次提问、对数据编码,如果有意想不到的问题出现,就是应该聚焦的问题。

在运用扎根理论方法时,"理论触觉"(Theoretical sensitivity)具有重要的作用。理论触觉指的是研究者个人具有的一种能洞察资料内在的意义精妙之处的能力。包括发现研究问题和对资料进行概念化的能力。它应该贯穿于整个研究过程。如果研究者没有理论触觉,即使访谈对象明明说到了一个重要的问题,他也可能浑然不觉。理论触觉来源于文献、研究者的专业经验和知识结构、研究者的个人经验,以及对资料收集和分析的过程中常用的方法,包括不断地"问问题"和进行"比较分析"。

扎根理论方法所提出的一套清晰具体的研究步骤,为研究者提供了明确的研究指南。图2-2给出了扎根理论研究的流程图。

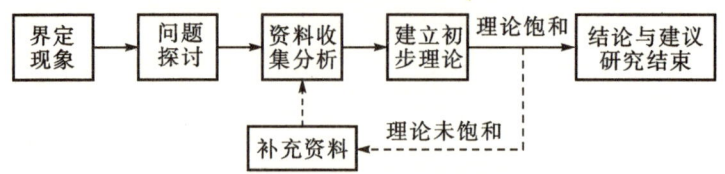

图2-2 扎根理论研究的流程图

(资料来源:根据 Pandit(1996). The Creation of Theory:A Recent Application of the Ground Theory Method,The Qualitative Report. Vol. 2. No. 4 编制)

(1)资料收集:访谈是扎根理论研究最主要的资料收集方法,因而关键是做好访谈。

(2)资料分析过程:指通过对资料的编码和归类来实现,Strauss将扎根理论对资料的分析称为译码,说明对资料的逐级编码是扎根理论中最重要的一环。其过程是指将所搜集的文字资料加以分解、将现象概念化,再以适当方式将概念重新抽象、提升和综合为范畴以及核心范畴的操作化过程。根据逐渐抽象的程度可把编码分为三个不同的层次:一级编码——开放式编码,指研究者将收集到的原始资料,进行初步的整理分析,赋予各种概念类属;二级编码——关联式编码,在于进一步合并前面业已形成的概念类属,并发现这些概念类属之间的相互关系;三级编码——核心式编码(选择式编码)。

(3)撰写备忘录:是对资料分析过程的反思性记录。

(4)理论性抽样:研究者在不断提炼和发展类属并把它们逐步形成理论的过程中,总是不断地反省现存资料是否缺乏、理论上是否存在漏洞,然后重新收集资料以弥补这些概念上的漏洞以及所缺乏的资料—我们称为理论性抽样过程。抽样的目的是精炼观点,不是增加最初的抽样样本。

扎根理论的研究方法是一项由人的经验开始、又回归人的经验的探索过程,它植根于系统收集技术和分析资料之中,可被用于理论的探索和发展。在这个过程中,资料的收集、分析和理论本身相互处于一种彼此互惠的关系。研究者不是从一开始就有一种理论并试图去验证它,而是从一个特定的研究领域开始,并将与它相关的研究实体围绕着特定的领域呈现出来。研究者本人不仅是收集资料的工具，同时也是对研究过程中各种可能状况的最终评判者。借助于理论触觉、逻辑思考、人生经验以及研究中的感受，研究者对深入的、复杂的、细节的各种资料进行不断的分析、比较后得到的结论，既能反映社会表象下的意义，又能遵循科学的原则。

在运用扎根理论方法进行研究的过程中，增进理论触觉、提高理论的敏感性显得非常重要。凭借理论触觉，我们才能发掘理论；而理论触觉就是研究者能以分析性眼光看到深层现象的一种能力。其中不断地问"问题"是资料分析、建构理论的一个重要环节。研究者针对资料不断地提出问题，目的在于刺激思考找出资料里可能有的范畴、性质和可能的方向。这可帮助我们下次访问时问的更准确，以及引导阅读文献的方向。这不是说当我们问问题时，这些问题就指引这次的资料搜集，而是当我们知道该问什么问题时，才能在以后所搜集来的资料和所做的分析中看出意义。

针对所搜集来的资料，我们可以不假思索地提出一些一般性的问题，而每一个问题又会刺激我们再去问一些更为准确和深层次的相关问题。这些基本的问题包括：是谁？何时？哪里？发生了些什么？怎么发生的？到什么程度？以及为什么？

当然，就字眼、片语、句子加以分析，对一个字、一个片语、一个句子进行详细分析，会让研究者有机会开启资料背后的真实图景，并帮助研究者发觉现象背后的理论。通过这样的逐字、逐句的分析，针对资料里的每个字、每个句提出质疑并加以思考，可以凸显受访者或他身边的人们所说的话中的意义。在这个分析过程当中，研究者应摒弃一些先入为主的假定，也必须对某些字和片语十分敏感。例如，从来不、一直是、绝对不会是那个样、每人都知道是怎么一回事、没有讨论的必要等。每次你听到这些字或片语，你就得在心里摇一面红旗以示警戒。以上这些字和片语都是讯号，要你进一步审视和探索。永远不要把任何事视为理所当然而不再探究。这种分析策略也能帮助研究者开启资料进行分析，进而去探索事实的真相。

目前，扎根理论研究方法已经成为质性研究方法中最科学的方法之一。与其他方法不同，扎根理论法主要是强调发展理论这个目标，而不只是单单对现象进行描述和解释。对扎根理论方法来说，无论研究者发展出何种层次的理论，它们都是植根于自己获得的资料，"扎根"才因此得名。整个扎根法的思考原则与处理技术，是寻求严谨和保有弹性的统一。它不断的运用原则和技术，将资料逐渐转化缩减，并构成理论。

2.2 关键事件分析法

关键事件分析法（Critical incident method）起源于事件分析法（Event Study）。事件分析法主要应用在经济和金融领域，关键事件分析法则比较多地应用在人力资源管理的职务分析部分。

1. 事件分析法

事件分析法主要是分析某事件对于社会经济生活是否确实有冲击作用。事件分析法最早提出可以追溯到 20 世纪 30 年代,1969 年法码(Fama)等对它做了进一步完善。事件分析法在经济学科与社会科学研究中得到了广泛的应用,特别是在计量经济学和金融学领域。例如在公司会计及财务领域中,它常被用来分析兼并收购、增发新股或债券和宏观经济变量(如贸易赤字等)对公司价值的影响等。

在事件分析法中,需要首先界定事件发生作用的时间段,即事件窗口(Event window)。然后通过事件窗口超额收益(Abnormal return)的大小来衡量事件的影响。所谓超额收益是指实际收益与假设没发生该事件的期望收益之差,而期望收益由计量经济模型测算。

2. 关键事件分析法

关键事件分析法也称关键事件技术(Critical Incidents Technique,简称 CIT),或"重要事件分析法",最早是由美国学者福莱诺格(Flanagan)和伯拉斯(Baras)在 1954 年共同创立,并将其定义为"观察特定规则或程序下的活动,并对它们的特征进行归纳"的方法。两位作者在 1959 年发表的"the critical incident approach to the study of psychopathology"一文中,对"关键事件"的定义为:"specific accounts of observed activities following certain rules and procedures and referring to them",即观察特定规则或程序下的活动。

尼尔森·马萨德(Nelson Massad)将关键事件分析法定义为"系统地收集一个特定任务实现中导致成功或失败的事件和行为的一种过程。"斯特凡(Stefan)在"critical incident analysis"一文中将关键事件分析法定义为"individual episodes in which there has been a significant occurrence (either beneficial or deleterious) which are analyse in systematic and detail way to overall quality of care and to indicate changes that might lead to future improvements",即"通过详细分析和系统整体的方法来研究所出现的显著的个别事件,并通过研究来确定变化的原因及改进的方法"。

关键事件分析法是指在对研究对象的事件进行分析时,把事件分成几步,以便清楚地对事件进行分析,通过汇集服务过程中的关键事件,即个人印象深刻、非常特别的事件,并将汇集事件分为满意与不满意两方面,以内容分析或归类探求发生的原因与过程的研究方法。

关键事件分析法在不同的学科领域有不同的应用。在人力资源管理中,关键事件法是分析人员向工作者询问一些问题,以了解其对于解决关键事件所需的能力和素质,还可以让工作者进行重要性评价的一种收集职务信息的方法。

在应用这种分析方法时,在职者、上司或其他专家要回忆他们目睹的(即观察到的)并且认为对良好的工作绩效有重要意义的事件。

关键事件法集中关注那些能够区分出高效率雇员和低效率雇员的员工行为(事件)。要成为关键事件,一个事件必需发生在一个能够清楚地表明该行为的意图的环境中,而且该事件的结果对效率的影响也必须是毫无争议的。数据收集过程中会产生大量的描述关键环境中有效和无效工作行为的事件。而且,这些事件描述工作中代表突出绩效和不良绩效的行为。人们会分析研究这些事件描述,并把它们归入标志工作绩效特定侧面特征的工作维度类别中去[①]。

一个关键事件是有可能决定执行一项所分配任务的成功或失败的一种具体的工作行为。"关键事件技术"要求工作分析者从那些熟悉该项工作的人员那里去收集关键性的事件。事件通常以描绘成功与否的工作行为的故事和轶事的形式被收集起来。然后,这些故事被浓缩成一个单一的能"抓住"故事"本质"的陈述[②]。

"重要事件分析法"是指通过对员工工作中重要事件的完成过程进行详细记录并分析的一种方法。因为每位员工都有自己的最重要的本职工作,重要工作的完成情况可能会直接影响着部门或企业整体的效率,所以将重要工作单列出来进行分析是完全有必要的。

由于重要事件往往要涉及到其他部门或外界,所以对重要事件的分析更能清楚的明确该员工的职权范围和工作关系。

此法由法纳根(J. C. Flannagan)在1954年发展起来的,其主要原则是认定员工与职务有关的行为,并选择其中最重要、最关键的部分来评定其结果。它首先从领导、员工或其他熟悉职务的人那里收集一系列职务行为的事件,然后,描述"特别好"或"特别坏"的职务绩效。这种方法考虑了职务的动态特点和静态特点。

它是由上级主管者记录员工平时工作中的关键事件:一种是做的特别好的,一种是做的不好的。在预定的时间,通常是半年或一年之后,利用积累的记录,由主管者与被测评者讨论相关事件,为测评提供依据。包含了三个重点:

第一,观察;

第二,书面记录员工所做的事情;

第三,有关工作成败的关键性的事实。

其主要原则是认定员工与职务有关的行为,并选择其中最重要、最关键的部分

---

① 摘自:威廉·P·安东尼(William P. Anthony)、K·米歇尔·卡克马尔(K. Michele Kacmar)、帕米拉·L·佩雷威(Pamela L. Perrewe)著,《人力资源管理:战略方法》中信出版社,2004年9月第一版,P208

② 摘自:劳伦斯·S·克雷曼(Lawrence S. Kleiman)著,孙非等译,《人力资源管理:获取竞争优势的工具》2003年1月第一版,P107

来评定其结果。

对每一事件的描述内容，包括：

(1) 导致事件发生的原因和背景；

(2) 员工的特别有效或多余的行为；

(3) 关键行为的后果；

(4) 员工自己能否支配或控制上述后果。

在大量收集这些关键因素后，可以对他们做出分类，并总结出职务的关键特征和行为要求。关键事件法既能获得有关职务的静态信息，也可以了解职务的动态特点。

人力资源管理中的关键事件法的主要优点是研究的焦点集中在职务行为上，因为行为是可观察的、可测量的。同时，通过这种职务分析可以确定行为的任何可能的利益和作用。但这个方法也有两个主要的缺点：一是费时，需要花大量的时间去搜集那些关键事件，并加以概括和分类；二是关键事件的定义是显著的影响工作绩效的事件。但是，这可能就会遗漏平均绩效水平。而对工作来说，最重要的一点就是要描述"平均"的职务绩效。利用关键事件法，对中等绩效的员工就难以涉及，因而全面的职务分析工作就不能完成。

关键事件法是指调查人员、本岗位员工或与本岗位有关的员工，将劳动过程中的关键事件加以记录，在大量收集信息之后，对岗位的特征和要求进行分析研究、对员工绩效进行考核的方法。这里的关键事件是指在劳动过程中，给员工造成显著影响的事件，通常关键事件对工作的结果有决定性的影响，关键事件基本决定了工作的成功与失败、赢利与亏损、高效与低效。

3. 关键事件分析法的步骤

运用关键事件分析法的步骤是

(1) 识别岗位关键事件。运用关键事件分析法进行工作分析，其重点是对岗位关键事件的识别，这对调查人员提出了非常高的要求，一般非本行业、对专业技术了解不深的调查人员很难在很短时间内识别该岗位的关键事件是什么，如果在识别关键事件时出现偏差，将对调查的整个结果带来巨大的影响。

(2) 识别关键事件后，调查人员应记录以下信息和资料：

■ 导致该关键事件发生的前提条件是什么？

■ 导致该事件发生的直接和间接原因是什么？

■ 关键事件的发生过程和背景是什么？

■ 员工在关键事件中的行为表现是什么？

■ 关键事件发生后的结果如何？

■ 员工控制和把握关键事件的能力如何？

(3)将上述各项信息资料详细记录后,可以对这些信息资料作出分类,并归纳总结出该岗位的主要特征、具体控制要求和员工的工作表现情况。

采用关键事件分析法,应注意:关键事件应具有岗位代表性。关键事件的数量不能强求,识别清楚后是多少就是多少。关键事件的表述言简意赅,清晰、准确。对关键事件的调查次数不宜太少。

识别关键事件时,分析人员可以向工作者询问一些问题,比如"请问在过去的一年中,您在工作中所遇到的比较重要的事件是怎样的? 您认为解决这些事件的最为正确的行为是什么? 最不恰当的行为是什么? 您认为要解决这些事件应该具备哪些素质?"等等。

4. 记录关键事件的 STAR 法

记录关键事件的 STAR 法,是由四个英文单词的第一个字母表示的一种方法;由于 STAR 在英文中是星星的意思,所以又叫"星星法"。星星就像一个十字形,分成四个角,记录的一个事件也要从四个方面来进行:

第一个 S 是 SITUATION———情境。这件事情发生时的情境是怎么样的。
第二个 T 是 TARGET———目标。他为什么要做这件事。
第三个 A 是 ACTION———行动。他当时采取什么行动。
第四个 R 是 RESULT———结果。他采取这个行动获得了什么结果。

连起这四个角就是 STAR,如图 2-3 所示。

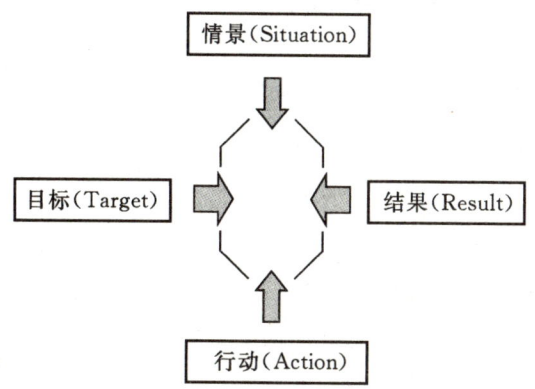

图 2-3 关键事件的记录方法:STAR 法

关键事件法也可以被用来进行员工绩效等级评价。它在认定员工特殊的良好表现和劣等表现方面是十分有效的,而且,对于制定改善不良绩效的规划也是十分方便的。此时,主管人员将每一位下属员工在工作活动中所表现出来的非同寻常的好行为或非同寻常的不良行为(或事故)记录下来。然后,在每 6 个月左右的时间里,主管人员和其下属人员见一次面,根据所记录的关键事件来讨论后者的工作绩效。这种工作绩效评价方法通常可作为其他绩效评价方法的一种很好补充,因为它有着许多优点:

(1)它为你向下属人员解释绩效评价结果提供了一些确切的事实证据。

(2)它还会确保你在对下属人员的绩效进行考察时,所依据的是员工在整个年度中的表现(因为这些关键事件肯定是在一年中累积下来的),而不是员工在最近一段时间的表现。

(3)保存一种动态的关键事件记录还可以使你获得一份关于下属员工是通过何种途径消除不良缘故的具体实例。

如果想要用关键事件法来进行工作绩效评价,那么你可以将其与每年年初摆在下属员工面前的本年度工作期望结合起来使用。

关键事件法在进行职务分析和绩效评价方面,其主要优缺点如下:

- 优点:是研究的焦点集中在职务行为上,因为行为是可观察的、可测量的,同时,通过这种职务分析可以确定行为的任何可能的利益和作用。
- 缺点:费时,需要花大量时间去搜集那些关键事件,并加以概括和分类。还有就是关键事件的定义是显著的对工作绩效有效或无效的事件,但是,这就遗漏了平均绩效水平。

5. 扩展的 CIT 法

为了克服 CIT 在鉴别平均绩效时的困难,近年来提出了"扩展的 CIT 法"。扩展的 CIT 法与传统的 CIT 法有较大的不同,它的应用步骤如下:

(1)让任职者鉴别"工作范围":工作范围的确定就如同树立了一把"大伞",伞下包含很多特定的任务组成部分。比如:一名管理者的工作范围也许是"培训",那么这个范围包含的专门任务有:使用正规或非正规的方式教导员工学会新的工作技术;参加在职和脱产的自学活动;指导新员工适应工作和组织环境。

(2)工作分析人员要求任职者描述出能反映三种不同绩效水平(优秀、一般、不及格)的典型事例或情况概要。

(3)工作分析人员分析这些事件中的人的行为表现以及该行为的后果,以考察这些行为是否完成了工作任务等。

(4)工作分析人员写出工作说明。

尽管扩展的 CIT 法与传统的 CIT 法的共同之处都是以工作行为的鉴别为基础,而且都可以应用于绩效评估和培训中。尽管扩展的 CIT 法所用的时间远多于传统的 CIT 法所用的时间,但扩展的 CIT 法确定能从任职者那里获得更多的信息,如工作所需的能力、绩效水平、工作范围等。

关键事件法除了可以应用在人力资源管理领域之外,还可以用于改进工作环境、注意生产安全和提高操作效率等领域。

2.3 建构金鼎D管理模式的基本思路与方法

在建构金鼎公司D管理模式时,采用的研究方法主要是质性研究中的扎根理论方法。数据收集应用深入访谈法(In-depth interview)。对资料的分析综合运用了"关键事件分析法"和"逐级编码法"。

图2-4 是建构金鼎公司D管理模式的基本思路。我们从现象出发,提炼出问题,应用扎根理论方法对问题做出诠释,并形成初步的理论。再用理论去反思和理解现象和问题,直到解释饱和为止。其中观察到的现象包括但不限于:管理规范严格、员工创造性增强、企业活力明显得到加强、企业快速发展等;提出的问题是:这些现象是否反映出某种管理思想和模式?这种管理模式是怎样的?对现象的理解我们遵循事件分析、观察总结管理措施和手段、事件和措施导致的行为特点以及行为所导致的结果这一基本思路。

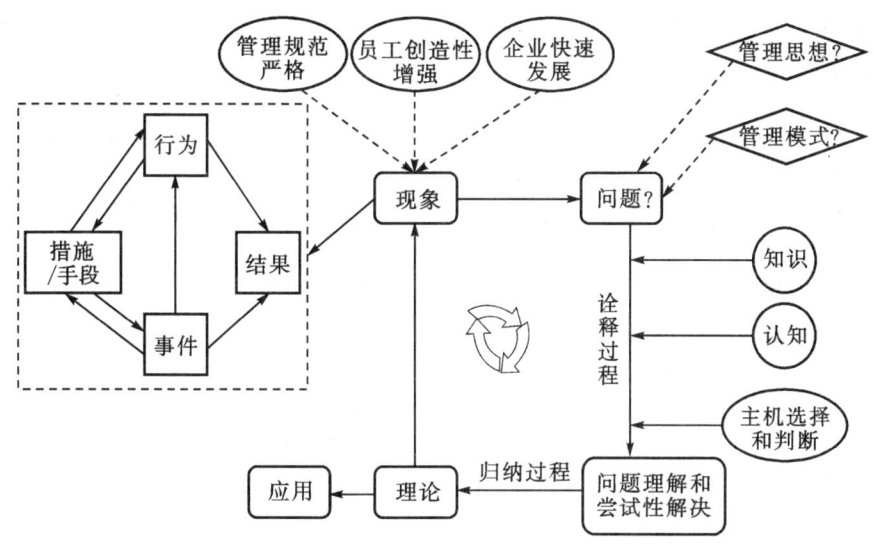

图2-4 建构金鼎公司D管理模式的基本思路

对质性资料和访谈资料的分析我们采用了如图2-5的基本思路。即:在扎根理论方法和现有理论的指导下,遵循"关注的问题——资料收集和整理——资料分析——凝练问题——对问题做出诠释——提出新的问题——回归资料收集和整理"的思路,直至建构出理论为止。对资料的分析采用关键事件分析法。

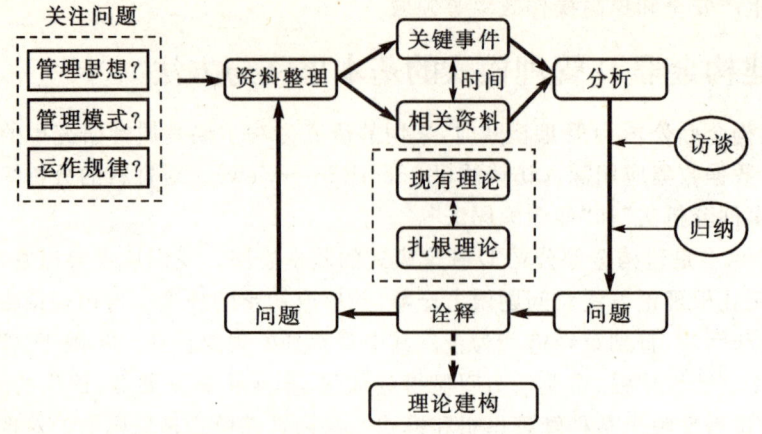

图2-5 对质性资料和访谈资料的分析思路

在整个资料分析和理论建构的过程中,不容忽视领导的作用。因此,建构理论的过程中,应综合考虑领导者个人的成长和企业的发展,做到两者相符相称、共生共存,如图2-6所示。

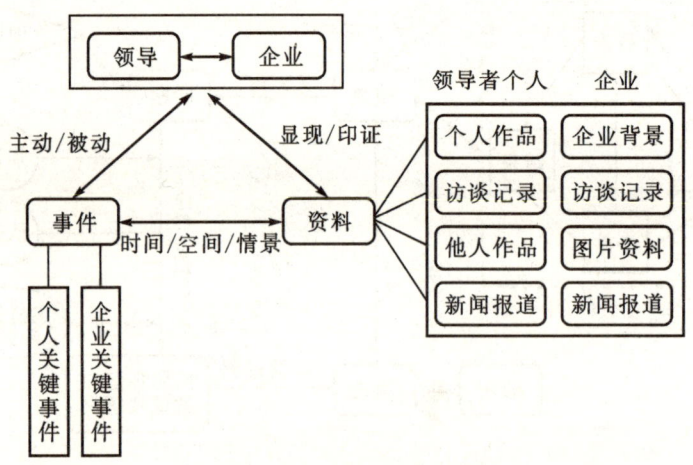

图2-6 资料分析的两条路线:领导者(企业家本人)和企业

领导通过设计和演化促使了关键事件的发生,产生了预期的结果(当然还有意外的结果等相关结果),如图2-7所示。

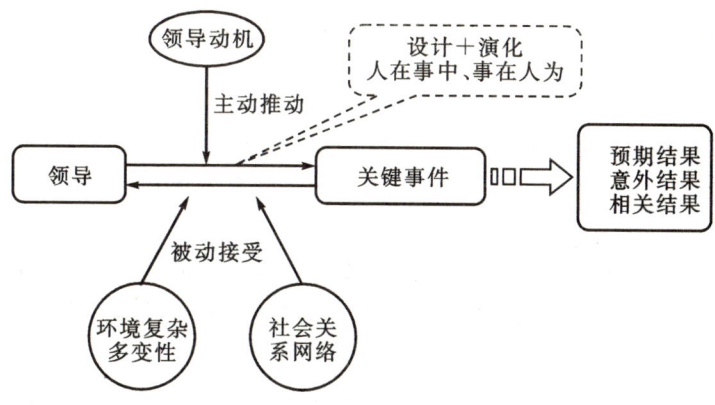

图2-7 领导推动关键事件的发生

领导者和企业家共生共存,既促进了企业的发展,也使得领导者个人得以成长,如图2-8所示。企业由小规模的煤机修造厂改制成为金鼎公司子集团,并最终发展成为行业的领跑者。领导也由管理者发展成为设计师,并最终成为精神领袖。应该说,企业家使得企业发生改观,设计煤机公司成为子集团管控模式,而子集团的快速发展,又成就了企业家的蜕变,逐渐成为煤机人的精神领袖。

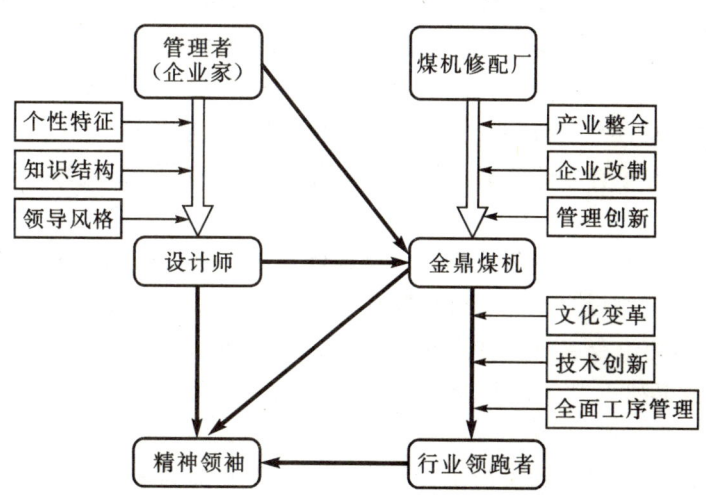

图2-8 领导者和企业共生共存

通过上述一整套严格的分析和归纳,最终金鼎D管理模式得以成功建构。

2.4 金鼎公司发展的关键事件分析与 D 管理模式建构

在总结提炼金鼎管理模式的研究过程中,运用了关键事件分析技术,以识别在企业运营过程对金鼎的发展具有重要影响的关键性管理措施以及这些措施的实施结果。通过应用关键事件技术,可以从行为的角度系统地观察和描述管理绩效和管理行为。

关键事件技术集中关注关键的事件,来解释深入的问题。不管是采用问卷调查还是深入访谈作为主要的数据收集工具,其主要目的都是为了寻找激发重大事件的关键事件。

在研究过程中,主要是通过深入访谈来收集数据的,旨在说明管理者及其下属在这些典型事件中是如何处事的,又是如何激发管理变革的。在某些情况下,这些关键事件在组织内众所周知,但是在有些情况下,一些关键事件往往被下意识地掩藏在人们过往的经验和日常的管理规范之中,这就需要研究者能够洞察,并准确识别出来。

关键事件技术是一种半结构性的分析方法。在运用该方法时,基本的操作步骤如下:

第一步:收集企业家在过去企业发展过程中,跟职务行为有关的各种结构化事件和非结构化事件,这些事件一般来说都可以表明企业家或管理者在企业管理上的基本特征。对这些事件我们采用了个别访谈、群体访谈、工作日志以及其它相关手段,从高管团队、中层管理者、一般员工等不同渠道收集数据。

第二步:由专家评定这些事件是否真的就是好或坏的行为,因为有时候大家认为是好的事件其实是坏事件,反过来也一样。

第三步:由两组不同专家背靠背将已经收集到的事件归到一定的类别(或维度)中去。不同的维度之间的重要性是不同的。

第四步 将两组专家归类的结果进行比较。对于那些不能一致归类的事件则把它排除掉或另列一类。最后对结果进行分析提炼列表,从而得出一幅企业发展基本特性的总体画面。

需要注意的是:在运用关键事件技术要注意类别的确定,或者说是维度的确定。要根据不同的维度来确定事件。

在应用关键事件技术时,我们特别注意了要避免两个可能的缺陷。一是某些基本行为可能会被忽略,尤其是工作中的一些极端事件;二是由于关键事件是对过去发生的事情的报告,很可能被歪曲。从观念中抽取实际的东西对分析者来说,需要极强的洞察力与极高的分析技巧。为了避免对实际事件的转换可能带有的明显的主观性，我们采用两组专家背靠背地分析转换。这是在应用关键事件技术时要特别注意的一个问题。正是因为如此，两次转换工作成为应用这种方法极为重要的组成部分。虽说它不可能排除所有的主观性，但它确实提供了不同观点和交叉验证的机会。

关键事件的分析路线是：
- 第一步：整理事件
- 第二步：提炼行为
- 第三步：问题诠释（为什么）
- 第四步：问题性结论或疑惑凝练

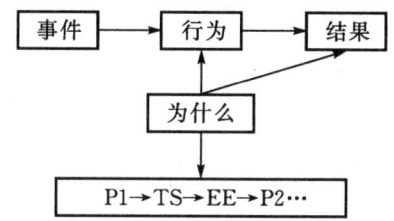

图 2-9 金鼎 D 管理模式的关键事件分析思路

注：P1——从领导的关键行为入手，问为什么；
TS——基于现有资料对问题的尝试解决；
EE——批判与选择（猜想）；
P2——新的问题（同一层级或更高层级）。

在为期两个月的访谈过程中，我们识别出了金鼎公司发展过程中的关键事件见表 2-1。

对这些关键事件分别作出分析，并不断地提出问题，识别金鼎公司的独特管理模式要素。图 2-10 是金鼎公司发展过程分析及其关键事件识别。以其中的"重罚四名高管"和"7.6 米高端支架研制成功"两个关键事件分析为例，分别如图 2-11 和图 2-12 所示，识别出了金鼎公司管理模式的一些关键要素如：企业家精神、技术创新、产业联动、组织体系优化和完善、全面工序管理、企业文化变革等等。最终形成了金鼎公司的画像（图 1-5），总结出了金鼎公司公司管理模式的主要特点（图 1-6）。

表 2-1　金鼎公司发展过程中的关键事件表

事　件	问题情景	工作目标	实际行动	工作结果	备　注
企业改制	老企业僵化	提升企业活力	组织体系转变	子集团化运作体系	组织体系改进
构建煤机板块产业大联动	煤机单独发展	做优做强煤机板块，提升发展地位	产业整合	煤机跻身全国50强第7位	产业整合、联动
推进321创新工程	员工创新不足、企业发展停滞、缺乏创新勇气	树立创新意识	全员创新	全员创新意识增强	注重技术创新
重罚四名高管	高管和员工懒懒散散	树立纪律性和安全意识	重罚	全员重视安全、遵守劳动纪律	管理规范
5.5米和6.2米支架研制成功	支架长期依赖进口、无自主知识产权产品	创新制胜	推进支架研发设计	5.5米和6.2米支架研制成功，令同行刮目相看	注重技术创新
7.6米高端支架研制成功	高端支架技术欠缺	推进高端支架研发	推进高端支架研发设计	7.6米高端支架研制成功、技术实力显著增强	注重技术创新
引进机器人焊接工艺	人工焊接费时、费力，不能保证产品质量	提高焊接工效	引进和消化机器人焊接技术、自主研发配套软硬件系统	成功引进机器人焊接技术、提高了焊接工效	注重技术创新
企业文化变革	老国企的通病	改革文化、增强活力	改善厂容厂貌、改善生产环境条件、园区化管理	企业面貌得以改观、企业文化得以塑造	企业文化支撑
推进工序管理	生产管理无标准、奖罚不清晰	奖罚清晰、管理到位、多劳多得	全公司推进工序管理	工序管理深入人心	管理的独特性
短臂采煤机研制成功	煤炭采掘有遗漏	提高煤炭采掘效率	推进技术研发	短臂采煤机研制成功、获得同行好评	注重技术创新
上级领导和高层领导多次来公司视察	公司发展引起高层领导注意	提高煤机行业整体水平	多次来公司视察	示范引领作用提高企业知名度和话语权	高层支持与关心

第二章 建构D管理模式的研究方法

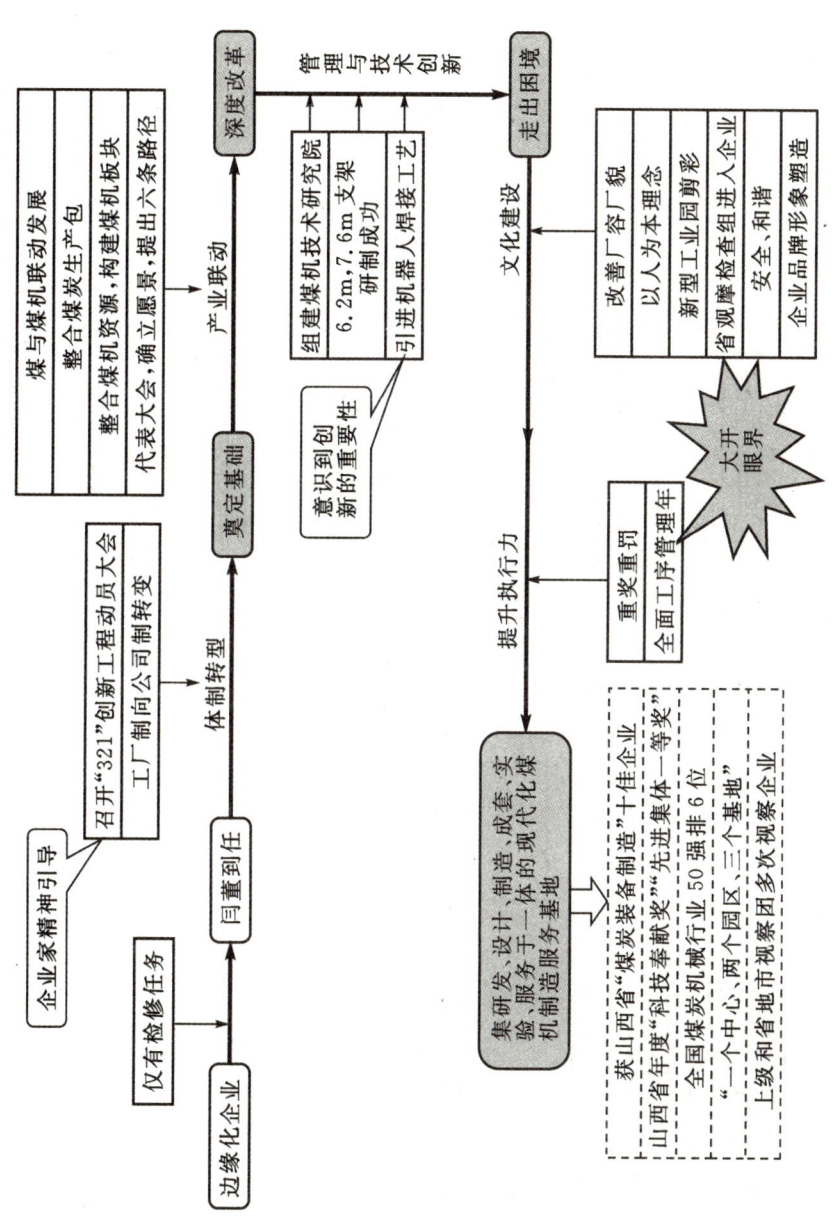

图2-10 金鼎公司发展历程及其关键事件

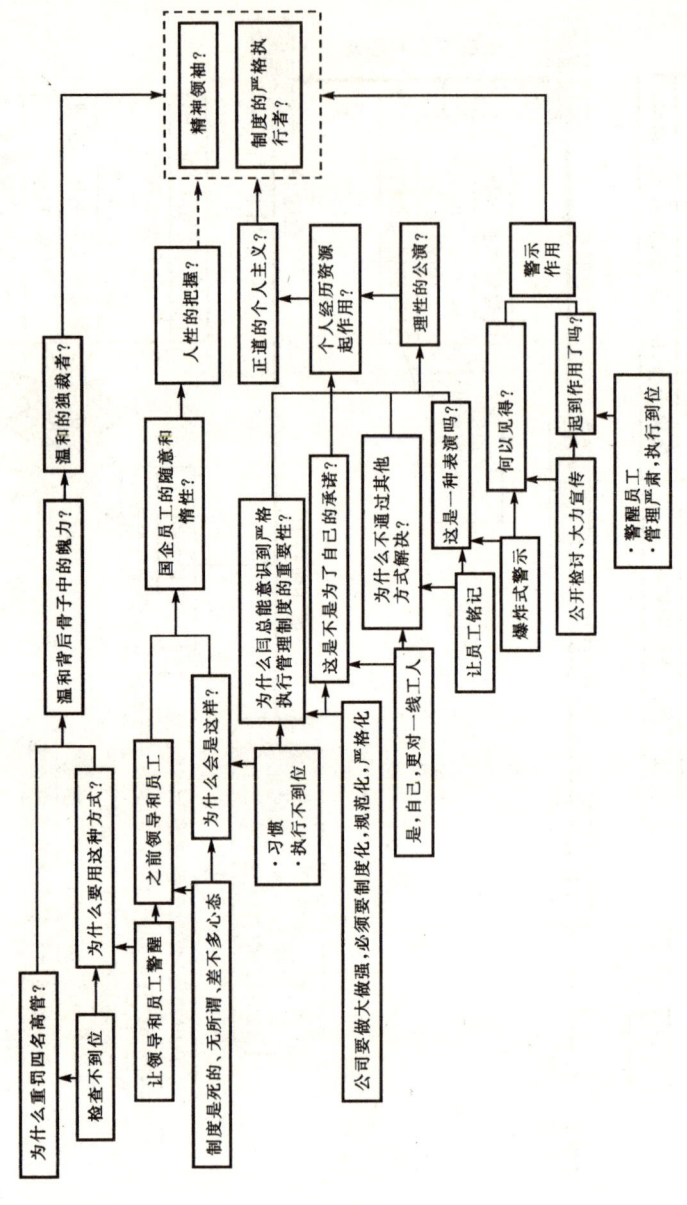

图 2-11 关键事件分析例子:重罚四名高管

第二章　建构 D 管理模式的研究方法

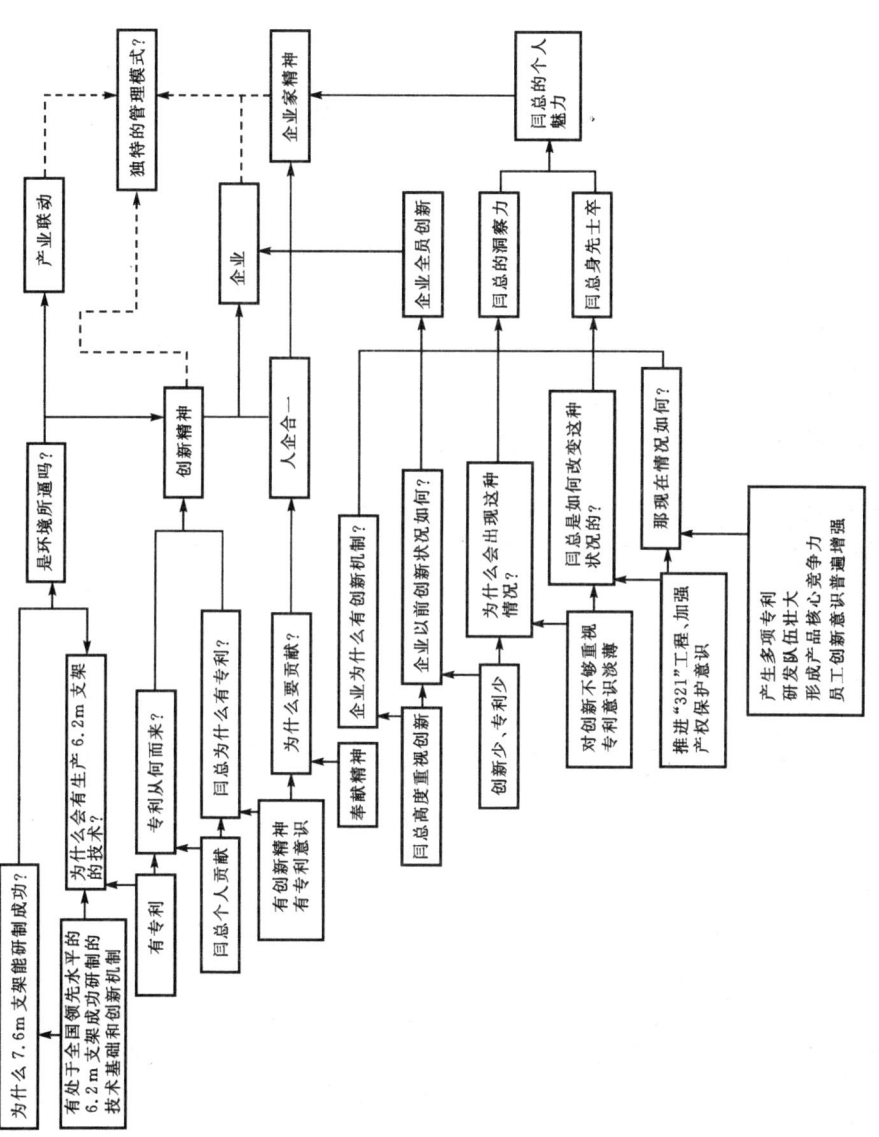

图 2-12　关键事件分析例子：7.6 米支架研制成功

第三章 "D"管理模式

彼得·德鲁克说过,企业管理不仅仅是培训职工和制定纪律,还包括企业本身的价值观、信仰、工具和语言。任何优秀的组织其管理方法都是相互包含、相互依赖的。在企业管理中,各种管理思想和管理工具层出不穷,虽然各种工具各有其独特的用途,但若它们之间缺乏整体配合,企业管理水平就得不到提高。

3.1 "D"管理模式的历史追溯

D管理模式是一种立体化管理模式。就其管理思想而言,它与7-S模型有异曲同工之妙,这种管理模式的思想始于50年前。1962年商业历史学家艾尔弗雷德·查德勒写了一本书:《战略与结构》,提出了有什么样的战略,就有什么样的结构。但是,他提出的只是多样化战略决定的一个分散的结构。一个战略不会只对应唯一的结构形式。在战略方面,最关键的问题是怎样执行和执行手段的连续性。即把事情做完,同时又干的漂亮。在很大程度上,这已经超过了战略而涉及公司的组织结构、员工等其他方面。组织的能力很重要,但仅仅有结构是远远不够的。

美国学者帕斯卡和阿索斯在《日本企业管理艺术》提出了7-S模式:企业的兴衰用7个要素衡量,包括:战略、结构、制度、人员、技能、风格和共同价值观见图3-1。前3个要素为硬件、后4个要素为软件。在麦肯锡的罗伯特·惠特曼和汤姆·彼德斯两人合著的《追求卓越》一书中,利用7-S模型分析了优秀企业的八大属性——崇尚行动、贴近顾客、自主创新、以人促产、价值驱动、不离本行、精兵简政、宽严并济。美国组织健康学创始人爱笛斯1996年写的《追求鼎盛》一书中,借助7-S模型分析并给出了企业生命周期的不同阶段应该采取的具体措施。

我们在7-S模型的基础上,结合当前现代管理理论进一步明确和具体化了7大管理要素。虽然管理思想是继承了7-S模型,但是D管理模式与麦肯锡7-S模型,两组要素之间有一定的对应关系。为了更好的理解,我们建立对应表如表3-1。

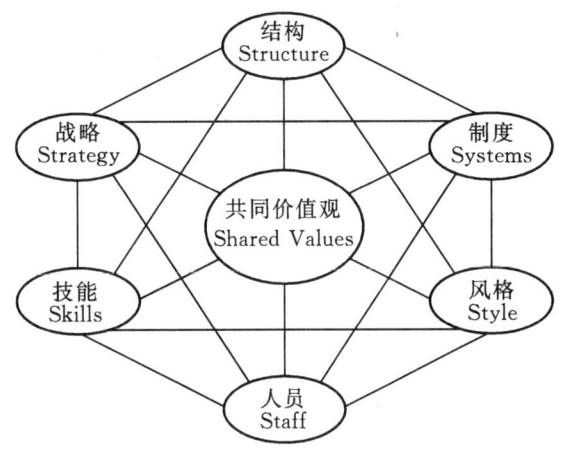

图 3-1 麦肯锡 7-S 模型

表 3-1 管理要素对比表

日本企业管理艺术	追求卓越	追求鼎盛	7-S 模式	D 管理模式
战略	战略	战略	Strategy	产业联动
结构	结构	组织结构	Structure	组织体系
体制	制度	报酬	Systems	全面工序管理
人员	员工	人员配备	Staff	安全管理
技巧	技能	技能	Skills	技术创新
作风	作风	风格	Style	文化塑造
最高目标	共同价值观	制定计划和目标	Shared Value	企业家精神

7个要素组成的企业管理模式如图 3-2。

在 D 管理模式中,企业家精神是核心,它连结着"软"的和"硬"的两个方面的要素。其中,"软"的要素包括产业联动、安全管理、文化塑造三个方面,"硬"的要素包括组织体系、技术创新和全面工序管理。这两个方面的要素通过企业家精神紧密联系在一起,融合为一个整体,形成了一个合力,推动了企业实现跨越式发展。

关于 D 管理模式研究的目的不仅是发展一个新模式,而是帮助企业和企业家有效的透视和解剖复杂的企业组织,抓住企业管理中的精髓,进行理论上的总结,供其他类似企业参考。

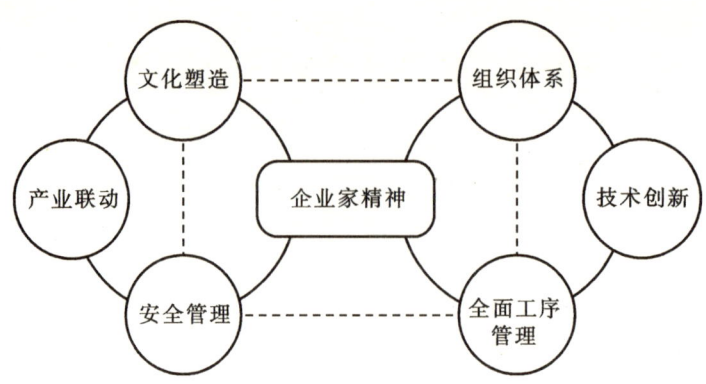

图 3-2 D 管理模式的 7 个要素

3.2 "D"管理模式的含义——"鼎"的内涵

目前理论上有 A、B、C 三种管理模式,D 管理模式是在 C 管理模式的基础上上发展起来的,融合了 A、B、C 三种管理模式的特点,是一种全新的立体化管理模式。D 管理模式是在金鼎公司的具体实践探索中不断完善和形成的,取"鼎"的拼音 DING 的第一个字母 D,隐含三维立体之意(英文 D(three-dimensional))。D 管理模式从字面上的含义可以理解为与金鼎公司的"鼎"字相同。

金鼎公司的管理模式有厚德载物、掷地有声、雷厉风行的特点,有文化厚重感。"鼎"为重宝大器,有金属的质感、稳重之象。"鼎"的质感与 D 管理模式的质感相同。

在企业管理和发展中,D 管理模式蕴含企业的思路宏大、变革和治理三层含义见图 3-3。宏大是指企业的愿景和发展思路;治理是指企业的管理方法和文化塑造;变革是指企业的体制改革、技术创新。

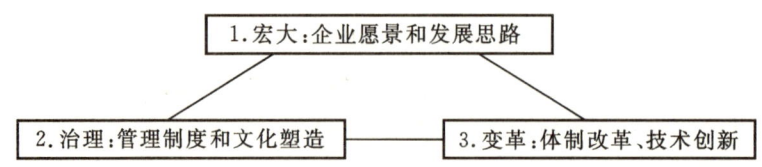

图 3-3 D 管理模式的三层含义

许慎在《说文解字》里说:"鼎,和五味之宝器也"。鼎是青铜器的最重要器种之一,是用以烹煮肉和盛贮肉类的器具。在商代晚期,鼎已经退出炊器行列,成为权利和地位的象征。传说夏禹曾收九牧之金铸九鼎于荆山之下,以象征九州,并在上面镌刻魑魅魍魉的图形,让人们警惕,防止被其伤害。自从有了"禹铸九鼎"的传说,鼎就从一般的炊器而发展为传国重器。历商至周,都把定都或建立王朝称为"定鼎"。因此,"鼎"字本身也蕴含宏大、变革、治理的三层含义。

3.2.1 宏大

鼎被视为传国重器,是国家权力和地位的象征,"鼎"字也被赋予"显赫"、"尊贵"、"盛大"等引申意义。周代的国君或王公大臣在重大庆典或接受赏赐时都要铸鼎,以记载盛况,这种礼俗至今仍然有一定影响。

D 管理模式认为,企业要成长发展,要有宏大的愿景和明确的发展思路,并且激发企业员工的积极性。心里学家内斯特·贝克尔(Ernest)提出了人具有自发二重性(Essential dualism)。该理论认为,人们希望成为优秀组织中的一员,又希望在该组织中成为优秀的人。因此,人们在具有宏大愿景的企业中工作,就会认为他从事的事业有较大价值,而在企业中找到共鸣,不但自觉服从管理制度,而且还会发挥出更加强烈的主观能动性。

宏大的愿景可以促使大家团结——这种愿景光芒四射、动人心弦,具有冒险性和刺激性,是有形而高度集中的东西,能够激发所有人的力量,只需略加解释,或者根本不需要解释,大家立刻就能了解。企业通过追求符合核心理念的宏大愿景和明确的发展思路来刺激企业发展和进步。

优秀企业成长的背后,总有一股经久不衰的推动力——企业愿景激励着这些企业不断向前。以下是一些优秀公司的发展愿景:

- 苹果公司——让每人拥有一台计算机
- 索尼公司——成为最知名企业,改变日本产品在世界上的劣质形象
- AT&T 公司——建立全球电话服务网
- 华为公司——丰富人们的沟通和生活
- 迪斯尼公司——成为全球的超级娱乐公司
- 联想公司——未来的联想应该是高科技的联想、服务的联想、国际化的联想

金鼎公司的发展愿景目标为"全力打造独具特色创新型煤机产业集团"。金鼎公司的发展思路为"建立煤与煤机互动发展的良好模式"。金鼎公司正是因为有了这样的愿景和发展思路,给了员工更大的施展才能的舞台,给了员工高昂的斗志和自信,使得企业在短短几年时间,从一个产值仅有 3 个亿的煤机修配厂发展成为产值 25 个亿、包含 32 个分子公司的煤机装备现代化的集团化公司。

3.2.2 治理

"鼎"常用于比喻宰相治理国家。老子在《道德经》第六十章中说道"治大国,若烹小鲜"。烹饪小鲜有两个关键,不要轻易翻动而且要精确的掌握火候。治理一个企业要考虑职工趋利避害的因素,因此管理理念不要随意变动,而且管理工具力度也要恰到好处。一个制度框架,人们明确地知道什么是自己的成本,什么是自己的收益,从而自动地按照对成本和收益的计算行事。

依法治国与以德治国相结合的治国方略,不仅是实现中华民族伟大复兴的根本大计,而且对企业管理也有着重要的启示意义,法治与德治相结合应成为企业管理的基本理念。孔子曾说过:"道之以政,齐之以刑,民免而无耻。道之以德,齐之以礼,有耻且格。"法治与德治犹如车之两轮、鸟之两翼,相辅相成,缺一不可。管理制度和企业文化作为上层建筑的组成部分,都是维护组织秩序、规范人们思想和行为的重要手段。管理制度以其权威性和强制性手段规范组织成员的行为,企业文化以其感召力和劝导力提高社会成员的思想认识和道德觉悟,从而形成统一的价值观。道德是法律的基础,法律是道德的保障。只讲法律不讲道德,法律就不能使民众心悦诚服,就会导致粗放简单的管理;只讲道德不讲法律,道德就没有约束力,就会变成苍白无力的说教。治理国家如此,管理企业亦然。

D管理模式认为必须实现企业和个人的发展目标尽可能的统一,这需要企业在分权、控制和协调的过程中把企业文化和管理制度相结合。治理的重点在于人心,目的在于行动。企业为了实现宏大的愿景,并按照明确的思路发展,首先要做的就是建立企业文化、统一员工的价值观,并使用管理工具和制度确保员工的行为都是朝着企业的目标前进。

金鼎公司在发展过程中,重新塑造了企业文化,让企业家激情创业的精神全面渗透到员工的心里,使得员工在企业中找到了归属感和自豪感。在树立事业心和自信心方面,企业家闫振东董事长身先士卒,奉献出个人的专利,并亲自带领大家研制出世界一流的7.6米支护架产品。在树立严格管理方面,借用重罚高管、现场赏罚、闭环考核等手段提高了企业执行力,使得内部员工严格遵守企业的管理制度和维护企业的价值观。为加强基础管理,2011年推行全面工序管理,在"公正、公平、公开"的原则上,明确员工应该干什么、怎么干、干到什么程度、干多少,能得到多少。通过把企业所有的工作内容都分解为合理的工序,并进行量化管理,推行岗位经济责任制,减少管理者和员工之间的矛盾,提高了员工的工作积极性,统一了企业和员工之间的目标。

3.2.3 变革

"鼎"字也蕴含变革的含义。周易中《鼎》卦又称"火风鼎",见图3-4,指稳重图变,燃木煮食,化生为熟,除旧布新的意思。《鼎》卦为改革之卦,改革就会有可喜的收获。

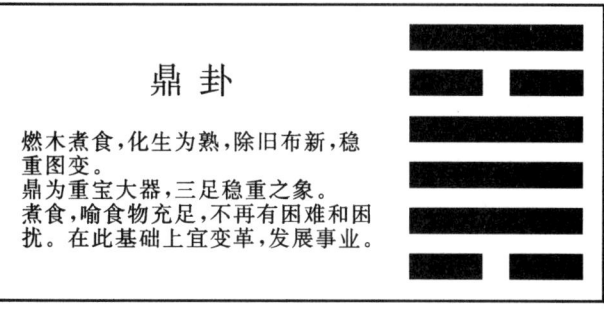

图3-4 周易中的"鼎卦"

上卦《革》卦论述了改革时机把握,以及改革的基本状况,《鼎》卦分析推行改革之具体步骤。改革是一件政治大事,"鼎"也被古人特别看重,鼎能革生成熟,本身就是革物之器,鼎又正好象征政权和地位,以鼎演绎企业追求创新变革尤其形象生动。

企业变革是在一定的内外环境下进行的,必须分析进行变革的内外环境条件是否具备。如果仅仅追求变革计划本身的完美,而不注重计划的可行性,操之过急,在条件不成熟的时候就实施变革,极有可能适得其反。变革成败对企业关系重大,同时任何变革都是具有一定的风险,因此只有在变革确实需要时,在公司各级管理人员心目中形成高度紧迫感的时候,才能推行改革。

企业经营的基础是产权关系,最基本的变革就是产权关系的调整。金鼎公司在集团公司煤机产业大发展的背景下,积极寻求企业改制,实行有独立经营权的子集团公司,在子集团内部,将原来的车间转变为有经营权的子分公司,理顺了所有权和经营权的关系,将成本中心变为利润中心,调动了子分公司的积极性。同时,金鼎公司充分利用股份合作的关系,完善企业的产业链,构建起煤机制造与检修、矿井建设与安装、贸易与物流、煤炭装备试验基地四大业务板块,形成了煤与煤机联动的集"研发、制造、检修、安装租赁、技术服务"为一体的一条龙服务体系。

制造型企业的核心竞争力是技术,而技术创新是企业经营能力变革的基础。金鼎公司大力推进技术创新,特别是根据煤炭采掘一线员工职业健康安全的需要,从减轻煤炭采掘的工作量和一线员工的职业安全性两个方面,不断开发新产品,提升了企业的品牌形象和市场价值,也为进一步完善企业的产业链提供了技术产品支撑。

3.3 "D"管理模式的内容:"鼎"的结构

　　D管理模式的构成,为了方便记忆,我们用"鼎"的结构来形象描述。四足鼎的结构由一心两耳四壁四足组成,体现出了D管理模式的七大要素的构成。鼎是古代用来烹饪的器具,因此鼎的运行就是和五味,表示了D管理模式的运行模式。同时我们用天时、地利、人和来标示D管理模式存在的外界和内部条件。

3.3.1 存在条件:天时、地利、人和

　　中国古代有三才之说,即做任何事情都要顺天时、依地利、行人和。而D管理模式要成功运行,也需要天时、地利、人和三个条件。金鼎公司推行D管理模式时,国家和山西省的政策背景是整合煤炭资源,发展装备制造业。金鼎公司的地理条件正是依托晋煤集团,紧抓集团内部的市场需求和产品研制试用的便利条件,不断推出煤炭采掘迫切需要的产品。金鼎公司内部,企业和员工都有求新求变、扩大发展的要求。正是在这样的背景下,金鼎公司开展了轰轰烈烈的企业改制,技术创新和新的文化塑造等一系列的变革,从而让D管理模式在金鼎公司顺利成功实施。

　　金鼎公司树立产业联动发展的宏大愿景、推行企业改制和技术创新、进行文化变革以及推行全面工序管理,都是在有天时、地利和人和的背景条件下,才得以成功地实施的。

3.3.2 外部结构:一心、两耳、四足、四维

　　"鼎"字属象形,甲骨文字形,上面的部分是鼎的左右耳及鼎腹,下面是鼎足。为了形象地将D管理模式表现出来,我们借用四足"鼎"的结构,将D管理模式的结构也表现为"一心、两耳、四足、四维",这样可以从四足鼎的三维外形图清楚地表现D管理模式的七大要素和格局,见图3-5。

　　一心是指企业家精神,正处于D管理模式的核心位置,是其他管理要素存在和驱动的核心动力。没有企业家对管理模式各大要素的理解和推行,其他要素都不能成功执行,从而可能失去其功效。在金鼎公司推行D管理模式的企业家,本身就具有激情创业、人企合一的精神,也具有不断进取、利他奉献的价值观念,以及严格要求、雷厉风行的行为作风,这些都体现在了其他管理要素中,也是整体D管理模式存在的源泉。闫振东董事长在推行创新变革的过程中,"眼中形势胸中策,缓步徐行静不哗",谨记"先谋后事者昌、先事后谋者亡",企业每推进一步,都时刻关注可能的风险因素,确保国有资产的增值保值和员工的职业安全。正是企业家的这种改革精神才确保了金鼎公司创新改革的成功。

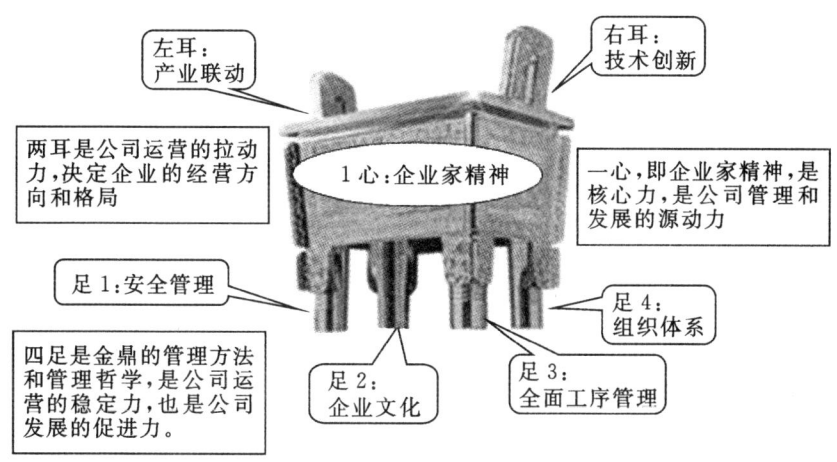

图 3-5 D 管理模式结构图

两耳是指技术创新和产业联动。技术创新和产业联动处于 D 管理模式的上端,是表达一种向上的力量,这两个要素也是企业成长的发展动力。金鼎公司原来虽然叫煤机修配厂,但是由于种种历史原因,当时的煤机修配厂仅能够从事煤机检修业务,煤机制造除了皮带机外,几乎没有其他产品的生产能力。为了发展,为了做好煤炭采掘的设备制造和修配服务,实现煤与煤机产业联动的发展格局,必须要有生产配套产品的能力。产业联动的发展思路向技术创新提出了要求,也为技术创新找到了方向。金鼎公司推出了 7.6 米支护架、短臂采煤机等创新产品,也为实现产业联动发展提供了技术支撑,为产业联动的发展创造了可能性,并提供了价值。金鼎公司的产业联动包括大联动和小联动。大联动是指晋煤集团的六大业务板块(煤炭、煤层气、煤化工、电力、煤机与新兴产业)之间的相互联动发展;小联动是指金鼎公司内部四大业务板块(煤机制造与检修、矿井建设与安装、贸易与物流、煤炭装备试验基地)之间的联动发展。产业联动为金鼎公司快速发展提供了发展的基础。

四足分别是指企业文化、组织体系、全面工序管理和安全管理。金鼎公司提出"安全发展是总路线、提升执行力是总措施、工序管理是总方针、和谐发展是总目标"。在这一方针的指导下,企业着力建设企业文化。企业文化的核心就是企业的价值观,都体现在员工的观念和行为中。金鼎公司已经形成了追求创新、执行力强、以人为本的企业文化观念。组织体系解决了企业两大主要问题:一是横向专业化分工,二是纵向命令链和管理等级。组织体系是企业权力分配的外在表现,也约束着企业运营的所有方面。金鼎公司通过子战略业务单元的组织体系优化设计,实现了利润中心的下移,也实现了分权,调动了各子分公司的经营积极性。全面工序管理是企业的基础性管理工作,结合了质量、安全、环境、健康一体化的标准化管理和岗位经济责任制,是人性化的管理体制。安全管理是煤炭生产和煤机制造企业最基础也是最重要的管理工作。金鼎公司把安全管理提升到"总路线"的高度予以认识,说明金鼎公司十分关注安全管理,并提出"大安全管理"的理念:不仅包括安全生产,还包括员工的职业安全、健康安全、生活安全等所有方面。金鼎公司作为煤炭机械制造行业企业,高度重视大安全管理,也体现了公司不但把以人为本、关爱员工放在心中,而且是落实在实际行动中。在公司各种会议上,特别是每周一的"调度例会"上,经常提醒各分子公司、各职能部门的管理者,"一趾之疾足以丧七尺之躯","却是平流无石处,时时闻说有沉沦",要求各分子公司切实注重安全管理,确保公司和员工健康发展。

四维是指金鼎公司的领导指挥与控制体系、品牌塑造与市场营销体系、研发设计与生产制造体系和人力资源与企业管理体系。每一个企业都有这四个系统,但不一定能够较好的发挥职能作用。领导与指挥体系是企业对内部的行政权力,要求层级严明,权力明晰。金鼎公司的领导与指挥体系就是子集团管控系统,各子分公司有独立的经营权和再分配权,但是母公司对子公司有领导、控制和监督的权力。品牌塑造与市场营销体系是企业对顾客的产品销售和服务,要求贴近顾客需求。金鼎公司根据历史的条件,紧抓晋煤集团内部市场,通过在内部树立品牌形象,才能为打开外部市场奠定基础。研发设计与生产制造体系是企业对产品的功能实现过程,要求不断创新。金鼎公司成立了研究院和企业技术开发中心,实施重大创新项目。同时要求各子分公司依据产能实际,自主设立研发课题,公司为实现全员创新提供了经济支持和技术支撑。人力资源与企业管理体系是企业对员工的培训发展,进行素质和能力提升。金鼎公司处于跨越发展的时期,最关键的就是加强人才培训。金鼎成立了培训中心,走职工教育培训产业化之路;提供了各种内部、外部的培训、进修机会,提升企业职工的能力和素质,也为企业进一步发展提供了充足的人才支撑。

在企业家精神的指导下,金鼎公司在企业文化、组织体系、全面工序管理和安全管理这四个方面的工作,紧密配合、互为支撑、协调一致,共同对 D 管理模式起到了稳定支撑作用,并且确保了企业的健康协调发展。

3.3.3 内部运行:五行相生相克

五行学说是以木、火、土、金、水五种物质的特性及其"相生"和"相克"规律来认识世界、解释世界和探索宇宙的一种世界观和方法论。五行学说是中国创立的系统管理模式,五行的相生是各部分协调发展、整体进步;五行的相克,是一种天然的约束机制。

我们用五行来分别对应企业运行的五大环节,在管理过程中,统筹决策、控制领导、权变、创造生产、协调人事五大企业运行环节形成封闭式的管理系统,形成企业的内部运营动力系统。

统筹决策是一个中心力量,这个中心力量深厚、稳健,有旺盛的生命力,因此统筹决策对应五行中的"土"。

控制领导是指执行人员在执行决策时需要的决断力。这种决断力能提升对世界的认识,产生一种领导力。控制领导对应五行中的"金",金表示果断,是一种力量,土生金。

企业面对瞬息万变的市场情况灵活应变,就是权变,对应五行中的"水"。适应市场需要才能正确掌握生产、制定并调整计划,产品生产出来就像树木一样生长出来,因此生产对应五行中的"木",水生木。企业在生产发展中,需要协调各种资源,激发人的积极性,协调人事对应五行中的"火",木生火。

金鼎公司在 D 管理模式的 7 大要素的框架下,利用全面预算管理、绩效考评体系以及全面工序管理,确保统筹决策、领导控制、权变、制造生产、协调人事五大管理环节运行过程中,预防相克、相逆,确保相生、相长,见图 3-6。

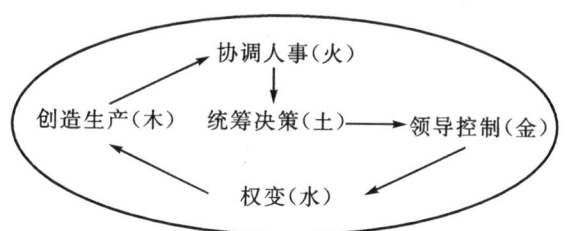

图 3-6　D 管理模式的内部运行系统:五行循环

3.3.4　成长发展:动力系统

"斜坡球体理论"是海尔集团首席执行官张瑞敏提出的,他用一个物理现象来非常形象地比喻企业与市场之间、管理与发展之间的关系。"斜坡球体理论"是指企业在市场上所处的位置,就如同斜坡上的一个球体,它受到来自市场竞争和内部员工惰性而形成的压力,有向下滑落的本性,如果没有止动力就会下滑。为使企业在斜坡(市场)上的位置向上移动,需要两个作用力:一个是支撑力,也叫止动力,保证它不向下滑,这好比是企业的基础管理工作;一个是拉动力,促使它向上移动,这好比是企业的创新能力。

金鼎公司发展的动力系统见图3-7：
- 核心力：企业家精神
- 拉动力：产业联动、技术创新
- 支撑力：企业文化
- 推动力：全面工序管理、安全管理、组织体系
- 制约力：员工惰性

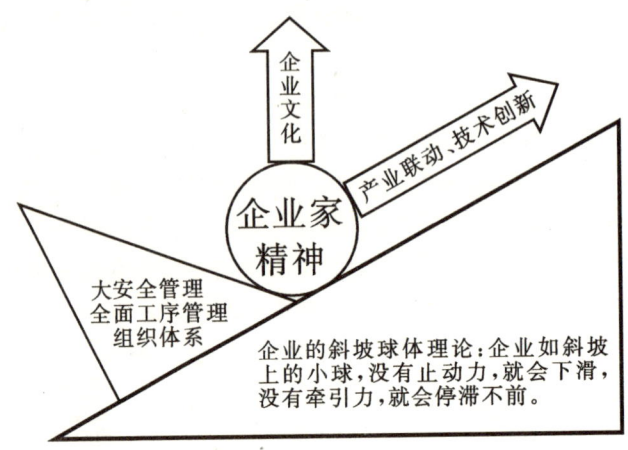

图3-7　D管理模式的动力系统

斜坡球体理论表明当促进企业成长的因素大于制约企业成长的因素时，企业就能稳步向前发展；反之，当拉动力小于制约力时，企业就要下滑；当拉动力等于制约力时，企业就处于平衡状态。影响企业发展的这三种力量的含义分别是：
- 拉动力——促进企业进一步成长的力量。关键有两方面，一方面是优质产品、优质服务、科技发展的提升力；另一方面是创新能力，创新能力是拉动企业不断进步的主要力量。金鼎公司利用产业联动和技术创新实现了企业的创新能力和优质产品，形成了企业发展成长的拉动力。
- 制约力——限制或阻碍企业向前发展的力量。一般包括市场竞争者过多，员工自满情绪的增长、惰性的增加、设备的老化、知识的老化、基础管理削弱、员工离职率较高、企业领导威信不高等等。企业最大的敌人是自己，自己最大的敌人是传统思想和陈旧观念。金鼎公司提倡以人为本的企业文化，极大地提高了员工的积极性，消除了员工的惰性，同时不断创新，使企业焕发了活力。
- 支撑力——支撑企业正常运行的力量，是防止企业下滑的力量。支撑力在企业里主要是指一些基础性的管理，这些方面若能科学化、规范化、制度化

和标准化,企业的运行就能正常化。抓管理要持之以恒,管理水平易反复,制动的部分也会松动,需要不断加固。管理是动态的,永无止境的,企业向前发展,制动也要跟着提高,管理无定式,需要根据企业的目标和内外部条件的变化不断进行动态优化,而不能教条。金鼎公司通过构建人为本的企业文化、大安全管理、全面工序管理和组织体系形成了企业的支撑力。

金鼎公司的支撑力是优秀的企业文化、大安全管理、全面工序管理和良好的组织架构体系,这四个方面的因素起到推动力作用。金鼎的企业文化起着向上的提升和拉升作用,产业联动和技术创新起拉动作用。员工惰性是企业向前发展的制约力,必须予以克服。

在D管理模式下,企业家精神是企业运行的核心力;两耳为鼎模式的发展促进力;四足为鼎模式的稳定力。D管理模式使企业成长发展的动力系统就是,在企业家精神的辐射下,在企业文化、组织体系、全面工序管理和大安全管理体系的四足支撑下,在领导控制体系、品牌市场体系、人力资源体系和研发生产体系的四维系统下,统筹决策、领导控制、权变、制造生产、协调人事五大企业运行环节,共同形成了有效的开放式管理系统。

3.4 "D"管理模式的7大要素

企业的管理不仅在于精确的定量方法、周密的计划、严格的规章制度、明确的分工和有效的控制,而且对管理工作要有总体和均衡的认识。企业管理不仅是严谨的科学,而且是深奥的艺术。

企业家们管理企业的手段是有限的,但是现代管理理论涉及的方面又是繁杂的。我们探讨的D管理模式包含7大要素——企业家精神、文化塑造、产业联动、安全管理、组织体系、技术创新和全面工序管理见图3-8。我们的目标是组成一个完整的框架,并提出一些新的见解。当然,框架可以由或多或少的要素组成,但这7个要素最重要,多了难以掌握,少了则会丢掉某个重要内容。

一般对于硬的要素,包括技术创新体系、组织体系和全面工序管理的认识较为一致,但是对于软的要素,包括企业家精神、文化塑造、安全管理和产业联动却认识不同。这些软的要素,对于处理模棱两可、不确定性、不完善性事物和维持良好的管理有效性起着决定性的作用。

因此,在企业发展过程中,要全面考虑企业的整体情况,只有在软硬两方面7个要素能够很好地沟通和协调的情况下,企业才能获得成功。

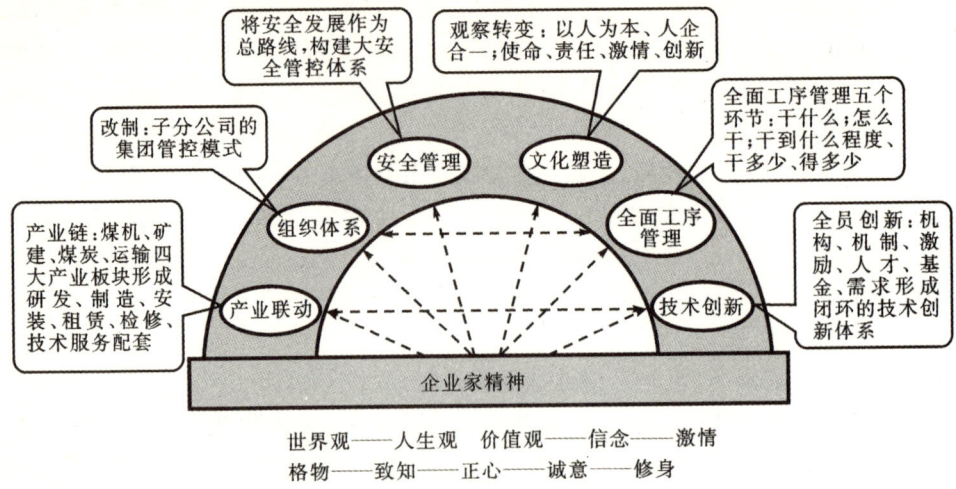

图 3-8 D 管理模式 7 大要素之间的关系

3.4.1 企业家精神

"企业家精神"是指企业家经营管理企业的综合才能,是一种重要而特殊的无形资产。它是企业家所具有的独特的个人特质、价值取向以及思维模式的抽象表达,是对企业家理性和非理性逻辑结构的一种超越和升华。人们日常也把企业家精神看作是成功的企业家个人内在的经营意识、理念、胆识、魄力以及个人魅力,并以此标尺来识别、挑选和任用企业家。

企业家最重要的作用在于价值体系的传导作用,企业家是主要提出和保护价值体系的专家,企业的生存就是坚持价值体系和保持特性。企业家的工作就是让员工清楚他们将去向何处,且为实现美好未来而想方设法。一个企业的价值体系在企业性质、特定目标、方法和角色方面对公司政策的制定者起到约束作用。

企业家精神和价值体系的建立以及贯彻是密不可分的。企业家构筑价值体系的成功与富有魅力的个性之间有关系,但是,更多地来自于对领导者所追求价值的鲜明、真诚和持续的拥护,以及在强化这些价值观时的非凡坚持。优秀的公司都为价值体系所驱动,但是事实上,所有的价值体系都深深地打上了创建它们的领导者的个性烙印。一名优秀的企业家,应该掌管着最高层次的抽象思想,又掌管着日常的实际行动。一方面,构筑价值体系的企业家塑造一个美好的前景,以便激发员工的工作激情,这是企业家领路人万分重要的方面。另一方面,激发热情的唯一途径就是企业家自身的身体力行、树立典范,并且通过大量的日常事件来实现。优秀的企业家应该是更多地用行动,而不仅仅是用语言来灌输价值信条和企业愿景。

金鼎公司在跨越式发展过程中的企业家就是闫振东董事长,他深谋远虑,大手笔勾勒出企业愿景并持之以恒为之努力。他创造并贯彻一个适合金鼎公司发展的价值体系,并坚持不懈。他起到了亲身实践、模范带头、以身作则的作用。他使整个高管团队保持一致,而且激发了全体管理人员和员工的工作动力。金鼎公司的政策制定和实施细节都受到了企业家精神的影响,在核心价值方面得到了大家的一致赞成和持续支持。他把价值体系融入到日常管理工作中,在金鼎公司的发展中,体现了保持创新激情的能力,让员工在工作中找到了乐趣,快乐工作和生活,并且保持了良好的企业文化。

3.4.2 产业联动

在美国进行的一项调查,有90%以上的企业家认为企业经营过程中最占时间、最为重要、最为困难的就是制订战略规划。可见,战略已经成为企业取得成功的重要因素,企业的经营已经进入了"战略制胜"的时代。最成功的公司是围绕一项技术或产业进行多元化战略的公司。

产业联动就是金鼎公司多元化发展战略的具体体现。金鼎公司依托晋煤集团,所从事的核心业务是煤机制造,也就是为煤炭采掘服务,因此煤与煤机联动是金鼎公司产业联动的中心思想,也是多元化发展的核心业务。煤机产业的发展根本上取决于煤机装备技术创新与采掘工艺技术的有机整合,金鼎公司充分发挥了地处煤炭生产前沿的优势,按照晋煤集团六大业务板块联动发展的要求,推动煤机板块与"煤炭、煤层气、电力、煤化工、新兴产业"等业务板块的优势互补,实现大联动。在金鼎公司内部,为形成研发、制造、安装、租赁、检修、技术服务六大功能于一体的产业价值链,组成了煤机制造与检修、矿井建设与安装、贸易与物流、煤炭装备试验基地四大产业板块的小联动发展,互为基础、相互促进。

3.4.3 技术创新

创造是指想出新事物,而创新则是把这些新想法付诸行动。新思想只有在付诸实践后才能产生价值,否则新思想无法起到作用。一个非常有价值的新思想或许在几年内都不会实施,不是因为没人看到它的好处,而是因为没有人愿意承担付诸行动的责任。

在企业中,不缺乏创造力和有创造力的员工,缺少的是那些知道怎么去实施,有能力、有胆识、有毅力的人,需要他们将产品构想变成实际经营结果。产品创新要在市场推广成功,需要各种不同的角色、制度协调配合,共同推进创新活动。在企业的技术创新过程中,需要企业家、行政系统和管理制度保护和支持技术和产品创新人员。几乎所有的具有创新力的公司,在创新方面都是放弃了规范的公司结构,同时,极力督促员工"变得有创造力",在员工中极力提倡创业精神,对员工充分授权。

所谓时势造英雄,只有适当的环境才能培养出技术创新人才。比如公司的创新精神、多重支持系统、对失败的容忍态度等,更要鼓励培养出一批不懈努力的创新人才,而不只限于有创意的少量奇才。

金鼎公司的技术创新是由企业家带动的,闫振东董事长本人就是技术创新的专家,拥有80余项产品专利,并将个人的技术专利无偿贡献给企业,让金鼎公司在该领域的产品达到世界先进水平,给企业带来了技术创新的极大信心,也带动了企业的技术创新热情。金鼎公司组织一线的技术创新人才组成技术研究院,并成立研究设计公司,专门攻克技术难题。金鼎公司各子公司为了争取市场,竞相开发新产品,不但培养了员工的奉献精神、创新精神,对企业长期发展也大有裨益。

金鼎公司技术创新的成功,绝不只是建立在一两个因素上。企业家、研究机构以及各个创新小组是整个创新过程的重心,还有系统的支持,有密切的顾客关系,采用由小到大、由易到难的开发研究方式,有频繁而不拘形式的沟通,有激烈的内部竞争,一起共同发挥作用,才使得金鼎公司的创新产品不断成功,受到市场的认可。

在实践中,金鼎公司将科技创新作为企业发展的主旋律,充分利用企业的"组织行为和经济行为"两个职能,内引外联,借船出海,借智发展,借力提升,采取"走出去、请进来"的方法,抓好"产权、产品、产值和产业"等主要内容的四产工程,通过不断创新,形成一大批具有自主知识产权的专利技术,并成功地将一批专利技术转化为产品,为企业的发展起到了助推作用。在此基础上,选择市场前景好、经济效益佳的专利产品,形成产业规模,进一步促进了企业的跨越式发展。

3.4.4 组织体系

企业的组织结构就是由众多的部门组成垂直的权利系统和水平分工协作系统的一个有机整体。组织结构是为战略实施服务的,不同的战略需要不同的组织结构与之对应,组织结构必须与战略相协调。企业组织结构一定要适应实施企业战略的需要,它是企业战略贯彻实施的组织保证。采取什么样的组织结构,才能提高组织的效率,同时提高应变力和创新力,这是组织体系要考虑的核心问题,即灵活与控制的协调。协调灵活与控制的关系,最好是在一定规模下,将业务重新组合成可管理的单元,这是提高效率和培育应变力及生存力的关键。

组织体系必须满足基础职能、不断创新、确保灵敏度三种基本需要。确保三大支柱(保持相对稳定性、开拓创业与调整方向)与三种需要相对应:即保持稳定性满足基本职能的需要、开拓创业满足不断创新的需要、调整方向满足灵敏度的需要。

稳定性支柱的基础就是在保证有效沟通的价值体系的基础上，保持一种简单连贯的基本组织形式，并且开发和保持广泛而又有弹性的持续价值。开拓创业支柱的核心即"小即是好"，保持小的方式，就是持续不断地把新的或扩展出的业务设置为独立的分部或部门，小型化是保持适应能力的必要特征。调整方向支柱体现为公司在为保持一定目标的基础上进行重组，在保持基本组织结构完整的情况下，成功面对不断变化的压力和挑战，见图 3-9。

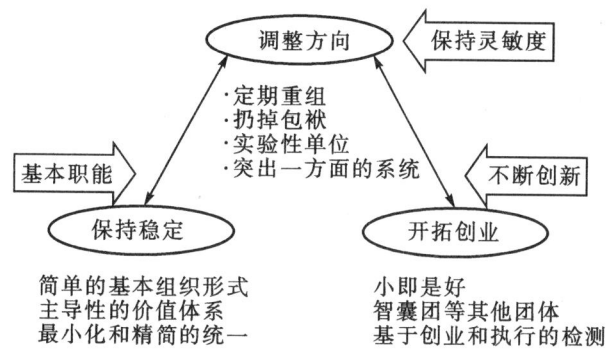

图 3-9　有效的组织体系特征

为促进煤机产业链与整体协调、体现不同业务的差异化需求，金鼎公司通过体制改革，形成了"决策统一、业务联动、服务专业"的子集团管控的组织架构体系，建立起整个产业链的统一决策平台、相互联动的业务主体，以及专业化的职能服务体系，是组织灵活性和控制性相结合的典范。子集团定位为煤机产业的业务战略中心，是业务协同和资源协调的平台，以价格、资源等为纽带，对下属各企业和产业环节实行分类管理。根据实际情况，按照协同化生产原则，成立煤机事业部，对煤机制造与检修产业实施管理；按照专业化操作原则成立贸易公司，对贸易物流各产业进行管理；按照一体化服务原则成立矿建公司，对矿井建设与安装产业进行管理；按照基地化管理原则，成立金明矿业公司对各整合矿井进行管理。这些工作一方面完善了企业职能部门，并通过参股、控股多种产权形式，扩大了企业的规模，形成横向分工和协作。另一方面，通过把子公司形成利润中心的形式，实现了组织架构的灵捷性和不断创新的组织特征，为煤炭采掘与生产、煤机制造与检修、矿建建设与安装、贸易与物流等产业链的一体化生产和服务提供了统一的基础管理平台。

3.4.5　全面工序管理

企业的基础管理工作是所有经营工作的基石，为提高企业的基础管理工作，管理学从理论上和实践中都在进行不断的探索。质量、安全、健康、环境（QHSE）一体化管理体系,在系统化、程序化管理的基础上,立足于全员参与,融合了四方面基础管理的共同点,协调了不同点,打造精细化管理的模式。价值链管理对各作业中心的成本费用进行对比分析、评价,为实施目标成本管理、全员绩效管理、建立健全企业内部岗位经济责任制提供相应的定量依据。

全面工序管理是在借鉴以上理论的基础上,实现企业中基础管理的系统化、精细化、目标化,效率化和经济化,是对企业中的全面工作进行工序化管理,也是对工序中的工作进行全面化管理。所谓全面管理,就是进行全过程的管理、全企业的管理和全员的管理。在企业内部,凡接收上道工序的产品进行再生产的下道工序,就是上道工序的用户,"为用户服务"和"下道工序就是用户"是全面工序管理的一个基本观点。具体内容为将企业中的所有工作都划分为工序,将工序中工作按照工种分配到具体的个人,对于工序和个人的产量、质量、物耗、工艺操作、安全和文明生产以及劳动纪律都量化为价值。对任务的量化下达指标,考核其工作量并实行奖惩,体现数据说话的公正性和权威性。

金鼎公司推行全面工序管理提高了工作流程的控制能力,将企业管理工作的循环周期缩短到了一天,改变了原先的周检查、月小结的滞后性,提高了基础管理的效率。首先,所有工序工种都以追求工作缺陷和经济损失最低、收益水平最高为目标,提高技术技能,自我把关,不让不良产品流入下道工序。再者,互控能力增强,各道工序之间的质量互检工作得到了加强。最后,专控能力加强,在各生产环节上,各职能部门定时检查,实行瞬间纠偏,使各环节始终处于有效控制之中。金鼎公司推行的全面工序管理不仅是为了保证企业方针目标的实现,更重要的是通过严格的管理,培养全体员工良好的工作习惯和令行禁止的工作作风,由制度管理向自主管理过渡。同时,全方位的管理实现了事事有人管,把管理的各要素全部纳入严密的控制系统,将现场管理提升到了新的高度。

3.4.6 文化变革

文化是指企业中被广泛认同的立业的基本思想和价值观,以及习俗养成的影响人们行为的规范和准则。杰出企业都固执地遵守着流传久远的价值观,对于进行生产、销售和服务工作的普通员工来说,不是财务目标,而是明确的价值目标、内容体系以及表达方式能对他们产生鼓动作用。一个企业成功不仅仅是归功于组织形式或管理技巧,而更多的是归功于"信条"的力量以及它们所产生的对员工的巨大凝聚力。比起技术或经济资源、组织结构、创新和协调来说,一个企业的基本价值观和驱动力与它的成功有着密切的联系,企业员工如何坚决拥护和忠诚执行公司的基本信条要比这些信条本身都要重要的多。

价值体系的塑造通常并不是以正式成文的方式进行传递的,而是经常通过更加柔性的方式传播。企业家要依赖各种技巧,以便把长期的价值目标贯彻到日常的活动中去,其中最重要的技巧就如阐释广为流传的那些神话。这些神话有助于满足员工的精神需要,有助于形成共同的使命感,并由此达到整体的和谐统一。富于创造性的领导艺术,就在于创建一家公司时,开动脑筋整合各种人力资源和技术资源,使它们成为一个和谐的有机体,并体现出新颖持久的价值。

金鼎公司在准备战略实施时,注重沟通领导层和执行层的思想,使得领导层制定的战略能够顺利地、迅速付诸实施。通过各种手段进行宣传,使企业的所有成员转变观念,并用来指导自己的行动。企业成员形成的共同价值观具有导向、约束、凝聚、激励及辐射作用,激发全体员工的热情,统一企业成员的意志,齐心协力地为实现企业的战略目标而努力。

3.4.7 安全管理

在劳动者的生命和职业健康方面,生产过程应该是安全地进行生产的过程,安全是生产的前提,安全又贯穿于生产的全过程。生产服从于安全,安全第一,这种服从是一种铁律,是对劳动者生命和健康的尊重,是对生产力最主要最活跃因素的尊重。保护劳动者的生命安全和职业健康是安全生产最根本、最深刻的内涵,是安全生产的本质核心。最大限度的保护,是指在现实经济社会所能提供的客观条件的基础上,尽最大的努力,采取加强安全生产的一切措施,保护劳动者的生命安全和职业健康。安全生产最集中的体现是在生产过程中的以人为本。

由于社会生产力发展不平衡、科学技术应用的不平衡、行业自身特点的特殊性,在一定的历史发展阶段必然形成重点的安全生产产业、行业、企业,如煤矿、交通、建筑施工等行业、企业。这是现阶段的高危行业,工作在这些行业的劳动者,其生命安全和职业健康更应受到重点保护,更应加大这些行业安全生产工作的力度,遏制重特大事故的发生。

金鼎公司一直把安全生产放在第一位,提出了"安全生产是总路线"的口号,安全管理是一切生产经营活动的基础,构建了"大安全管理体系",将"事故预防、应急措施与保险补偿"三种手段有机的结合在一起,以达到保障生产安全的目的;将"宣传教育、廉政管理与职业发展"有机结合起来,以确保员工和管理者的职业健康和安全。在金鼎公司的安全管理系统中,从母公司到各个子公司都有专业安全部门和工作者,他们既是企业内部上下沟通的纽带,更是企业领导者在安全方面的得力助手。他们在掌握充分资料的基础上,为企业安全生产实施日常监管工作,并向有关部门和领导提出安全改造、安全管理方面的建议。

3.5 "D"管理模式涉及到的相关管理理论

3.5.1 D管理模式的基本管理思想

东方人更注重归属,西方人更追求自我。一个人在现代企业里从事专业化的工作,不流露出任何感情是不可能的,畏惧、希望、焦虑、疲乏在工作中都能表现出来。谁如果掩盖和否定人们情感间的联系,否认它是上下级中的纽带,就如同否认了鱼和水之间的关系一样。

西方人原则上只相信"自我",因此,个人和企业产生矛盾是很自然的。而东方人通过各种途径与朋友、同事和家庭长期保持联系,因而在企业中,上、下、中各阶层之间的关系网被认为是十分重要的。如果一个东方人失去或不能建立这种关系,就象西方人失去"自我"一样,在心理上缺乏归属感。

在西方,人与人之间的基本观念为不依靠别人、自立、自强;在东方的企业中,人与人之间的观念是相互依靠、个人是集体的组成部分、礼尚往来、相互依存。无论是东方或者西方,个人从依赖走向独立,或相互依靠,都需要一定的时间或经历一个过程,那些"过分依赖"别人的企业家都被认为是无能。但是,在西方,如果与他人形成超一般的相互依靠关系,就会遭人冷眼。反之,在东方一般会因为太独立、太孤立而遭人非难。见图3-10。

不论在东方或者西方,个人的理想是不能同企业长期所追求的目标完全划等号的。与东方人相比,西方重要的生产组织系统中,一个人的精神和社会生活存在于其劳动场所之外,西方个人的目标离企业的目标更远一些。但无论如何,个人要承担更大的职责,就必须适应社会群体文化中的社团亚文化。

怎样有效地行使组织授予自己的权力?怎样奖励和激发雇员?如何控制资源和确保效率?如何用管理方法解决上述这些问题,是衡量企业管理者管理水平的一个尺度。每一管理体系都是建立在管理思想的基础上,或者是对管理对象有一定假设的基础上的。东方文化和西方文化的不同,导致了两种管理对象文化基础的差异,也形成了不同的管理思想和管理方法。不同文化背景的企业对待模糊、不肯定和不完善的事物会做出不同的反应,解决具体问题会采取不同的管理方法。

一个发展中的企业,要求在观念和处事方法方面有所变革、创新和发展。一个处在变革中的企业,要求在管理上创新,在观念上破除传统的模式、行为、信仰和价值观。金鼎公司依托晋煤集团,树立以人为本的管理理念,通过管理方法上的创新和持续推进全面工序管理,形成了相对独特的管理模式。D管理模式就是金鼎公司通过制定企业的发展战略、改革企业内部的结构体系,建立起来的一套综合性的管理体系。这套体系融合了东西方的管理理念,发挥了企业的社会精神作用,特别强调技术创新和人力资源的重要性,以及产品对社会的贡献,突出了企业的社会责任。

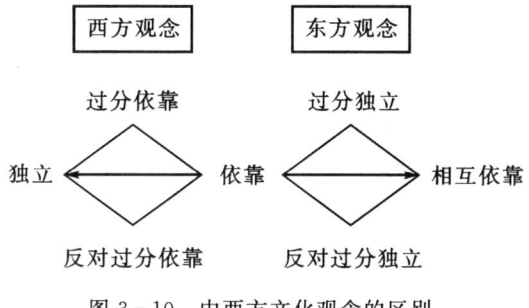

图 3-10 中西方文化观念的区别

3.5.2 相关管理理论

D 管理模式在管理观念上,融合了东西方文化特征,在管理理论上也汲取了现代管理理论的精髓,比如精益管理、企业流程再造等理论是全面工序管理的思想来源;产业价值链和多元化战略是产业联动的理论依据;SBU 组织管理是金鼎子集团管控体系的思想来源;以人为本、和谐生态是安全管理的根本观念;技术创新、企业文化塑造和企业家精神等理论构筑了 D 管理模式的根本基础。见图 3-11。

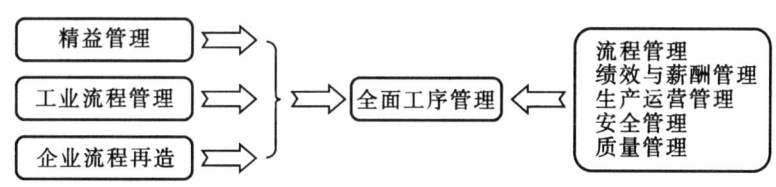

图 3-11 全面工序管理与若干现代管理理论

■ 企业流程再造与精益管理

精益管理源于精益生产,始创于丰田公司(Toyota)大野耐一(Taiichi Ohno),其核心思想是以创造价值为目标"做正确的事"。精益管理由最初的在生产系统的管理实践成功,已经逐步延伸到企业的各项管理业务,也由最初的具体业务管理方法,上升为战略管理理念。

企业业务流程重组是近年管理界在 TQM(全面质量管理)、JIT(准时生产)、WORKFLOW(工作流管理)、WORKTEAM(团队管理)、标杆管理等一系列管理理论与实践全面展开并获得成功的基础上产生的。该理论倡导公司在战略转型期,需要全面评估业务流程,需要根据战略对流程进行重新设计和重组流程以适应公司的战略变化,它通过提高顾客满意度、降低成本、提高质量、加快流程速度和改善资本投入,实现股东利益最大化。

■ 产业价值链与相关多元化战略

价值链在经济活动中无处不在,每个企业都处在一个大的价值系统(即产业价值链)中,同供应商、销售商以及顾客价值链之间产生联接。上下游关联的企业与企业之间存在产业价值链,企业内部各业务单元的联系构成了企业的价值链。见图3-12。

产业价值链的理论也是相关多元化发展战略的理论基础,一般认为相关业务多元化要比垂直联系的单一业务更有利于改善企业经营状况。

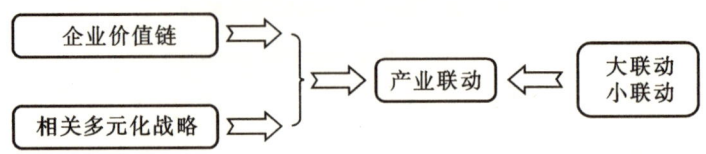

图 3-12 金鼎的产业联动与现代管理理论

■ 战略业务单元(SBU)管控

自从泰勒开创科学管理理论之后,其后的管理理论大概可以分为三段,规模化生产是做得快,全面质量管理是做的好,个性化生产是做得对。为解决规模化生产带来的管控和灵活的矛盾,战略管理大师古尔德在《战略与风格》一书中提出了战略业务单元(SBU)的概念。战略管理型的集团管控模式适合相关多元化产业的企业。集团总部的核心功能为资产管理和战略协调功能,制定集团整体发展战略,通过控制子公司的核心经营层,使子公司的业务活动服从于集团整体的战略活动。见图3-13。

用战略业务单元进行组织体系设置的主要好处是保证在大公司中某一产品不致被销售量大、利润高的其他产品挤掉,还可以使负责指导与推销某一产品或产品系列的经理和职工集中注意力并倾注其全部力量。因此它也是一种组织技巧,可以保护企业家的注意力和精力,这一点是小型公司的特点。实际上,这也是一种提高大公司"企业家经营之道"的好方法。目前该理论得到较为成功的实践,例如海尔公司2001年就开始推行SBU理论的实践。

图 3-13 子集团组织架构与现代管理理论

■ 以人为本

中国历史上的人本思想,主要是强调人贵于物,"天地万物,唯人为贵"。《论语》记载,马棚失火,孔子问伤人了吗?不问马。说明在孔子看来,人比马重要。在现代社会,无论是西方还是中国,作为一种发展观,人本思想都主要是相对于物本思想而提出来的。以人为本,是哲学价值论概念,是要回答在我们生活的这个世界上,什么最重要、什么最根本、什么最值得我们关注。见图3-14。

"以人为本"的管理,指在管理过程中以人为出发点和中心,以实现人与企业共同发展的管理思想。马斯洛认为生存和安全需要是人的需求层次中较为基础的类型,因此,安全管理和关注员工的身体和健康是以人为本管理实践的基础。

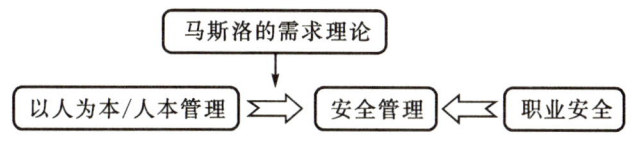

图3-14 安全管理与现代管理理论

■ 创新理论

熊彼特(J. A. Schumpeter)在1912年《经济发展理论》中指出技术创新是经济发展的动力,是企业生存和发展的根本。"创新理论"的最大特色,就是强调生产技术的革新和生产方法的变革在经济发展过程中至高无上的作用。由于科学技术的进步,熊彼特的"创新理论"日益受到理论和实践的重视。

企业经营是一个满足顾客需要的过程,而不仅仅是一个产品生产过程。产品是短暂的,而基本需要和顾客群则是永恒的。公司在确定其业务范围时应该从产品导向转向市场导向,从而不断通过技术和产品创新,来不断满足顾客和市场的需求。

■ 企业文化

关于企业文化的一个共同观点是:"强有力的文化是企业追求卓越且基业长青的'金科玉律'"。目前,企业文化这个主题已经被人们称为企业管理的"文化学派"。不仅学术界的研究成果层出不穷,实践领域的经验总结也使人耳目一新,诸如韦尔奇在通用电气进行的"文化革命"、戴尔公司以客户为中心的企业文化、沃尔玛的营销文化、联想的创新文化、华为的"狼文化"等等。

■ 企业的企业家理论

正是企业家精神造就了二战后日本经济的奇迹,引发了20余年美国新经济的兴起。世界著名的管理咨询公司埃森哲,曾在26个国家和地区与几十万名企业家交谈,其中79%的企业领导认为,企业家精神对于企业的成功非常重要。全球最大科技顾问公司Accenture的研究报告也指出,在全球高级主管心目中,企业家精神是组织健康长寿的基因和要穴。

马克斯·韦伯在《新教伦理与资本主义精神》中写到,货币只是成功的标志之一,对事业的忠诚和责任,才是企业家的"顶峰体验"和不竭动力。创新是企业家活动的典型特征,是企业家艰苦工作的结果,具有创新精神的企业家更像一名充满激情的艺术家。无数企业以亲身实践论证了企业家精神对企业的重大意义,证实了企业家精神是企业核心竞争力的唯一真实来源。

第四章 "鼎"之一心

4.1 企业家精神的含义：创新制胜

在 D 管理模式中，企业家精神是 7 个要素中的核心要素，它决定着其他管理要素，同时又受其他管理要素的影响。金鼎公司在发展的过程中，企业家和企业家精神起到的推动和主导作用是决定性的，是金鼎公司走向高速成长、创造企业价值的核心力量。在阐述企业家和企业家精神之前，我们先引用美国《企业家》杂志发刊词中"企业家协会的信条"来欣赏企业家是如何描述企业家精神的。

我有权选择不做一个平庸的人。
我会尽我所能成为杰出的人。
我寻找机会，不寻求安稳。

我要做有意义的冒险，
要梦想，要创造，要经历失败，要取得成功。

我要有挑战的人生，而不是有保障的生存；
我要实现目标时的激动，而不是乌托邦式毫无生气的平静。

我决不会在任何权威面前发抖，也不会为任何恐吓所屈服。
我的天性是挺胸直立，骄傲而无所畏惧。

我会为我的梦想去思考，去行动；
享受我的创造带来的回报；
终有一天，我可以自豪地向世界宣告："在上帝的帮助下，我做到了。"

4.1.1 企业家与企业家精神

尽管人们对于企业家一词并不陌生,但随着时代的发展,企业家的定义也在不断地发展与变化之中,并不断被赋予新的内涵。

"企业家(Entrepreneur)"一词来自于法语中,是指指挥军事、远征的人。18世纪法国人用这个词定义其它类似冒险活动的人。1755年,法国经济学家理查德·坎博龙在《商业概况》一书中认为,企业家的职能就是面对不确定的市场而承担风险。1815年,法国经济学家J·B·萨伊的《政治经济学概论》第一次将企业家列入经济发展的要素之一,他认为企业家是把土地、劳动、资本这三个生产要素结合在一起进行活动的第四个生产要素,企业家将资源从生产力较低的领域转移到生产力较高及产出更多的领域,他承担着可能破产的风险。美籍奥地利经济学家熊彼特在1912年出版的《经济发展理论》中指出,经济发展不是因为人口、经济和生产组织的变化这些被称为"生产扩张的外部因素",企业家对生产要素的重新组合才是经济增长的基本动力,才是经济增长的内在因素。也就是说,创新是增长的灵魂,企业家是公司迅速成长的原因。美国著名经济学家罗斯托在熊彼特之后,将企业家的创新作用提高到一个更高的层次。他认为是关联效应大、扩散效应广、具有高增长率的主导部门,带动了经济起飞,加快了工业化的进程,而企业家正是"富有创新精神"、"不怕冒风险",完成主导部门创立的领头人物。

制度经济学派的"技术决定论"认为"最重要的生产要素"决定社会权力转移和社会制度演进,在封建时代最重要的生产要素是"土地",在资本主义时代最重要的生产要素是"资本",在后资本主义时代,最重要的生产要素从资本家转向管理阶层。美国经济学家小阿尔佛雷德·钱得勒称这是"经理革命";1973年,美国经济学家科斯的《企业的性质》使我们可以从产权决定角度研究企业和企业家。近年来我国国企改革目标就是建立现代企业制度,希望从产权关系上解决企业经营者的激励、约束、监督等问题。根据产权理论,经营权与所有权分离,产生委托代理关系,企业家的角色就是企业资产和经营的代理人。

尽管对企业家的定义众说纷纭,但综合起来可以概述为:企业家是这样的一个群体,他们以经营企业为自己的职业,利用自己的才能,通过不断的决策和创新活动,对企业的生产、运营和管理等活动进行综合协调,以便最大限度地降低生产成本和交易成本,实现企业的长远发展。

企业家精神是企业家角色的本质规定性,其源动力在于自我实现。企业家精神是将变革视为有益的事物,总是寻求变革的机遇并加以利用。凡是能够大胆决策的人,都可能经过学习成为企业家,并表现出企业家精神。所以企业家精神是行为而不是个性特征,其基础存在于观念和理论之中,而非直觉。

企业家是敢于承担一切风险和责任，能够开创并领导一项事业的人。因此，企业家精神，简单地讲，就是企业家所具有的精神，也称创业精神。企业家精神是指企业家这个特殊群体在长期的生产经营活动中形成的，以企业家自身特有的个人素质为基础，以创新精神为核心，包括敬业精神、合作精神和强烈的社会责任感等主要内容在内的一种综合精神品质。企业家精神是企业家组织建立和经营管理企业的综合才能的表述方式，它是一种重要而特殊的无形资产。企业家精神是整个企业生命的灵魂，是企业在激烈竞争的环境中获得长期的生存与发展的法宝之一。企业家精神是提高生产效率和促进经济增长的重要因素，也是一个国家或区域经济发展最主要的动力之一。

企业家精神分为内企业家精神和外企业家精神两种。所谓内企业家精神（也称公司企业家精神）是指在规范企业内部，不断追求创新、保持企业核心竞争实力的变革精神。所谓外企业家精神（也称企业家精神）是指追求市场机会并整合资源，通过创办新企业以实现市场机会的创新精神。创业初期，企业家精神的重要作用已成共识，绝大多数创业者都非常重视初创公司的创新与创业精神。然而创业之后，企业面临着迅速变化和竞争日趋激烈的外部环境，如果公司失去了企业家精神，就会受制于环境和竞争的约束，公司也就很难生存下去。惟有不断地实践公司的企业家精神，才能保证公司的永续发展和企业的基业长青。

4.1.2 企业家精神内涵

彼得·德鲁克认为，企业家精神一词源于经济领域，它包含着冒险、信任、责任、创新等内涵。中国学者汪丁丁认为企业家精神有三个要素，除了熊彼特提出的创新精神之外，韦伯提出的敬业精神和诺斯提出的合作精神都是十分重要的。综合起来，企业家精神的内涵主要包括七个方面：创新是企业家精神的灵魂，冒险是企业家精神的天性，合作是企业家精神的精华，敬业是企业家精神的动力，学习是企业家精神的关键，执着是企业家精神的本色，诚信是企业家精神的基石。见图 4-1。

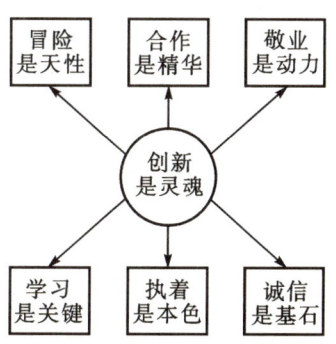

图 4-1　企业家精神的内涵

创新是企业家精神的灵魂。熊彼特关于企业家是从事"创造性破坏(Creative destruction)"的创新者观点,凸显了企业家精神的实质和特征。一个企业最大的隐患,就是创新精神的消亡。但创新不是"天才的闪烁",而是企业家艰苦工作的结果。创新是企业家活动的典型特征,从产品创新到技术创新、市场创新和组织创新等等。创新精神的实质是"做不同的事,而不仅仅是将已经做过的事做得更好一些"。

闫振东是一位技术创新型的企业家。从1983年参加工作以来,他的人生一直与技术创新分不开。1994年,被中国科学技术发展基金会、中国科学技术发展基金会孙越崎科技教育基金授予"优秀青年科技奖";2004年被省煤炭工业《山西煤炭》聘为理事会理事;2005年被国家工业技术委员会授予"煤炭工业科技进步矿井先进工作者";2007年被中国管理科学研究院聘为特约研究员;2009年被山西省煤炭学会评为"山西省煤炭科技创新十大杰出人物"。自2004年以来,闫振东相继在国家级杂志发表十余篇论文,并出版多部专著,个人拥有授权专利80余项。

冒险是企业家精神的天性。坎迪隆(Richard Cantillion)和奈特(Frank Rnight)两位经济学家,将企业家精神与风险(risk)或不确定性(uncertainty)联系在一起。米勒认为企业家精神是一种冒险、预见性和剧烈的产品创新活动。这些活动有助于推动组织成长和利润率的增长。没有甘冒风险和承担风险的魄力,就不可能成为企业家。企业家将资源从生产力和产出较低的领域转移到较高的领域,其中必然存在着失败的风险。但是冒险并不一定代表高风险,或者说是一种谨慎的冒险。企业家精神就是敢于承担风险的精神,他们通过系统化管理和有目的的创新,降低风险、创造价值并获取成功。

"居安思危,思则有备,有备无患。"这是闫振东董事长的经营哲学。2009年,面对刚刚成立的金鼎公司和阴霾空前的金融危机,他审慎地考虑着企业发展的方向和归属。他清醒的认识到,金鼎公司的背后有国家装备制造业振兴规划的利好政策,有晋煤集团的大力支持,有自己雄厚的科研能力,但同时也存在着产业扩张所带来的安全风险、企业组建所带来的体制和观念问题等等。为此,他提出了金鼎"安全高危期"和"黄金发展期"的概念,立足产业转型、观念转型、管理转型,让企业能够规避风险,从安全高危期逐渐步入黄金发展期。

合作是企业家精神的精华。正如艾伯特·赫希曼所言:企业家在重大决策中实施的是集体行为而非个人行为。尽管伟大的企业家表面上常常是一个人的表演(One-Man Show),但真正的企业家其实是擅长合作的,而且这种合作精神需要扩展到企业的每个员工。企业家既不可能也没有必要成为一个超人(Superman),但企业家应努力成为蜘蛛人(Spiderman),要有非常强的"结网"的能力和意识。企业家致力组成具有企业家精神的团队,开发员工的潜质,把员工变为"企业内部的企业家"。企业家充当教练角色,为员工合理的目标定位实施引导,同时给予足够的施展才华的空间,并及时予以鼓励。

闫振东董事长对此深有体会,用他的话讲:"企业规模再大,发展速度再快,如果人员素质跟不上,企业规模上去之时,也就是企业垮台之日。"为将来培养技能和人才,创造一个学习型组织,正是他的出发点。一方面,建立人与人之间可相互学习的途径,鼓励相互指导、相互帮助和相互学习;另一方面,投入时间和精力为组织未来的经营和发展培养新技能,不断努力提高高管团队、分子公司管理团队、中层管理队伍以及一般员工的个人能力,学习他人或者竞争对手的经验,寻求对完善自我有利的外部挑战,推进团队的创新精神以谋求企业的进一步发展。

敬业是企业家精神的动力。马克斯·韦伯在《新教伦理与资本主义精神》中写到:"这种需要人们不停地工作的事业,成为他们生活中不可或缺的组成部分。事实上,这是唯一可能的动机。但与此同时,从个人幸福的观点来看,它表述了这类生活是如此的不合理:在生活中,一个人为了他的事业才生存,而不是为了他的生存才经营事业。"财富只是成功的标志之一,对事业的忠诚和责任,才是企业家的"顶峰体验"和不竭动力。

敬业是闫振东董事长的代名词,他有时为了破解一个技术难题,经常是食不甘味,寝不安席。他甚至在井下一蹲就是好几天。通过不断琢磨,查阅资料,现场调试,最终总能以自身丰富的经验攻克难关。在煤机制造领域有了新技术、新发明,他也会第一时间去了解、去学习。可以说,他的敬业精神是最难能可贵的。

学习是企业家精神的关键。荀子曰:"学不可以已"。彼得·圣吉在其名著《第五项修炼》中说到:"真正的学习,涉及到'人之所以为人'这一意义的核心"。从系统思考的角度来看,从企业家到整个企业必须是持续学习、全员学习、团队学习和终生学习。在创造历史的创新中,以知识为基础的创新占重要的地位,新知识包括科学技术,也包括社会知识。学习对实现自己的事业有帮助的知识,是企业家施展企业家精神的关键。作为一个企业家,要随时学习,随时获得新知识,新信息,只有这样才能敏锐地把握住商机,把握住时代的脉搏,作出有利于企业发展的决策。金鼎公司的闫振东董事长正是如此,他对于学习十分重视,对于知识十分看重,通过不断地学习进步,使得他技术过硬、思维敏锐、眼光独到。他原始学历是中专,但是这丝毫不妨碍他点燃生命的激情,他通过刻苦学习、努力钻研,获得了中国矿业大学岩土力学的博士学位;他不懈努力,大胆试验,获取了一个又一个专利。许多人这样评价他:"平时没有什么爱好,除了工作,就是看点专业书,琢磨点技术。"他时常感慨"不学习不行,会落伍,会被动"。他的成功之道就是"读万卷书,行万里路,干一件事"。几十年孜孜不倦的学习与领悟,促使他不断地进步、成长和提升。

执着是企业家精神的本色。英特尔总裁葛洛夫有句名言:"只有偏执狂才能生存。"企业家不是提出概念,而是创造价值,需要通过大量的工作把理想付诸实践。正所谓"锲而不舍,金石可镂;锲而舍之,朽木不折"。企业家需要排除别人认为不可克服的困难,承担别人不愿付出的责任,发挥所谓"舍我其谁、虽千万人吾往矣"的坚定信念才能奔赴成功的彼岸。在发生危机时,资本家可以用脚投票,变卖股票退出企业,劳动者亦可以退出企业,然而企业家却是以变革和创新挽救企业的人。金鼎公司能生产全世界一流技术的6.2米支护架设备,刚开始受到了多少人的质疑,而闫振东硬是带着他的研发队伍,经历三个月的日日夜夜,反复调试,不断改进,终于赢得了这个创举。坚守对事业的执着,立志要做世界超一流的煤机设备,凭着这份执着的信念,他又带领研发团队成功研制出了7.6米支护架,使之成为金鼎的名片。正是闫振东的这种执着精神,激励着金鼎公司取得了一个又一个成功。

诚信是企业家精神的基石。诚信是企业家的立身之本,企业家在修炼领导艺术的所有原则中,诚信是绝对不可或缺的原则。市场经济是法制经济,更是信用经济、诚信经济。没有诚信的商业社会,将充满极大的道德风险,会显著提高交易成本,造成社会资源的巨大浪费。其实,凡勃伦在其名著《企业论》中早就指出:有远见的企业家非常重视包括诚信在内的商誉。诺贝尔经济学奖得主弗利曼更是明确指出:"企业家只有一个责任,就是在符合游戏规则下,运用生产资源从事利润的活动。亦即须从事公开和自由的竞争,不能有欺瞒和诈欺。"闫振东初到金鼎履新时曾经在大会上专门提出要为职工改善生活、翻修职工食堂、重新规划建设厂区、丰富文化生活。至今,承诺如期兑现。用金鼎人自己的话讲,从那时起,金鼎公司的职代会报告就不是写出来的,而是干出来的。做不到的话不说,成为金鼎公司企业家精神的真实写照。

4.2 企业家精神的传导机制:由个体到组织

在一个企业的发展中,企业家的能力与企业家精神的作用是相互影响的。一个企业家具有了成功带领企业发展的能力,并将自身的企业家精神在企业中传导开来,才能使企业按照既定的目标和战略蓬勃发展。

4.2.1 企业家的能力

企业家需要有入势、取势、借势、运势及掌控大势的能力。企业家从入势的判断与果敢,取势的执着与韧性,借势的气度与视野,运势的权谋与制衡,到最终大势的趋向自然与超越自然。先知先觉,发掘事物与市场规律,以准确的商机把握切入市场,此为入势。执着、吃苦、韧性、专注的品格,将个人能力、智慧与人格魅力发散得淋漓尽致,此为取势。依托个人和团队的能力与智慧,眼界逐步开阔,开拓外部资源,整合各方面力量为我所用,此为借势。发现外部资源与自身的融合产生差异,气度开始提升,运用权谋与制衡技术来达到资源、力量与发展的平衡,此为运势。资源整合已运筹在握,万千智慧,一道御之,此为大势。

企业家需要看懂运营企业的能力。庄子的《庖丁解牛》说明,虽然肢解一头牛是很不容易的,但庖丁何以能够做到游刃有余和踌躇满志呢?其根本原因在于他能做到目无全牛——把事物彻底看透,对某一事物彻底了解和把握。企业家只有对企业了解,能做到"目无全牛",才能操作起来"游刃有余",一旦企业在手,自然就"踌躇满志"、信心百倍。

首先,企业家要懂行业。懂行业不仅靠多年从事行业的经验,更是通过对该行业进行专业化的研究和分析,包括把握行业特征、行业规模、行业的市场竞争度、行业利润率、行业成长性、行业进入退出障碍和行业生命周期等,对行业进行结构性和趋势性分析等。企业家只有了解和把握了行业的基本特征、结构和演变规律,才能把握行业的基本规则和成功的关键要素,才能通过战略选择在行业中占据优势地位。闫振东是技术工人出身,对井下工作的各个环节非常熟悉,可以说是精通。他在煤炭行业干了近30年,对煤炭行业发展规律十分清楚,有着敏锐的洞察力。这些都使得他能很好地把握煤炭和煤机行业的发展趋势。

再次,企业家要懂企业系统。企业是一个有机系统,主要有三个方面起决定作用:结构性、动态复杂性和开放性。企业系统结构主要有组织结构、资本结构、技术结构、产品结构、客户结构等等。对企业来说,结构决定行为,分析梳理这些结构,是掌控企业的基本管理手段。转型变革主要通过企业系统要素的重新配置,也就是对结构化的重新有序安排得以实现的。动态复杂性表现在系统产出与反馈的时间延滞和敏感性效应。时间延滞效应表现为企业系统的产出与反馈具有一定的时间延迟过程。敏感性效应表现在放大和调节作用。在转型变革中的企业,必须充分了解和把握企业的动态复杂性,对企业系统保持足够的警觉,建立危机预警系统,并时刻保持如履薄冰的危机意识,才能保证企业的健康发展。企业系统的开放性,表现为与外界环境的资源具有输入输出的交换和交流。一个企业要想发展,必须通过系统的开放性与外界进行及时有效的社会资源交换和交流,不但在引进外来资本和技术上,而且要借鉴其它企业的经验,掌握成功的转型规律,根据自身实际状况来成功设计和推动变革转型,才能使企业不断发展壮大。

最后,企业家要懂企业发展的轨迹。企业具有成长规律,其主要表现为四个发展阶段,即创业阶段、成长阶段、成熟阶段和精细化阶段。每个发展阶段,都必须以下一个发展阶段为目标。作为企业家,要分清这些发展阶段,把握企业的阶段性成功的关键要素,才能成功地把企业带进下一个发展阶段。最终使企业到达成熟并形成持续优化的精细化管理阶段。企业家在创业阶段扮演着实干家的角色,必须依靠创业精神和实干精神,使企业进入成长阶段,才能成功地摆脱艰难的创业期。

企业家在成长阶段进行有效的管理控制,导入专业化管理,才能使企业进入成熟阶段。企业家在成熟阶段要使灵活性和控制力达到平衡。在精细化阶段企业自身的机体运行状态会达到最佳,企业通过改革和再造,持续优化管理系统,形成持续优化的良性循环,这是企业管理追求的一种最高境界。

闫振东董事长 2008 年执掌煤机公司后,正是靠着对企业运作规律的把握,从组织结构重组、产品结构优化、管理水平提升等诸多方面入手,将煤机修配厂成功转型为制造型子公司,通过二次创业,迅速做强做大煤机板块,使金鼎公司实现了跨越式发展,奠定了金鼎公司在煤机行业不可动摇的地位。

4.2.2 企业家精神的传导

企业家精神的来源是企业家本身,要使企业快速发展、做强做大,必须使企业家的能力变为企业的能力、企业家精神变为企业的创业精神。公司要创新制胜,组织各层次的管理者和员工必须具有创新与创业的企业家精神。企业家要确保公司整体实力的提升,要设计通道把企业家个体的企业家精神传导成为整体组织的企业家精神,并形成内部创新与创业的良好运作机制。

1. 企业家精神:从个体到组织

企业的成长依靠创新,企业家在创业前后形成的创新在很大程度上决定了创业初期的成长速度和成长维持时间。价值创新的机制和模式会使企业保持更长时间的成长。没有哪一种固定的因素可以使企业成为成长的永动机,企业的创新机制需要从企业家个体的行为变为组织的行为、企业需要从传统组织形式转变成为现代创新型组织,只有这样才能从机制上确保企业创新性增强、确保企业在竞争中立于不败之地。图 4-2 是从企业家精神的传导机制上,比较了传统组织与现代创新型组织。

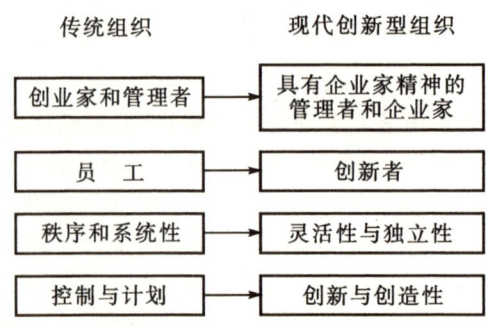

图 4-2 企业家精神的传导:传统组织和现代创新型组织

企业快速成长，随着业务活动的增多，企业家挑选的项目经理也在增多，企业家的管理跨度必然增大。为了防止企业资源个人化、组织机制不发挥作用的影响，企业家必然注重战略与组织的匹配，这种匹配的核心任务不是单纯地构建组织系统，或设立部门齐全的组织结构，而是谋求企业家与企业主要管理团队之间的战略一致性，大家对企业的宗旨和发展战略能够达成共识，培养组织的创新意识和能力，靠集体的力量而非企业家个人的创新。要构建学习型组织，使企业家的意图、技能和精神在组织内部广为传播，并体现在组织成员的日常工作中。并且，提倡公司内部企业家精神，确保公司内部每一个业务环节的价值创造和创新，最终提高公司的竞争地位。组织体系的构建、激励机制的设计、团队的塑造、监督与控制机制的建立等等，都是为了能够在公司内部顺利传导企业家精神，从而确保企业的创新地位和企业绩效。见图4-3。

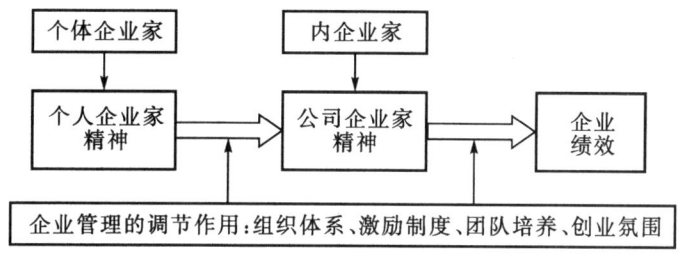

图4-3 企业家精神传导路径

所谓公司企业家精神，是从公司整体的层面考察企业所具有的企业家精神特征。公司企业家精神主要分为两类。第一类关注公司层面的战略指导，要求所有的管理人员追求公司企业家精神，意味着公司在竞争领域应该是积极主动地进攻；在新事业开发上，应是适度冒风险的；在开发新产品上，产品、市场与技术的组合是领先的。第二类关注个体创业家，公司企业家精神要求所有管理人员必须是创业导向的，即使是一般的管理人员也要具有企业家精神。公司企业家精神作为一种现象和行动特征，主要表现为所有员工的战略执行、自我管理以及自发创造与创新行为，主要活动分为持续再生、组织年轻化、战略更新以及产品创新四类。

公司企业家精神有助于促使企业开发新业务、激发新产品及过程的创新，从而增强企业的竞争力。个体企业家精神借助创业实现价值，公司企业家精神通过提升企业绩效来体现价值。企业家精神借助知识创造的途径提升企业绩效，如图4-4所示，公司的企业家精神是内、外部环境综合作用的结果，知识的增加有助于企业应对内外部环境的变化，给管理者提供更多的战略选择，影响企业的发展方向和结果。

企业可以基于愿景、使命和目标,借助组织变革等途径来激发企业家精神,这是一种正式、有计划的行为。同时,公司的企业家精神有助于产生新知识并丰富企业的知识系统,进一步强化了组织核心能力的基础。新知识与企业现有知识体系融合起来,才能改善企业绩效。

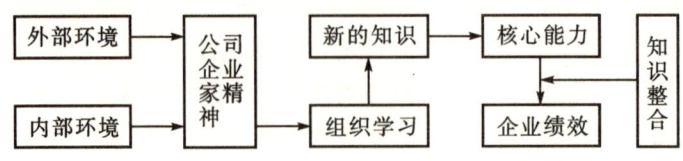

图 4-4　公司企业家精神、知识创造与企业绩效

2. 企业家精神的三层次传导机制

企业家精神在企业中如何起作用?如何影响企业的发展?可以从三个层次来考虑:个体层次、组织层次、社会层次。个体层次强调企业家个体及其与环境的互动,组织层次强调企业组织及其与环境的互动,社会层次范围更广阔,强调与整个社会环境的互动。个体层次的企业家精神研究重点在于个体精神特质、个体的生存环境;组织层次的企业家精神研究重点在于组织文化特质、内部创新机制和外部生存环境;社会层次的企业家精神研究重点在于社会文化特质、宏观创新机制及国家社会间的互动环境。

企业家精神的核心是创新。按照熊彼特的理论,创新是生产要素的重新组合,包括5个方面内容:(1)引进一种新产品;(2)采用新的生产方式;(3)开辟新的市场;(4)开辟和利用新的原材料;(5)采用新的组织形式。现代管理理论按职能将企业创新划分为五大领域:技术创新、制度创新、组织创新、市场创新和管理创新。总体而言,企业创新主要包括八种:(1)思维创新;(2)产品创新;(3)技术创新;(4)组织创新;(5)制度创新;(6)管理创新;(7)营销创新;(8)文化创新。在知识经济时代,企业市场环境变得日益复杂,为了应对复杂多变的外部环境,实现企业竞争优势和核心能力的持续保持,必须将企业创新引入到战略经营理念中。

借鉴企业家精神作用的三层次理论,结合对企业家精神核心内容的界定,我们构建了企业家精神的内力传导模型,具体见图4-5。三个层次的企业家精神相互协调和补充构成了系统完整的企业家精神。战略经营理念下的企业创新是指在企业创新的整个过程中引入战略经营理念,企业创新机制的建立和管理要具有战略眼光。

由图4-5可知,企业家精神的内部传导包含两个过程。过程一是,将企业家精神的三个层次分别与战略经营理念下的创新相结合,提出了创新精神主导下的

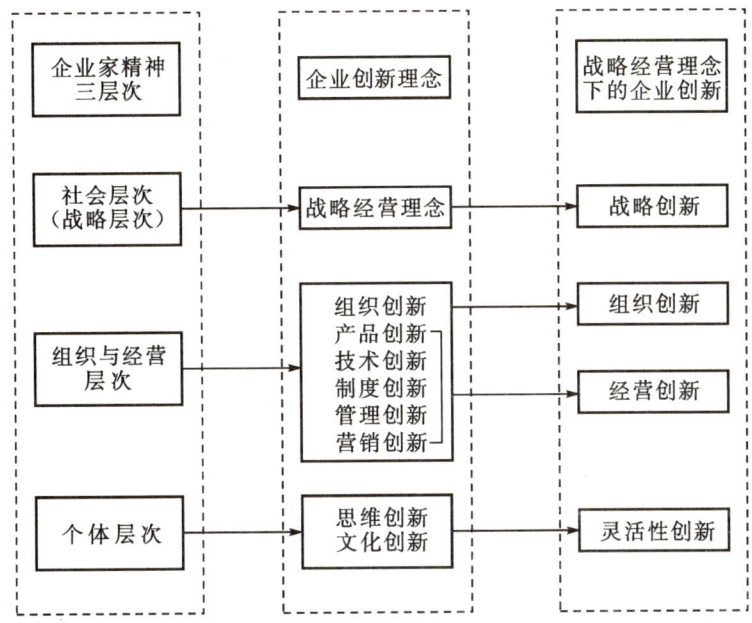

图 4-5 企业家精神传导机制

企业家精神如何在各个层面影响企业创新理念;过程二是,创新理念如何影响企业的创新,这里的企业创新是战略创新、组织创新、经营创新以及灵活性创新。这便是企业家精神内部传导的过程。

金鼎公司在闫振东董事长极具创新性的企业家精神的引领下,公司上下发挥出了前所未有的创造性,从原来专利技术空白到200余项专利,只用了短短三年时间,并顺利完成了企业家精神从个体到组织的传播。其中,多数专利已经成功产品化,并投入到实际应用中,创造了新的企业价值。

4.3 企业家精神的作用:价值创造

英国经济学家马歇尔的《经济学原理》比较全面地阐述了企业家的作用。他认为,企业家是以自己的创新力、洞察力和统帅力,发现和消除市场的不平衡性,创造交易机会和效用,给生产过程提出方向,使生产要素组织化的人。同样的企业、同样的员工,仅仅是企业领导人的改变就使企业发生了巨大的变化,企业家对传统生产力要素重新组合,成为企业走出困境的领路人。国内外的大量案例用实践说明企业家及企业家精神的真正价值。研究企业家精神,最重要还是看企业家精神能够起到什么作用?发挥什么样的功能?企业家努力使企业家精神发挥一系列作用和功能,如识别和利用创业机会的功能、创造和利用社会资源的功能等,但是最重要的功能是促进创新和提升企业核心竞争力。见图4-6。

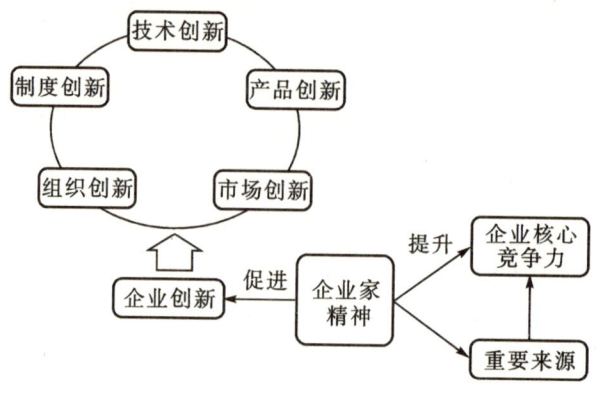

图4-6 企业家精神的作用

4.3.1 企业家精神促进企业创新

企业家精神促进企业创新主要体现在技术创新、产品创新、市场创新、组织创新和制度创新五个方面。

1. 技术创新

技术创新是对技术构成要素进行创新,变技术为商品并在市场上销售以实现其价值增值,从而获得经济效益的过程和行为。技术构成要素主要包括原材料、工具及机械设备、管理、市场需求、技术工人及人员、资金和信息。技术发展由技术发明推动,由市场需求和生产需要激发。企业家精神是技术创新的微观动力机制的核心,使企业家精神的微观主体能够履行技术创新功能。

金鼎公司具有自主知识产权的"闫氏采煤法",主要包含采煤工艺技术和装备(短壁采煤工艺、"8G"采煤工艺、薄煤层采煤工艺、旺格维利采煤工艺、"三下"采煤工艺)、岩巷综合机械化作业线(钻车-破装机-喷浆机岩巷机械化作业线、ECMMY系列掘锚机组-喷浆机岩巷机械化作业线)、连掘工艺技术装备(单击多巷连掘工艺技术、多机多巷连掘工艺技术)、巷道准备工艺技术和装备等。涉及专利40余项,填补了国内外煤矿综合机械化采掘工艺技术和装备的多项空白,为煤矿实现综合机械化开采提供了一体化解决方案。这些都是企业家精神带动企业技术创新,并最终实现企业绩效的典型例证。

2. 产品创新

产品创新指产品开发及改进新产品,它是现代企业生存和发展的核心。产品创新在企业发展战略中占中心地位。搭建和升级产业创新平台是企业从整体角度布局产品的开发、技术创新和顾客需求之间的关系，以最有效的方式利用现有资源，开发出令顾客最大程度满意的产品，从而创造价值的关键所在。

金鼎创新的许多产品和技术处于国内领先水平，如：研制出了国内第一套6.2米、7.6米大采高支架、瓦斯抽放钻机、超前支护设备、湿式喷浆机、短壁采煤机、掘进机、1米刮板机、1.6米皮带机、钻装锚一体化机和适合于不同煤层条件的锚杆钻机等具有自主知识产权的创新产品，具备了开拓、准备、掘进、长短壁回采、"三下"采煤等一体化工程解决能力。截至目前，公司专利总数达到200余项，创造了5项世界领先、7项世界先进、12项国内领先的新业绩。

3. 市场创新

市场创新是在企业总体经营战略的指导下，通过改变企业原有的经营要素，或者引入新的经济要素，从而开辟新的市场，以促进企业生存和发展的新市场研究、开发、组织和管理过程。市场创新创造市场需求，引导市场消费。

金鼎公司在闫振东的带领下，在煤炭机械行业率先提出"依托煤炭，振兴煤机"的新思维，以项目建设推进产业链构建，率先走出了一条互为推进的"以煤兴机，以机促煤，各得其所，多元发展"的低成本转型发展、跨越发展之路。将曾经仅有检修业务、处于边缘化的企业，如今变成集"煤机制造与检修、矿井建设与安装、贸易与物流、煤炭装备试验基地"四大产业于一体的综合性大型企业，创造了"研发、设计、试验、制造、矿建、运输"一条龙服务的煤炭采掘新型市场。

4. 组织创新

组织创新是为了适应社会经济技术的发展进步，以及市场环境和宏观经济的变化而引起组织的新组合。组织创新是由外界环境因素的变化以及组织内部因素的作用两方面力量共同作用的结果，组织创新形式可以是组织变革，也可以是组织对外界环境变化的反应，或是组织预先行动以引导环境的变化。企业组织创新主要有两种动因：一是被动性创新动因。当企业外部环境发生变化时，企业为了适应这种变化，产生组织自适应变异选择，出现组织被动性创新需求；二是主动性创新需求。在追求效益最大化的过程中，企业产生组织内部自增强变异选择，于是企业产生主动性创新动因。组织创新需要支持和鼓励创新的气氛，组织创新气氛是培育公司企业家精神和组织创新的内部环境。组织创新气氛对组织和个人产生影响，激励组织及组织中的个人产生创新行为，从而完成组织创新。

在把握企业发展航向上，闫振东董事长按照"积极稳妥、科学合理、稳步推进、和谐统一"的原则，实施企业内部改革，对相关机构和人员进行改革重组，合理设置组织机构，推进了"单个企业管理"向"集团化公司管理"的有效对接，构建起"子集团"管控体系和事业部内部运营模式,探索出一条符合金鼎公司自身实际,能够形成各负其责、协调运作、有效制衡和发展的新机制。组织形式上的创新,极大地调动了公司活力,也在企业内部催生了一批企业家,使得金鼎公司的企业家精神得到了充分的发挥。

5. 制度创新

制度创新是规范管理体系的选择、创造、新建和优化的通称,包括制度的调整、完善、改革和更替等。几乎所有制度创新都有利于对企业家精神的甄别和企业家能力的实现。制度创新通过设计一定的法律、制度、秩序,可以把交易费用降低到可操作水平,从而使与先进技术相关联的生产活动得以正常运行。任何制度都会有局限性,表现在三个方面:一是制度不能够完全约束人的行为。制度只能够限制人的行为,而不能够限制人的思想和情感。在碰到思想和情感问题时,制度运行不会那么顺畅甚至会发生扭曲,因此制度对人的行为约束是不完全的。二是有了制度也不一定会被执行。在许多情况下并非没有制度,而是有了制度人们并不去执行,从而影响制度的有效性。因此制度是有效力的,但并非时时处处都有实效。三是制度的稳定性与变化性之间存在着矛盾。稳定性是制度的主要特性,经济社会中人们最怕制度多变,制度多变意味着人们将无所适从。但是稳定是暂时的,变化是永恒的,人们的行为不断发生变化,如果制度不随行为变化而变化,制度就会失去有效性,因此制度需要不断创新。

在金鼎公司推行的全面工序管理,是一种融合了现场管理、工序管理、岗位经济责任、质量安全管理等多项管理的制度,对于提高企业的生产效率起到巨大的推动作用。一种新的管理制度的推行,是需要非凡的勇气和魄力的,不但需要大家支持,还要大家理解,更是需要大家坚持不懈,贯彻执行取得效果。2011年是金鼎公司的"全面工序管理"年,大家在企业家精神的鼓舞下,成功全面推行工序管理,完成了又一次的自我挑战和飞跃。

4.3.2 企业家精神提升企业核心竞争力

企业家的创业欲望和创业能力,以及他们的观念和思路,就是一种资源和竞争力。彼得·F·德鲁克认为:"所谓公司的核心竞争力,就是指能干别人根本不能做的事,能在逆境中求得生存和发展,能将市场、客户的价值与制造商、供应商融为一体的特殊能力。"企业核心竞争力是资源、能力和制度的综合运用,再加上学习和创新组成的。企业家精神是企业核心竞争力的唯一真实来源,一个活跃的市场、土地、劳动者、资本等要素只有在具有企业家精神的人手中,才能在复杂多变的竞争环境中发展壮大起来,才会真正成为财富的源泉。企业核心竞争力从某种意义上讲,是企业家精神的一个反映或扩展,它体现企业的创造与冒险,体现企业的合作与进取。

企业家在企业中的独特地位,决定了企业的核心价值观必然受其重要影响,决定了企业的组织创新、管理创新、价值创新等活动只能由企业家自身承担。它同时也决定了企业经营发展的兴衰成败,从而也就决定了企业核心竞争力能否形成。因此可以说,企业家在企业家精神的鼓励下对企业核心竞争力起着关键性保障作用,企业家精神通过企业家自身保障了企业核心竞争力的培育与提升。

闫振东董事长是一位充满激情的人。他在探索中自创了一套又一套的"理论",在实践中摸索出了一个又一个方法。"他不仅自己学,还带动着下属学,要求着员工学,支持着职工学"。正所谓"在激烈的市场竞争中,科学技术落后的企业一打就败,文化落后的企业不打就败"。他在金鼎公司大力实施人才素质再造工程,坚持走产学研一体化之路,力争实现全员高等教育。

企业家精神产生的巨大作用随处可见:一个企业带动了一个产业的发展,一个经理人的更换使得企业避免倒闭的命运。一些具有远见卓识和非凡魄力与能力的企业家能够集中体现企业家精神对企业核心竞争力的巨大作用。当一个企业在资源、能力和制度方面都没有任何优势的情况下,在竞争激烈的市场占据一席之地的凭证就是企业家精神。实践中也有无数企业以亲身经历论证了企业家精神对企业的重大意义。金鼎公司的事例就是企业家精神推动企业发展的典型,说明了企业家精神是企业核心竞争力的重要来源,说明了企业家精神是企业成功的源泉。正是因为企业家精神带动了员工,让企业的土地、劳动者、资本等要素在瞬息万变的竞争环境中生存并且壮大起来,才使企业取得了成功。

2008年之前,金鼎公司缺少技术优势,发展蓝图不够清晰。而2008年之后,金鼎公司进入快速发展的主要动力就是企业家精神。闫振东到任后,进行了大刀阔斧的改革:公司体制改革、组织结构调整、车间公司化、产业联动、技术创新等等,并提出"工序管理的思想",渡过困难期后,企业终于掀开了崭新的一页。靠精神凝聚起来的企业员工,才可能不折不扣、坚定不移地执行企业的每一个决策。依靠企业家精神,不但形成了企业的内在发展动力,更成为企业的外部发展机遇。企业家的执着事业心、不停息的创新精神和模范合作精神通过其薪火相传,发扬光大,最终缔造出企业的核心竞争力。见图5-1。

第五章 "鼎"之两耳

5.1 产业整合与升级

5.1.1 产业整合与核心竞争力提升

1. 产业整合的涵义

产业整合是产业演进过程中企业战略的一种选择,是对企业内部各项资源的整合。产业整合的主要实现方式是并购。作为产业组织结构演变为集中化结构的一个过程,产业整合所发生的并购是同一类生产部门间的并购,或者是具有纵向协作关系的专业化企业之间的并购。因此,根据并购双方产业关联的性质,可以将并购分为横向并购、纵向并购,另外还包括混合并购的模式。

2. 产业整合的相关理论

产业整合理论自上世纪七八十年代以来,发展非常迅速。根据关注的视角以及对企业整合动因分析的多维度化,目前较为流行的整合并购理论有以下几种:

- 规模经济论。规模经济论是西方经济学家解释企业整合动因的最早理论之一。所谓规模经济,是指每个时期内,随着企业从事产品生产业务、职能绝对量的增加,其单位成本也随之下降。该理论认为,企业整合并购活动的动因在于谋求平均成本下降,因为企业整合并购可以将许多生产单位置于同一企业领导下,从而带来经营上的规模经济效应。
- 市场势力论。这一理论认为,企业整合的主要动因是因为凭借并购活动可以达到减少竞争对手、增大企业规模,通过整合优化企业资源,提升盈利能力和抗风险能力,增强企业对经营环境的控制能力,提高市场占有率,并增加长期的获利机会。
- 税收效应论。从并购方看,取得税收减免优惠是激发企业并购发生的重要因素。企业可以利用税法中亏损递延条款来达到合理避税的目的。另外,并购还可以为企业的剩余资金提供出路。
- 效率理论。效率理论的基本假定就是承认并购等资本运营活动对整合经济存在着潜在的收益,因此通过适当的资本运营活动可以把这些潜在的收益释放出来,从而为这种投资活动提供正的净现值。

3. 产业整合与核心竞争力提升

根据我国国有大型企业整合相关政策的思路,国有大型企业整合的重点内容是主导产业及其核心竞争力。所谓主导产业,是指对企业发展壮大具有拉动效应的产业或部门。企业发展壮大可以通过两种途径:一是依靠内部资源的积累稳扎稳打,凸显和巩固企业现有的优势;二是通过吸收外部资源跳跃式前进,通过对内外部资源的整合提炼出企业的优势。两种途径的最终目标都是为了实现企业资源的有效利用,提升核心竞争力。见图5-1。

互动模式一　整合行为对核心竞争力的作用

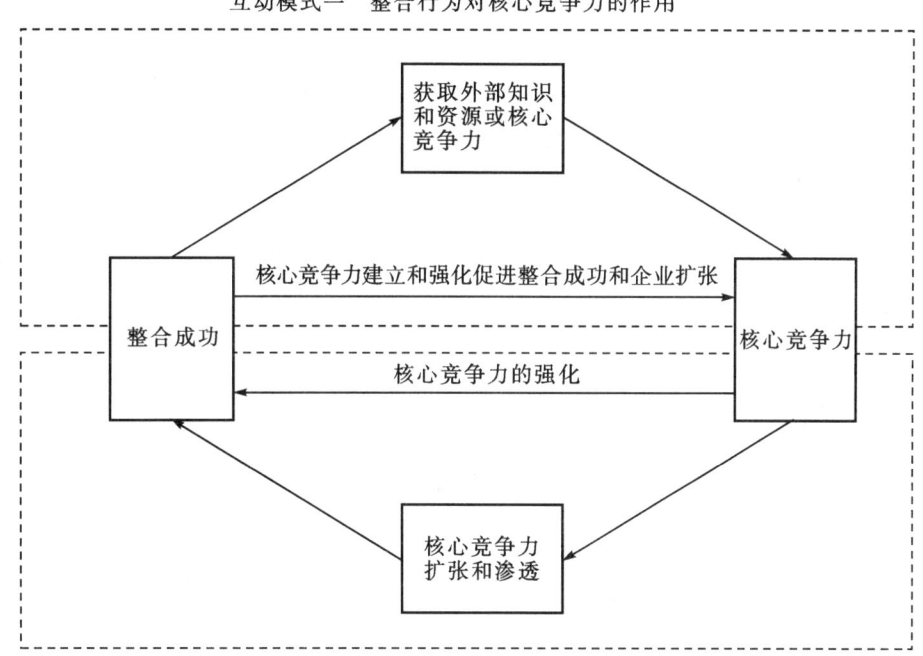

图5-1　核心竞争力与企业并购的关系

- 核心竞争力是企业并购的动力源。20世纪90年代以来,企业并购浪潮迭起,越来越多的企业试图通过并购来构建核心竞争力,以期实现企业的持久竞争优势。因此,通过并购获得企业核心竞争力发展所需要的资源要素,或者围绕核心竞争力进行业务拓展,已经成为企业并购的真正动力源。
- 并购是培育核心竞争力的重要途径。企业核心竞争力的培育基本有两种途径:一是靠企业内部积累,逐步培养起来。二是从外部并购具有核心竞争力或具有相应资源的企业,通过有效的并购整合来获得。相比内部积累,企业整合并购是增强企业核心竞争力的一种更为有效的方式。首先,通过并购一个现成的企业,企业本身就不需要花大量的时间、金钱、物质、人力,建立起自己在某个行业中还不存在的竞争优势。企业可直接利用被兼并企业的优势资源,如获取目标企业的销售渠道、技术还有专利、商标等无形资产,更有效、更快捷地为本企业服务。另外,通过并购,特别是纵向并购,可以有效地将企业的生产经营活动进行整合,突破了上下游的组织边界壁垒,有利于根据实际生产经营的需要安排产品从原材料选购到产成品销售的价值链提升路径,减少各个环节不必要的成本消耗。其次通过并购,企业把目标企业的关键资源、能力融入自己企业内部,通过内部有效的整合,把目标企业的核心竞争力变成本企业新的竞争力,进而提升了企业的核心竞争力。

企业核心竞争力与并购之间是一种互动关系。并购行为有助于提升企业核心竞争力,而企业核心竞争力同时促进了企业并购行为的发生和成功。首先,并购企业通过获取被并购企业独有的知识、资源、人才、市场、技术,甚至是核心竞争力,来建立和强化自己的核心竞争力;其次,对于已经构筑和培育了核心竞争力的企业,若成为被并购企业,则具有了并购谈判的主导权,有利于以合理而满意的条件接受并购。若并购企业已经具有核心竞争力,并购有助于原有核心竞争力的扩展和渗透,激发了企业的并购意向和并购需求。

具体地,可把基于核心竞争力的企业并购的战略目标分为四类:

■ 核心竞争力获取。对具有基础态核心竞争力,或丧失竞争优势的企业,通过并购从外部获取已经形成的核心竞争力。

■ 核心竞争力构筑。对于正从基础态向亚状态过渡的企业,通过并购获取互补资源或外部独特资源,加快其核心竞争力的构筑,这实际上也是通过要素之间的互补增强原有各要素的优势。

■ 核心竞争力强化。对核心竞争力处于亚状态的企业,从被并购企业获得互补性的有形和无形资产。使其与组织自身各方面资源条件相结合,提高核心竞争力的外层保护力量,抵抗核心竞争力被侵蚀。

■ 核心竞争力拓展。对于拥有成熟态核心竞争力的企业,将已有核心竞争力通过并购转移到被并购企业,进一步显化核心竞争力所带来的竞争优势,创造更大的经济价值。

上述四个层次基于核心竞争力的企业并购目标可与图5-2对应。图中从左到右分别反映了企业现有核心竞争力的成熟度和并购目标的递进程度,而图中上下之间是企业核心竞争力现状和并购目标之间的对应关系。

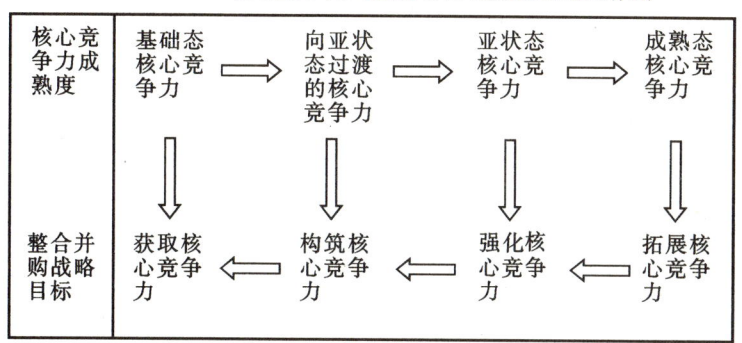

图 5-2 企业核心竞争力现状和基于核心竞争力的并购目标之间的对应关系

无论企业现有核心竞争力还是企业欲获取核心竞争力的识别,都是为企业制定并购战略服务的,以下通过图 5-3 市场——核心竞争力——矩阵图归纳核心竞争力识别与并购策略选择之间的关系。

		现有的	新的
核心竞争力	新的	若干年后领先,保持并扩大现有市场份额(通过整合获取互补性能力或强化现有能力从而建立核心竞争力)	某些行业在未来有很多商机,参与其中需要哪些核心竞争力(跨行业混合并购获取新行业中企业核心竞争力)
	现有的	更好地利用现有核心竞争力,提高市场竞争优势(通过并购拓展核心竞争力使用范围,充分利用已有核心竞争力)	创造性地重新部署或组合现有核心竞争力、创造新产品或新服务(通过同心圈并购将核心竞争力延伸到相关行业)
		现有的	新的
		市场	

图 5-3 企业并购策略的核心竞争力—市场矩阵分析图

在并购目标和核心竞争力表现形态之间的对应关系中,有一点要作特别说明:核心竞争力强化和并购的关系。通过并购可以拓展企业的核心竞争力,强化核心竞争力所带来的竞争优势,同时,随着核心竞争力的延伸,可以强化企业原有的核心竞争力,这两者之间是一个相互促进的关系。以处在一个价值链上的上下游企业之间的并购为例,当上游企业并购下游企业时,往往并不能强化企业原有核心竞争力,但通过并购后的整合,可以降低并购方的交易成本,提高产品竞争能力,保护原有核心竞争力,提高抵抗其他企业对本企业核心竞争力侵蚀的能力。

图 5-4 是企业核心竞争力的强化机制。

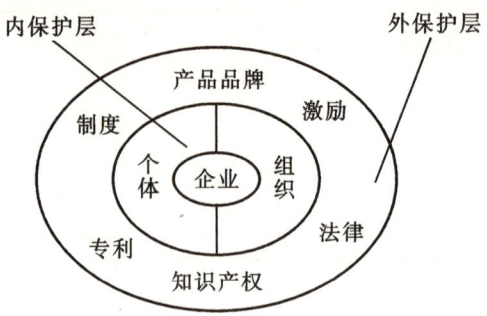

图 5-4　企业核心竞争力强化机制

5.1.2　产业升级与价值链提升

1. 产业升级的涵义

产业升级是指推动产业结构合理化和产业价值链高度化发展的过程。产业升级过程就是调整影响产业的价值链结构，实现资源优化配置，从而推进产业价值链构成合理化和产业价值链的高度化发展。产业结构合理化是指产业与产业之间协调能力的加强和关联水平的提高以及产业结构的动态均衡。只有各产业间保持协调状态，即在一定经济条件下实现产业结构的合理化，才能保证经济增长的协调性和持续性。产业价值链高度化主要指产业价值链从低水平状态向高水平状态的发展。产业价值链的高度化与主导产业的转换关系密切。

2. 价值链相关理论

(1) 价值链的含义

20 世纪 80 年代，美国哈佛商学院著名战略学家迈克尔·波特在他的《竞争优势》一书中首次提出了"价值链"的概念，波特认为"企业的价值创造过程主要通过基本活动(含生产、销售、进料后勤、发货后勤、物流、售后服务等)和辅助性活动(含人事、财务、计划、研究与开发、采购等)两部分来完成。"见图 5-5。这些活动在企业价值创造过程中是相互联系的，由此构成企业价值创造的行为链。不同企业参与的价值活动中，并不是每个环节都创造价值，实际上只有某些特定的价值活动才真正创造价值，这些真正创造价值的经营活动，就是价值链上的"战略环节"。企业要保持的竞争优势，实际上就是企业在价值链某些特定的战略环节上的优势。运用价值链的分析方法来确定核心竞争力，就是要求企业密切关注组织的资源状态，要求企业特别关注和培养在价值链的关键环节上获得重要的核心竞争力，以形成和巩固企业在行业内的竞争优势。企业的优势既可以来源于价值活动所涉及的市场范围的调整,也可以来源于企业间协调或合用价值链所带来的最优化效益。价值链列示了总价值、价值活动和利润。价值活动是企业所从事的物质上和技术上的界限分明的各项活动,这些活动是企业创造对买方有价值的产品的基石。利润是总价值与从事各种价值活动的总成本之差。价值活动分为两大类:基本活动和支持性活动。基本活动是涉及产品的物质创造及其销售、转移买方和售后服务的各种活动。支持性活动辅助基本活动,并通过提供采购投入、技术、人力资源以及各种公司范围的职能支持基本活动。对于企业价值链进行分析的目的在于分析公司运行的哪个环节可以提高客户价值或降低生产成本。对于任意一个价值增加行为,关键问题在于:是否可以在降低成本的同时维持价值(收入)不变;是否可以在提高价值的同时保持成本不变;是否可以在降低工序投入的同时又保持成本收入不变;更为重要的是,企业能否可以同时实现以上三点。

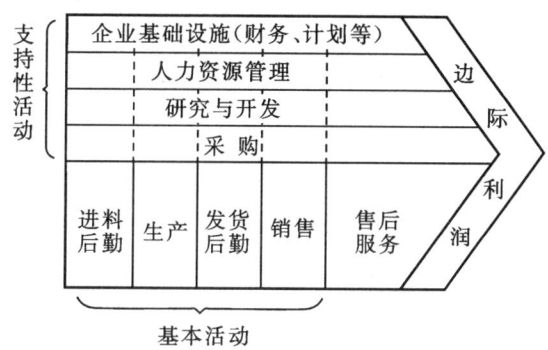

图 5-5 波特价值链理论

(2)价值链管理

价值链管理就是依据价值链理论,将企业的业务流程描绘成一个价值增值和价值创造的链状结构,以实现价值最大化。价值链管理的本质是优化业务流程、提升企业核心竞争力。

价值链管理一般分为垂直价值链管理、水平价值链管理和虚拟价值链管理三种模式。垂直价值链管理是指对一个企业价值增值链上,从原材料生产商、供应商、制造商到顾客以及所有参与实体的管理。水平价值链管理是对企业价值链同一水平上,企业集团的各个企业主体间相互作用的管理。虚拟价值链管理是通过各个企业甚至是竞争对手,联合建立虚拟企业,利用各自的优势实现共同的目标。比如让具有最先进研发部门的企业来设计产品、最好的制造商来生产产品、最佳的销售企业来销售产品,创造比单独经营更多的价值。

实施价值链管理的意义就是优化核心业务流程,降低企业组织和经营成本,提升企业的市场竞争力。它旨在帮助企业建立一套与市场竞争相适应的管理模式,弥补企业在组织结构设计、业务流程和信息化管理等方面存在的不足,从整体上降低组织成本,提高业务管理水平和经营效率,实现价值增值。企业实施价值链管理的目的在于,通过优化核心业务、组织结构、业务流程和信息流等,由职能型向流程型转化,由此降低组织的经营成本,控制经营风险,最终提高企业的效率和效益,增强企业的综合竞争优势。

5.1.3 产业整合升级是金鼎发展的必然途径

1. 我国煤矿机械装备制造业的现状和面临的形势

煤机产品不是社会通用产品,产品专业性强,其发展完全受控于煤矿的发展。我国煤炭工业的技术装备发展较晚,世界上第一台采煤机于1914年由德国制造,而我国第一台采煤机于1953年制造,第一台掘进机于1976年制造。我国是煤炭大国,煤炭开采的安全性及机械化得到国家高度重视。特别是上世纪七十年代,国务院从国外引进100套综采设备,国家煤炭部组建煤机厂,贯彻执行"引进、吸收、消化、提高"的"八字方针",开创了我国煤炭工业机械化采煤的新篇章,实现了我国煤炭工业技术装备跨越式的发展。

我国煤机在几十年内从无到有、从小到大。2000年,我国重点煤矿的采煤机械化程度达到74.43%,其中综采机械化程度为56.73%。掘进装载机械化达到73.29%,其中综掘机械化程度为12.81%。2010年,大型煤矿采掘机械化程度达到95%以上,中型煤矿达到80%以上,小型煤矿机械化、半机械化程度达到40%。煤矿机械化程度的提高,大大带动煤机行业的机械化程度,煤机行业迎来"黄金发展期"。煤炭机械需求主要有三个驱动因素:新开工煤矿的生产需求、已有设备的更新需求和机械化技改需求。而中国在未来的几十年内煤炭仍是主要能源,煤炭机械的需求必将维持快速增长的态势。

2000年以来,煤炭需求急剧增长带动煤炭开采业空前繁荣,直接为煤炭开采与加工利用提供服务的煤炭装备制造业和服务业也步入历史上最快的发展阶段。原因在于煤炭生产规模、煤炭产量、加工数量、加工深度和开采难度等指标大幅增长对煤炭装备制造业和服务业提出了迫切要求,煤炭企业销售收入和净利润等财务指标大幅改善使其购买新装备的能力大大增强。因此,煤机需求上升标志着煤炭装备行业也进入了发展的黄金时期。特别是2009年国务院《装备制造业调整和振兴规划》与《山西省装备制造业调整和振兴规划》的先后出台,为煤机装备制造业转型跨越发展创造了条件,也为晋煤集团煤机产业迎来了整合发展的最好历史契机。

经过几十年的发展,我国煤炭工业取得了长足的进步,且煤矿机械的制造、使用也取得了较大的成绩。随着经济的发展和对煤炭资源的需求的增加,我国的煤矿机械逐渐暴露出很多不尽如人意的问题,比如智能化程度低、国产化比重低等,抑制了煤炭行业的进一步发展。

2. 煤矿机械制造的价值链构成

煤矿机械制造企业的价值链主要由基本活动和辅助活动两部分构成,基本活动包括研发与设计、生产、销售、运输、售后等一系列有序的活动,辅助过程包括采购、人力资源、技术开发、基础设施建设等,这些活动密切联系,相互影响,每个环节都消耗一定的资源,并不同程度地实现增值,直到最终产品到达客户手中,共同构成了企业的价值链,并实现其增值过程。如图5-6。

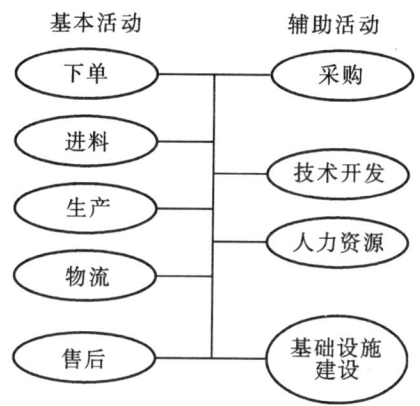

图5-6 装备制造业价值链构成

煤机行业产品主要有三机一架,即运输机、采煤机、掘进机、支架。煤机市场的需求量急剧增加,年产600万吨以上大型综采设备仍依靠进口。现在,优质、高效及先进技术水平的综采及掘进设备仍难以满足市场需求,如神华集团的综采设备95%从德国、美国购买。国外的煤机产品质量好,但价格高、供货周期长,因而国内普通煤矿依然以国内的煤机产品为主。国内煤机制造商的服务较好,然而,由于他们的供应链现状不容乐观,致使最终用户——煤矿始终存在着产品效率低、质量差、供货不及时、配件不到位等问题。

我国煤炭机械行业呈现多元化和差异化的竞争格局。综合分析我国煤机行业的供应链现状如下:

- 过程能力偏低。过程能力包括以客户对话为导向的销售、高效配送、生产计划、精益制造、与供应商合作及集成化供应链管理等方面。目前,我国煤机行业中的优势企业,供货周期也在3~6个月。由于煤矿的地质条件各不相同,产品也应因地制宜,较多的煤机企业选择了"市场反应型供应链",

而不能快速满足客户需求。我国煤机产品质量差,主要是铸件、国产液压件、电气系统不稳定,在煤机产品需求急增的情况下,能生产、能使用、能交货即可,虽然有些公司也有对供应商的综合考核指标,但为满足市场需求,这些指标均被降低执行,从而进入了一个恶性循环。

- 技术能力较为落后。煤矿机械应用环境非常恶劣,产品自动化技术要求非常高,行业的特点决定了只有技术领先的公司才有可能成为煤矿机械行业的领头羊。从供给来看,目前我国年产 500 万吨以上的大型矿井主要设备几乎全部被国外大公司垄断,主要为美国 JOY、德国 EICKHOFF、瑞典 SANDVIK、德国 DBT。国内煤机行业最突出的问题之一就是成套能力薄弱,市场竞争力不强。同时,由于煤炭装备制造业发展滞后,产品的性能和可靠性难以满足高产、高效矿井的要求,导致企业在市场竞争中缺乏竞争力。因此,如果企业不在产品综合配套(即一体化设计制造能力)和高端产品方面下功夫,将难以获取超额收益。

- 供应链建设已受到煤机行业的重视。在国内领先的煤机公司已意识到企业竞争十分激烈,纷纷开始制定适合自己的各种供应链战略。IMM 国际煤机集团收购国内掘进机、采煤机的领先企业——佳木斯煤矿机械有限公司、鸡西煤矿机械有限公司,还收购了配套的电气生产商——青岛天迅,为具备煤机成套能力打下基础。郑州煤矿机械集团股份有限公司设立了与液压支架配套生产电液控制系统的郑州煤机液压电控有限公司。张家口煤机制造公司有与之配套的铸造厂。

3. 金鼎公司产业组织的现状

晋煤煤机业务在 50 多年的发展历程中,在培育出优势的同时也面临一些困境。

就金鼎公司的具体情况来看,具有以下优势:

- 较好的产业基础:从 1958 年煤机修配厂建厂以来,主要从事煤矿设备检修业务,为煤炭生产服务,经过 50 多年的发展,积累了煤机检修、煤机制造的丰富经验,培养了大批专业化的技术人员,打下了坚实的产业基础。

- 较强的服务能力:晋煤集团本身就是煤炭企业。对煤矿的体会和感悟最深,对煤炭生产中存在问题认识和了解最多,熟悉煤矿的需求和煤矿工人的愿望。发展煤炭装备制造业,具有成本优势、循环优势、联动优势,对服务的重点具有超前把握能力,对服务的难点具有超强化解能力,拥有激活新的服务切入点的运作体系。

- 较强的转化和试验能力:依托晋煤集团煤炭板块,可以将开发的产品及时地在矿井中进行试验和修正,缩短新产品的研发周期,提升产品的实用性和针对性。

在外部良好的政策支持和发展机遇下,如何突破金鼎的产业结构制约因素和瓶颈,挖掘和发挥自身优势,练好内力,乘东风实现跨越式发展就显得尤为重要。

5.1.4 金鼎产业整合升级的实施

1. 整合升级思路

国家和山西省关于振兴装备制造业战略规划要求,"必须采取有效措施,抓住机遇,加快产业结构调整,推动产业优化升级",支持装备制造骨干企业通过兼并重组发展大型综合性企业集团,鼓励主机生产企业由单机制造为主向系统集成为主转变。同时,还提倡"发展现代制造服务业。围绕产业转型升级,支持装备制造骨干企业在工程承包、系统集成、设备租赁、提供解决方案、再制造等方面开展增值服务,逐步实现由生产型制造向服务型制造转变。鼓励有条件的企业,延伸扩展研发、设计、信息化服务等业务,为其他企业提供社会化服务"。上述政策为金鼎的产业重组和产业结构调整打下了一个良好的基础并指明了方向。要想做强做大煤机板块,就要按照煤机装备业发展的新思路和政策,以优势寻找突破口,通过"做专做强"的策略,真正"做强做大"晋煤金鼎装备制造和机械加工业务。

2008年以来,晋煤集团以"依托煤炭、振兴煤机"的新思维,按照专业化经营、规模化发展的原则,通过新建、改造、重组、托管、股权转让、股份制合作等多种方式,高效整合了晋煤集团内部煤机制造与检修资源,并购、重组相关单位,形成了从设计到制造、营销、售后及检修较为完整的煤机产业链。以提供工程一体化解决方案为特色,拉伸和拓宽产业链条,形成了煤机制造与检修、矿井建设与安装、贸易与物流、煤炭装备试验基地相互呼应、煤与煤机联动发展的新模式、新格局,实现"以煤兴机、以机促煤、多元发展"的低成本转型跨越之路。

2. 煤机产业链整合类型

煤机产业的纵向整合分为后向整合和前向整合两种。后向整合是煤机企业对产业链上游产业钢铁、金属、线圈等资源的整合,前向整合是煤机企业对产业链下游需求产业如煤矿、矿井安装、运输等的整合。产业链的上下游行业之间的协调发展是煤机可持续发展和产业链安全的根本保证。我国煤机产业链关联的密度与强度都远远不够,构建一条协调发展的煤机产业链有其客观要求。上游资源、能源短缺,价格持续上涨,煤机产业面临日益沉重的经营压力,后向整合有利于稳定原材料的供应和预期;下游产业的需求日益差异化,市场分散且流通体系不完善,前向整合使得煤机企业更加了解需求,促进煤机产品的销售通畅,提高企业的利润,减少企业的盈利波动性。煤机企业必须与上下游企业建立合作共赢关系,才能实现产业协调发展，提升产业竞争力。在对煤机的产业链进行分析的过程中可以发现，煤机产业的上游企业可分为钢铁产业和其他原材料产业。其中钢铁产业的进入壁垒较高，行业内竞争激烈。随着铁矿石价格的不断攀升，运输费用的日益高涨，行业普遍利润率较低。对于金鼎公司而言，没有必要在此方向进行产业链的延伸。至于其他如橡胶、线圈等原材料产业，虽然进入壁垒不高，但是行业内部竞争已经非常激烈。金鼎不具备进行延伸的机遇和优势。综合来看，无论是行业发展，还是金鼎现状都不适宜进行后向整合，因此金鼎应在前向整合中发现突破口。

3. 煤机产业的前向整合升级

煤机产业与下游企业的关系，是指与煤机产品的需求方，主要是煤矿采掘单位的关系。煤机产业链前向整合就是理顺与下游企业的关系。随着市场化竞争的日益激烈，金鼎除在生产环节坚持以销定产、调整产品结构、开发新产品、提高产品质量、降低成本等外，还要根据市场需求和自身条件的变化进行产业链的前向整合。煤机产业链前向整合主要围绕煤炭采掘中的实际问题，适应大生产、大流通的客观要求，重新调整研发、生产和使用的流程，以"从煤矿挖掘中发现问题，通过研发寻求解决办法，回到煤矿论证解决办法"的思路开发产品，以"生产煤机、产品物流、矿井建设"的思路提供产品相关服务，从而实现四大产业联动发展的产业格局，提升金鼎核心竞争力。

4. 金鼎公司整合升级路径

在金鼎升级整合中，金鼎把握全国煤机行业发展态势，围绕晋煤集团主业发展，拓宽发展领域，延伸产业链条，坚持走"市场之路"和"内涵式发展之路"。一是煤机产业由单一检修向多链产业发展的根本性转变。构建以煤机制造与检修为龙头，以矿井建设与安装和煤炭装备试验基地为龙身，以贸易与物流为龙尾的循环经济"一条龙"产业链条，使煤机产业成为煤炭生产的支撑和保障，使矿建产业成为煤炭装备试验基地、煤机制造与检修的助推产业，使贸易与物流成为其它产业的配送中心，充分发挥四大产业的生产、维修、服务、配送四大功能和派生经济。二是对内深化改革，对外拓展市场，从专业化向集团化扩张，实现由"生产制造"为中心的传统模式，到"综合服务"为中心的、具有系统开发、系统设计、系统成套及系统服务能力的产业模式的扩展，构建集研发——制造——试验为一体的煤机技术创新产业链；由提供产品和售后服务，到从市场调研、产品研发、制造、销售、售后服务直到产品的报废、解体或回收的全过程服务的扩展。由单机或成套设备安装工程承包，到工程总承包的"交钥匙工程"的扩展。三是按照园区化承载、集群化推进的产业建设思路，以"集聚资源、产业协同、全面转型、共同发展"的原则，实施"1·2·3"发展战略(即一个中心，两个园区、三个基地)。

5.2 技术创新

5.2.1 技术创新的相关理论

1. 技术创新的涵义

熊彼特最早提出了技术创新的概念,即发明的首次利用。随着技术创新理论不断地发展,并逐渐渗透到政治、经济、社会、教育、艺术等各个领域,不同的学者,尤其是经济、管理学家等,从不同的角度赋予了技术创新不同的内涵。至今,对于技术创新概念的表述,依然莫衷一是。以下是几种有代表性的观点,如表5-1所示。

尽管对于技术创新的定义尚无定论,但是综合来看,技术创新的内涵界定主要包括以下几个方面:

- 技术创新是企业采用前沿的科学技术,通过技术改造、技术革新、研制开发等一系列活动,生产出新产品,并获得潜在的超额利润的企业行为。
- 技术创新是企业发展的一种内在机制。在外部市场需求和激烈竞争的刺激下,进行技术创新是企业获得潜在经济效益,赢得更大利润空间,求得生存和发展的必由之路。
- 技术创新的最终效果是创新的技术得以扩散,从而推动社会经济的快速增长,加快社会的进步。

表5-1 技术创新的若干种观点

作者和或来源	内涵表述
熊彼特	技术创新是指把一种从来没有过的关于生产要素的"新组合"引入生产体系
厄特巴克	与发明和技术样品相区别,创新是技术上的实际采用或首次应用
缪尔塞	技术创新是以构思新颖性和成功实现为特征的有意义的非连续性事件。表达了两方面的特殊含义:1.活动的非常规性,包括新颖性和非连续性;2.活动必须最后成功实现
曼斯菲尔德	第一次引进一个新产品或新过程所包含的技术、设计、生产、财务、管理和市场诸步骤
经合组织	包括新产品和新工艺,以及产品和工艺的显著的技术变化
中共中央、国务院	企业应用创新的知识和新技术、新工艺,采用新的生产方式和经营管理模式,提高产品质量,开发生产新的产品,提供新的服务,占据市场并实现市场价值

2. 技术创新的特征

技术创新的主要特征包括：

- **效益性**。企业任何层次及规模的技术创新活动，都把市场实现程度和获得的商业利益作为技术创新成功与否的最终标准，所以技术创新的效益性这一特征是显而易见的。技术创新的效益性主要表现在直接经济效益、高附加值、高作用值、高关联值及宏观经济效益。
- **风险性**。风险性与效益性呈正相关关系，即效益低，风险小；效益高，风险大。换言之，并不是所有的技术创新活动都能够带来增量收益。在企业技术创新活动中，有些因素是可控的，而有些因素是不可控的，这些不可控因素会给企业技术创新带来不利影响，通常称为风险性或不确定性。技术风险主要表现在技术性风险、市场性风险、决策风险等方面。
- **创造性**。不言而喻，技术创新是一个创造性的活动，创造性贯穿于创新的全过程。首先，技术创新源于人们的创造性思维，把创造性思维应用于新产品、新工艺的构想。其次，把根据市场需求和技术的可能性而产生的技术进行研制、开发并引入生产体系，使之工程化，并形成产业，这是创造性思维的物化。把物化的新产品或新工艺首次投入市场，这是物化后的创造性思维的市场实现，是技术创新成功的最终标志。
- **市场性**。技术创新是技术与经济相结合的概念，是从研究开发、成果转化、规模生产、经营销售到取得市场的系统工程，技术创新的市场化呈明显态势。它强调企业技术创新首先要源于市场，要被市场所接受，要注重市场需求的规模和份额。

3. 技术创新的作用

技术创新的主要作用包括：

- 技术创新是产业结构升级的重要影响因素。技术创新促使新的产业和产业部门形成，每一次重大的技术创新都对产业结构产生重大影响，形成一批新的产业群，使社会生产力水平迅速提高。一方面原有产业和产业部门分解或分离出来，形成新的产业和产业部门；另一方面，科技革命又促进全新的生产部门形成。由于采用新技术、新工艺和新装备，技术创新还促使原有产业和产业部门得到改造。如采用电子和信息技术改造传统产业，使机械工业实现机电一体化。
- 技术创新是经济增长的动力源泉。在科技发展异常迅速的今天，技术进步的贡献已明显超过资本和劳动力的贡献，科学技术对经济增长率的贡献越来越大。根据世界上经济发达国家的经济发展数据表明，在 20 世纪初技术进步对经济增长的贡献率为 5%～20%;20 世纪中叶上升到 50% 左右;80 年代上升到 60%～80%。同时,技术进步的贡献率已经明显超过劳动力的贡献率。美国国家科技委员会 1996 年报告估计,"技术和知识的增加占了生产率增长总要素的 80% 左右"。由此明显看出,技术创新是经济增长的真正动力之源。

■ 技术创新提高了劳动生产率。技术创新发展与劳动者技术素质提高共同推动了生产率的提高。据经济学家约翰·肯德罗克在 1980 年所作的数量分析,在 1929 年到 1978 年的 50 年中,美国生产率的增长有 40% 是由于技术创新获得的,有 12% 是由于劳动力素质的提高获得的,即共有 52% 是依靠技术进步获得的。

5.2.2 技术创新是金鼎发展的必然选择

1. 持续的技术创新是为了更高目标的煤矿安全生产

从引进综采技术装备开始至今,我国煤炭工业应用综合机械化采煤技术已有 30 年历史。这 30 年正是我国煤炭装备制造业快速发展的时期。新技术的推广和采用能大幅度降低煤矿安全事故,已被美国煤矿业近 30 年来的实践所证明。美国矿业协会认为,新技术在安全方面的贡献主要有几个方面:

一是,信息化技术的广泛采用,增强了煤矿开采的计划性和对安全隐患的预见性,计算机模拟、虚拟现实等新技术,可以大幅度减少煤矿挖掘中的意外险情,也可以帮助制定救险预案;

二是,机械化和自动化采掘,提高了工作效率,减少了下井人员数量,也就减少了容易遇险的人群,实际上美国煤矿工人的总数已经下降到不足 10 万,他们中绝大多数也是操作设备的技术工人;

三是,推广安全性较高的长壁法,取代传统形式的坑道采掘;

四是,推广新型通风设备、坑道加固材料、电器设备,从而提高了安全指标;

五是,政府主要是通过技术认证这一方式来批准煤矿专用设备的生产和使用的。矿业安全与卫生局下属的技术认证中心对煤矿设备进行质量检查和认证,对通过技术认证的产品,每月都在网上的产品目录中更新公布。

为提高采掘机械的设计、制造水平,加速我国煤炭装备制造业的发展,我国先后从英、美、德、奥地利、日本等国引进先进技术和工艺设备。在此期间,随着我国综采装备研制水平的提高,不仅吸收消化了一些关键技术,完成了许多新装备的研制工作,还结合我国煤矿的特点组织新技术的攻关,进行自主开发和生产制造新型综采装备。

1998 年以后,随着我国国家机构改革、政企分开的深化,煤炭企业下放地方管理,煤炭技术装备的引进再无统一和批量引进的优势,引进先进技术的条件和环境也随之改变。

目前,煤矿机械制造业整体水平与世界先进水平相比落后10~15年,基础元器件和共性技术落后是关键因素之一。基础元器件和共性技术落后也是影响我国装备整体水平的重要原因。先进的煤矿机械设备的引进,改进了我国落后的作业方式,提高了安全性、可靠性,提升了产量和效率、减少了因机械设备引起事故发生的几率。也健全了煤矿机械市场的竞争机制,推进了我国煤矿机械的产品质量和生产技术的提高,为煤矿行业生产出更安全的设备。

2. 持续的技术创新是为了金鼎更好的发展

在金鼎改制之前,作为企业核心竞争力决定因素的技术创新能力与同行业先进企业相比有很大的差距,具体来说存在以下问题:

- 对研发重视不足,投入不够。当时的煤机厂主要业务是对各矿井挖掘设备的检修,虽然业务量增幅不大,但是"饿不死,却也吃不饱"。而且公司收支和员工薪酬都来源于集团公司,没有足够的压力和动力拓展业务范围,开发产品。另外,由于煤机厂多年业绩发展缓慢,除了保证公司日常的运营外,经费上捉襟见肘,很难在研发上投入足够的资金。
- 科研人员结构失衡。原有的企业管理体制和机制僵化,导致企业的用人机制和激励机制不活,难以给技术类人才提供施展才华的舞台,同时由于前些年装备制造业的不景气、收入偏低,大批年富力强的中青年科技骨干纷纷出走,而新毕业于名牌大学的学生又不愿意来这里工作,以致工程技术人员占职工的比重大幅下滑。这对企业科技水平的提高、新产品的开发和综合竞争能力的增强将带来严重的隐患。
- 自主创新能力不强。金鼎在改制前缺乏研究开发能力,既没有一项专利,也没有专门的设计和研究开发机构。同时,企业缺乏自主创新的内在动力和物质技术手段,缺乏创新机制和自我改造能力,原创性技术成果很少。
- 产品技术含量不高。产品是科研、人力、技术等最终的物化物,是竞争力水平高低的直接决定因素。从改制前金鼎的产业结构来看,煤机制造并未成为主业,而且以中低档产品居多,无论是质量还是功能都无法与同行业的产品相比。若非有晋煤的内部市场为保障,相关产品很难打开销路。另外,产品更新换代的速度明显滞后,产品更新只是为了更新而更新,产品更新并不是针对市场需求,更新方向模糊。

为解决以上问题,金鼎公司大力提倡技术创新,从机制、体制、文化、观念以及投入各个方面,为技术创新铺平道路,也对金鼎公司以后的跨越式发展奠定了良好的基础。

5.2.3 金鼎公司技术创新的实施

1. 金鼎技术创新的思路

金鼎确立了"科技兴企"战略,将科技创新作为发展的不竭动力,充分发挥处于煤炭生产的前沿优势,在产品的适用性、技术的领先性上下功夫。充分发挥企业的"组织行为和经济行为"两个职能,内引外联;采取"走出去,请进来"的方法,走创新发展之路,提升自主创新能力。抓好以"产权、产品、产值、产业"为主要内容的"四产"工程,形成一批国内领先的、具有自主知识产权的产品,以自主知识产权为纽带,做大产值,形成产业。

2. 金鼎科技兴企之路

"科技兴企"战略要落到实地的关键就在于如何实施。立足于金鼎实际,依据战略方案的要求,从多个方面入手保证技术创新战略的有效实施。

- 加强创新机制建设。从课题选择、资金保障、技术研发、成果申报、产权保护、成果转化、政策激励等方面,建立创新工作机制,推动技术创新实现制度化、程序化和系统化。
- 制定技术创新规划。明确企业为了创新发展方向和目标任务,指导企业创新发展。煤机研究院按照"研发一批、储存一批、推介一批、产业化一批"的思路,针对《国家重大装备技术目录》,开展多项国家级煤机装备项目的研发。
- 培养技术创新人才。加强一线科技队伍的建设,有计划地引进和吸收关键技术人才和高层次人才,并且通过横向联合形成前厂后院的格局。通过多种路径充实金鼎的科技人才队伍。
- 树立企业创新文化。科技创新是一项崇高而艰辛的事业,离不开追求真理、勇于探索、开拓创新的科学品质,更离不开遵循规律、尊重实践、实事求是的科学态度。要形成"理解创造、支持创新、尊敬创业、宽容失败"的文化氛围,激发广大员工敢于创新,永不言败的创新热情。
- 保障技术创新投入。建立技术创新基金,一方面加大技术创新基金的提取比例,另一方面争取上级创新资金支持,为技术创新提供资金保障。
- 重大课题带动创新。围绕《国家技术装备自主创新指导目录》,集中力量组织多项技术攻关。这一过程有助于提升金鼎技术创新的整体水平,提升企业的研发实力。
- 试验基地推动创新。以煤炭装备试验基地建设为契机,把煤机装备研发和采掘工艺创新融为一体,开展煤矿采掘工艺创新,使"创新力"转化为"竞争力"。

3. 金鼎实施创新的效果

金鼎公司坚持创新发展，组建了煤机技术研究院、技术中心，注重产、学、研相结合，首次将煤炭装备工艺技术和试验系统纳入研发体系，形成了具有自主知识产权的煤矿综合机械化开采成套工艺技术和装备，拥有 200 余项专利技术，创造了 5 项世界领先、7 项世界先进、12 项国内领先的业绩，其中，"割内放外"大采高短壁采煤成套装备和永磁同步电机被列入山西省重大装备技术。同时对技术创新实施公司化运作，在行业内率先走上了技术创新产业化发展道路。

金鼎公司大力实施科技兴企战略，致力于"高端化、高质化、高新化"煤机产品的研发与制造。自主研制的 7.6 米、6.2 米高端液压支架、短壁单滚筒采煤机、大采高"8G"采煤机、湿式喷浆机、瓦斯抽放钻机、煤层长孔定向钻机、系列无轨胶轮车、掘进机、矿山电气传动和自动化控制等煤矿综合机械化开采成套设备，产品质量均达到国际先进水平。

金鼎公司发挥煤炭装备试验基地的技术转化优势，创新科研体系，在行业内首次将煤炭装备技术工艺纳入研发体系，研发了具有自主知识产权的"闫氏采煤法"，包括闫氏采煤工艺技术、闫氏岩巷综合机械化作业线、闫氏连掘工艺技术、闫氏巷道准备工艺技术。

- 闫氏采煤工艺技术，包含闫氏短壁采煤工艺、闫氏薄煤层采煤工艺、闫氏旺格维利采煤工艺、闫氏"三下"采煤工艺，填补了厚煤层中小型矿井一次采全高安全高效综采工艺、薄煤层开采工艺技术、煤矿小块段及边角煤柱回收缺乏综合机械化开采技术以及煤矿"三下"采煤机械化装备的空白。特别是闫氏"8G"采煤工艺，采用世界首创的"割底放上"开采工艺，实现了厚煤层工作面的高效开采，具有大采高、产量高、效率高、环保效能高、投入产出比高、安全性能高、适应性高等突出优点，是煤矿开采方法又一次技术革命，对我国煤炭工业安全、低碳、绿色、环保和可持续发展具有重大引领作用。

- 闫氏岩巷综合机械化作业线。包含闫氏钻车—破装机—喷浆机岩巷机械化作业线、ECMMY 系列掘锚机组——喷浆机岩巷机械化作业线。破解了我国岩巷人工作业、粉尘污染、安全性差、效率低下，不能实现快速掘进的技术难题。

- 闫氏连掘工艺技术。包含单机多巷连掘工艺技术，多机多巷连掘工艺技术，破解了煤巷快速掘进技术和煤巷支护技术的世界难题。

- 闫氏巷道准备工艺技术。破解了我国掘进准备人工作业、用人多、煤尘大、进尺低、安全环境差等技术难题，是当前安全高效开口准备的首选。

总体而言，通过各项措施推进公司由"生产经营型"向"技术创新型"的根本转变,成为国家级高新技术企业、国家级重大技术装备企业和山西省煤炭装备制造十佳企业。

5.3 两耳拉动企业发展

5.3.1 产业升级整合与技术创新的相互关系

产业升级整合作为提升企业活力的产业组织形式,有助于构建技术创新所需的组织架构、产业文化基础、知识积累和扩散的内在机制,有助于形成技术创新的系统优势。同时,技术创新也促使产业价值链的提升和上移。二者相互促进,成为拉动企业增长的力量。

1. 产业升级整合为企业技术创新提供了良好的环境和基础

一方面,产业升级整合是企业技术创新的动力源泉。升级整合的过程实质在于提炼企业竞争优势,提升企业产品的价值量。而优势和价值量的获取是以技术创新为先决条件的。因此产业升级整合为企业技术创新提供了压力和动力。在升级整合的过程中,只有通过创新才可以争取到价值链提升带来的领先效应和示范效应,从而追求高利润。另一方面,通过升级整合,重构企业内部的知识资源和人才资源,使创新资源在一定程度上实现共享,提高了企业的创新能力。

2. 技术创新是产业整合升级的推动力量

在产业升级整合为企业技术创新提供条件与支持的同时,升级整合后的企业技术创新也推动了产业集聚和升级整合发展。面对企业的发展需求,整合创新资源进行研发,开发出新的产品,并进行商业化获得创新利益,这是一个系统的过程。在此过程中,企业阶段性的技术创新结果对企业的产业链组合提出新的需求,或者导致企业向相关产业延伸,或者导致企业在某一产业进一步细分。在这种一波又一波、一环又一环的技术创新过程中,企业的产业结构组合不断地完善,从而促进企业产业升级整合的形成,产业升级整合反过来又进一步刺激或支持了相关产业的技术创新,从而直接推动了产业升级整合的形成、完善和不断升级。同时,技术优势对劣势产品的"拉动效应"和优势产业对劣势产业的"挤压效应"的双重作用,将拉动整个升级整合技术创新能力的提高,形成升级整合竞争优势,实现升级整合的持续健康发展。

整体而言,"产业整合升级——技术创新"作用机理模型可描述为:通过对企业整合升级的分析,确定企业的哪些价值链环节可以作为技术创新源,在此基础上展开技术创新,而技术创新的顺利进行会促使企业产业整合升级的进一步优化,产业整合升级的优化则会产生集成效应,从而进一步提高创新效益并诱发新一轮创新。

由于技术体现在每一个价值活动中,包含在各种活动间建立的联系中,因此可以对成本以及差异化产生巨大影响。如图 5-7 所示。

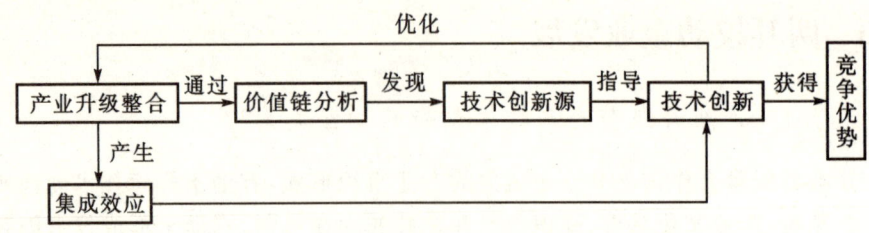

图 5-7 "产业升级整合——技术创新"的作用机理

5.3.2 两耳拉动金鼎发展

煤机制造作为装备制造业之一,是典型的供应商驱动型价值链,其产品的复杂性和加工工艺的复杂性绝非一般产品可以比拟,整机开发周期长,开发成本高,风险也高,多数产品都需要多个关联行业和企业共同配合才能实现其开发过程,尤其是煤矿辅助运输机械、综采工作面成套技术装备等技术难度大、界面复杂、含多重子系统的大型成套设备。煤机制造业的竞争力取决于它的研发能力、制造能力、知识能力等。技术进步对煤机价值链的作用,如图 5-8 所示,通过掌握煤机产业核心的技术和研发能力,将使金鼎公司产业价值链整体从低位向高位移动。从研发环节和采购环节讲,金鼎掌握了核心的技术,了解煤矿采掘中实际出现的问题,重要部件的生产和核心零部件的研制和生产能够自行解决,使其附加值增加;从生产组装环节来讲,金鼎掌握了先进的制造设备和制造工艺,必然会使组装环节的生产

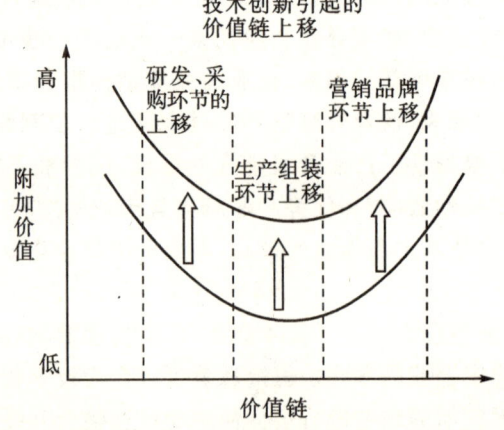

图 5-8 技术创新引起的价值链上升

率提高,附加值也相应提高;从营销和品牌环节来讲,由于煤机装备行业的核心竞争力是技术,因此技术能力的提升将使金鼎的煤机产品在市场的竞争力得到提高,营销和品牌环节的价值链上移就变的顺其自然了。

另外,金鼎公司在技术创新中坚持"走出去和请进来"的路径,在自主研发的同时也注重交流学习,建立和不断培养自己的研发团队,改变了缺乏煤机成套设备研发和制造能力的局面,突破了核心技术来自于企业外部的被动局面,使技术创新的步伐与煤机产业最前沿接轨,甚至液压支架等技术达到了国际领先水平,实现了从低位价值链到高位价值链的移动。另外,以高附加值的煤机制造为基础,向高价值链的两端攀升,形成了以"煤机制造与检修、矿井建设与安装、贸易与物流、煤炭装备试验基地"的"四车"并驾发展、互为关联的产业链,使煤炭生产成为煤机产业的实验基地,使煤机产业成为煤炭生产的支撑和保障,使矿建产业成为煤炭产业、煤机制造和检修的助推产业,使贸易与物流成为其他产业的配送中心。如图5-9所示。

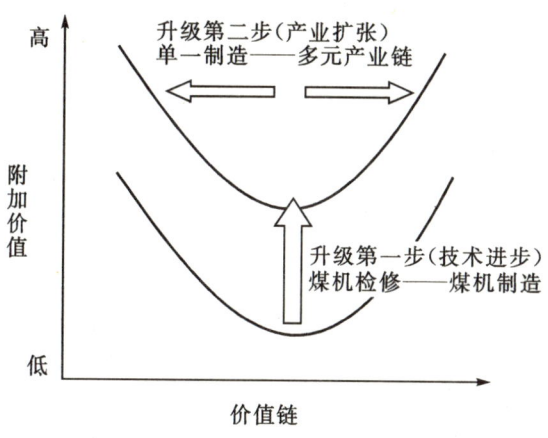

图 5-9 价值链的不断升级和扩张

第六章 "鼎"之四足

6.1 安全管理

6.1.1 安全管理相关理论

1. 安全管理的内容

安全管理是企业管理的一个重要组成部分,是安全科学的一个分支,针对人们在生产过程中的安全问题,运用有效的资源,发挥人的智慧,通过人的努力,进行计划、组织、协调和控制等一系列管理活动,实现生产过程中人与机器设备、物料、环境的和谐,达到安全生产的目标。安全管理的目标是:减少和控制危害,减少和控制事故,尽量避免生产过程中由于事故造成的人身伤害、财产损失、环境污染事件以及其他损失。

2. 安全管理的任务

加强安全管理工作,是实现安全化作业、规范企业管理的一项重要任务。安全管理的任务从广义上讲,一是预测人类活动中各个领域里存在的危险,进一步采取措施,使人类在生产活动中不致受到伤害和职业病的危害;二是制定各种规程、规定和消除危害因素所采取的各种办法、措施;三是告诉人们去认识危险和防止灾害。

3. 煤机企业主要的安全管理模式

我国煤机行业安全管理主流的两种模式是对象化的安全管理模式和程序化的安全管理模式。

(1)对象化的安全管理模式

■ 以"以人为本"的煤炭企业安全管理模式

作为煤机制造企业,研究科学、合理、有效的安全生产管理模式是安全管理的基础。以人为中心的管理模式,其基本内涵是把管理的核心对象集中于生产作业人员,即安全管理应该建立在研究人的心理、生理素质的基础上,以纠正人的不安全行为、控制人的误操作作为安全管理的目标。
- 以"管理为中心"的企业安全管理模式

这种管理模式认为一切事故原因皆源于管理缺陷。因此,现今的管理模式既要吸收经典安全管理的精华,又要总结本企业安全生产的经验,更要能够运用现代化安全管理的理论。

(2)程序化的安全管理模式
- 事后型管理模式是一种被动的管理模式。即在事故或灾难发生后进行亡羊补牢,以避免同类事故再发生的一种管理方式。这种模式遵循如下技术步骤:事故发生——调查原因——分析主要原因——提出整改对策实施对策——进行评价——新的对策。
- 预防型模式是一种主动、积极地预防事故或灾难发生的对策。显然是现代安全管理和减灾对策的重要方法和模式。其基本的技术步骤是提出安全目标——分析存在的问题——找出主要问题——制定实施方案——落实方案——评价——提出新的目标。

现代安全管理将逐步实现变传统的纵向单因素安全管理为现代的横向综合安全管理,变事故管理为现代的事件分析与隐患管理;变被动的安全管理对象为现代的安全管理动力;变静态安全管理为现代的动态安全管理;变过去只顾生产效益的安全辅助管理为现代的效益、环境、安全与卫生的综合效果的管理;变被动、辅助、滞后的安全管理程式为现代主动、本质、超前的安全管理程式;变外迫型安全指标管理为内激型的安全目标管理。

4. 煤机企业安全系统的组成

连续化生产、长生产流程、超常生产条件等是煤机企业生产突出的特点,这就要求煤机生产必须在强有力的安全保障之下进行。在整个煤机企业中,"安全系统"和"生产系统"是相互作用、相互制约的,是煤机企业生产中不可缺少的或不可削弱的构成部分,是企业正常运转的基本保证,在企业生产过程中,"安全系统"和"生产系统"经常是相互交叉、密不可分的,因此,"安全系统"和"生产系统"处于同等重要位置。

煤机企业安全系统是由多种要素按特定的组织形式构成的、以实现企业安全保障功能为目的的统一整体。图6-1给出了煤机企业安全系统的构成及其在煤机企业系统中的定位,安全系统的各子系统概念如下:
- 知识系统:指以概念、原理、原则、方法、制度、程序等知识体系为构成要素的、对企业安全生产起保障促进作用的系统,包括安全法律法规、安全生产责任制、安全作业规程、安全技术措施、灾害预防和处理计划以及事故应急处理预案等。

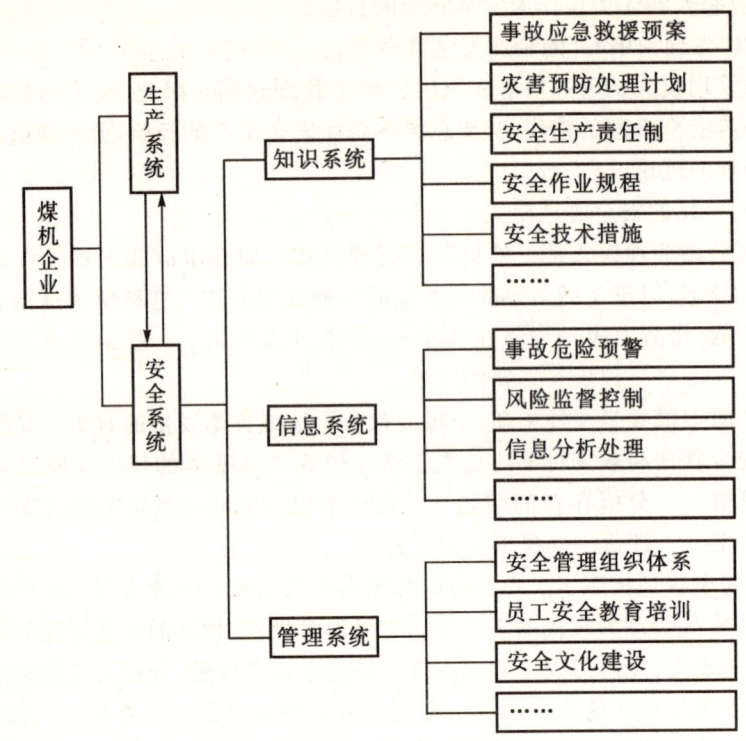

图6-1 煤机企业安全管理系统构成图

- 信息系统：指以信息为基础的、对企业安全生产起监督保障作用的软、硬件系统，包括安全信息监测系统、安全信息分析处理系统、风险监督与控制系统和事故危险预警系统等。
- 管理系统：指由人力资源、管理机制、安全文化等要素构成的、保障企业安全生产的系统。

6.1.2 金鼎安全管理的实施

1. 多元化整合后安全形势更为严峻

金鼎公司煤机制造、煤炭采掘、矿井建设、贸易物流等产业持续跨越发展，安全管理愈加显得重要和迫切。在煤炭采掘产业中，由于新整合的矿井大部分为老矿井，开采的延伸使得采掘区由低瓦斯区进入高瓦斯区，甚至突出危险区、突出威胁区，由不带压开采逐步进行带压开采，甚至全带压开采，瓦斯综合治理、矿井防治水以及日趋复杂的地质条件，使煤矿安全防范和监管工作面临更大的困难和挑战。

在矿井建设工作中,随着资源整合工作的推行,分布零散的小煤矿座井基础差、底子薄,特别是在瓦斯治理、防治水、防灭火、安全技术管理等方面严重不足,使矿井建设面临更大的困难和挑战。在煤机制造板块,电气、起重、冲压(剪)、车辆的驾驶、锅炉、压力容器、焊接(割)等环节都是安全管理必须关注的重点环节。另外,在生产过程中发生的有害气体、液体、粉尘、渣滓、放射线、噪声等问题也需要使用防尘、防毒装置和采取安全技术措施,同时在操作前进行有效的检查活动,保证各项防护措施运转正常。

2. 金鼎安全管理的实施

面对安全生产条件的变化,金鼎公司从强化各级领导干部的安全生产意识入手,并将所有产业、所有控股公司,以及全部资源整合矿井全部纳入安全管理的范围,构建起了"横向到边、纵向到底"的"大安全"管控体系。针对企业实际,金鼎公司坚定不移地巩固和升华"11235"的安全工作方针,即突出"安全第一"的生存理念;突出"一通三防"重中之重,着力治理瓦斯;做好安全责任落实和"安全红线"考核问责;抓好安全质量标准化、岗位作业规范化、隐患排查持久化三项基础工作;坚持安全投入和资源配置统筹兼顾、坚持科技兴安、坚持自主管理、坚持打造执行力、坚持安全文化建设。

为保证"大安全"管控体系的深入实施,金鼎公司还特别制定了"五强化、五促进"措施:强化安全问责,促进安全生产责任落实;强化板块管理,促进现场安全重点管控;强化难点管理,促进兼并重组矿井安全发展;强化自主管理,促进安全基础工作建设;强化安全考核,促进安全绩效持续提升。金鼎公司建立了安全管理四级责任制(如图6-2所示),通过对不同岗位的责任明确,把"尊重岗位人、理解岗位人、信任岗位人"贯彻落实在每一名职工的岗位工作中,最大限度地激发他们自主管理的积极性和创造性,从而实现员工价值取向和企业价值取向的共同提升,促进各产业板块自身免疫能力快速提高,产业活力集中释放。

■ 建立健全安全管理制度体系

金鼎公司根据煤机产业发展实际,在宣传贯彻《晋煤集团安全生产管理条例》的同时,修订完善金鼎各项安全管理制度,逐步建立科学规范、管控有效、约束有力的安全制度体系。晋煤集团安全管理制度包括安全操作规程、安全技术规程等。安全操作规程是指所有岗位的安全操作程序,解决各岗位上的操作如何安全进行的问题。安全技术规程是指公司所有机器设备、产品性能与质量保证及其技术手段的说明和经验总结,解决的是安全、操作、产品质量保证等方面的技术手段问题。随着国家新的法律法规的出台,结合企业内部组织结构的调整和变化及相关生产活动的变动,晋煤集团对安全管理的一系列制度进行了调整和更新,着重关注重大危险源安全管理和重点时期重大危险源安全管理。同时大力推进工序管理,将事

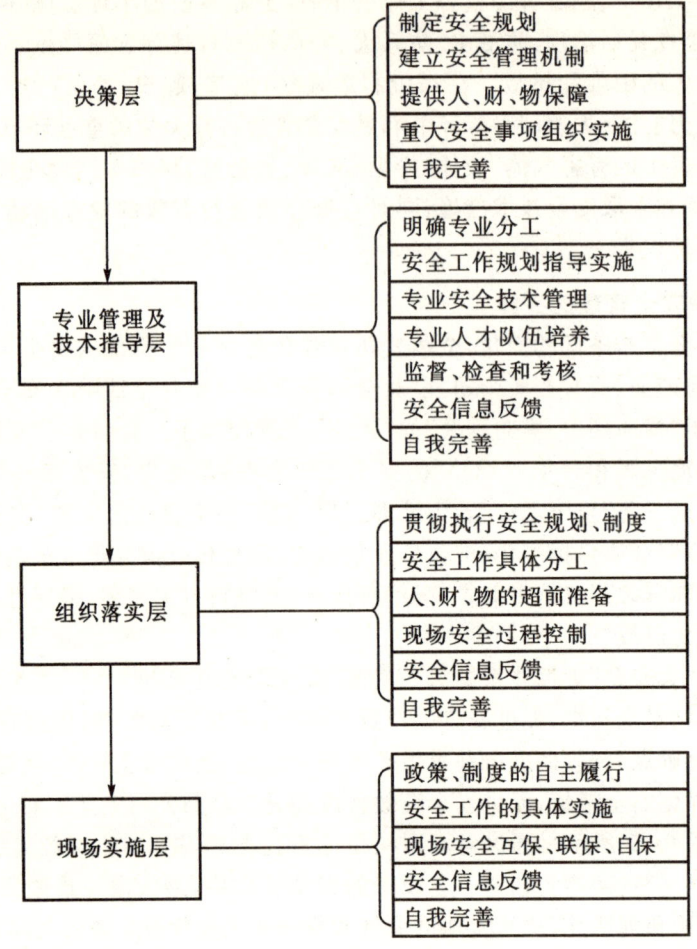

图6-2 安全管理四级责任制

故扼杀在生产过程的第一道门槛上。

■ 层层落实安全管理责任制

首先,从"一把手"抓起,要求各单位"一把手"每半个月对生产经营环节全面检查一遍。重点抓好设备、设施、工程、压力容器、压力管道、易燃易爆物品、危险化学品运输、特别是超前制定和落实各项预防措施,严查管理死角。同时,在防火、消防、交通安全管理方面,金鼎公司还坚持动态管理、动态检查、动态整改,有效杜绝了非煤产业和地面生产安全事故的发生。

其次,安全管理由安监部门牵头,各业务部室配合,修订各级安全生产责任制,强化重大隐患问责,加强"安全红线"管理,严格事故责任追究,推进安全问责。建立以工序管理为核心的安全管理责任制是一切管理体系的核心体制,没有责任制,再完善的管理体系也不过是一纸空文。只有把它贯穿到企业安全管理的全过程,落实到每一位员工的行动上,安全才有保障。针对安全基础工作的薄弱环节,金鼎公司从落实各级人员安全生产岗位责任制入手,完善公司领导的安全职责,按分工逐项落实各自的安全责任和相关权力,建立和完善从公司领导、车间主任到班组长的安全职权责任制,并对各级管理职能人员的安全职责、权限进行补充完善,使各级管理岗位都有明确的安全生产职责权限,做到有职、有权、有责。

最后,在实际的生产活动中,推进"班组管理法",严格落实安全生产的各项制度,班组管理实行理念引领法、班前礼仪法、指令处理法、"三不少"隐患排查法、"三必谈"身心调适法、"三快三勤"现场管理法、互助联保法、手指口述交班法、亲情和谐法等"班组安全管理九法",并把这些管理方法运用到生产实践中去,健全安全管理制度。

■ 强化安全质量标准化管理

各业务单位结合安全质量标准化标准要求,推广应用新标准,结合各自的具体工作,制定符合实际的安全标准化水平标准。在完成安全质量标准化的工作中,注重克服短板,由点、线向面扩展,触角要向所有岗位和场所延伸,将"全省煤炭系统基本建设暨资源整合矿井建设现场会"时的标准不断延续,不断提升各项生产活动的标准化水平。同时,通过持续推进工序管理、落实工序标准,抓好过程控制,使全员上标准岗、干标准活,提高工作效率、生产效益,实现安全生产。

■ 强化安全生产教育培训

要进一步规范安全教育管理工作,提高全体职工的安全素质,使安全教育纳入经常化、制度化的轨道,提高安全教育效果就必须加强安全生产教育培训。管理人员安全教育培训的主要内容是:国家和集团公司有关职业安全卫生的方针、政策、法律、法规、制度和标准;安全管理、安全技术、职业卫生和安全文化等知识;易发事故的基本知识;伤亡事故统计、报告及职业危害的调查处理方法;应急管理、应急预案编制以及应急处置的内容和要求;国内外先进的安全生产管理经验;典型事故和应急救援案例分析。生产人员的安全教育培训内容主要是:国家有关职业安全卫生的方针、政策、法律、法规、制度和标准;安全技术、职业卫生和安全文化等知识;本班组和有关岗位的危险危害因素、安全注意事项、本岗位安全生产职责;典型事故案例及事故应急处理措施等。对于新员工还要对所在单位的安全生产的一般状况、性质、特点和特殊危险部位进行介绍;另外还包括集团公司、各子公司及本单位安全生产规章制度和劳动纪律;典型事故案例及其教训等内容。

除此之外,还有以班组为单位展开的日常安全学习活动。学习内容包括国家和集团颁发的有关安全生产法令、法规、指示;有关安全生产文件、安全通报、安全技术规程、安全管理制度及安全技术知识;结合公司事故汇编和安全信息,讨论分析典型事故,总结和吸取事故教训;开展防火、防爆、防中毒及自我保护能力训练,以及异常情况紧急处理和应急预案演练:开展岗位安全技术练兵、比武活动;开展查隐患、纠违章等活动。

■ 加强安全生产监督和检查

强化安全监督检查,坚持"分级负责、分级管理、越级检查",充分发挥业务部门的自主管理和安全监管作用,实现动态检查和静态检查相结合,确保安全生产;强化动态安全监察,实现检查规范化、程序化;严格执行领导带班制度和领导定期巡检制度;强化安全评价考核和加大安全奖惩力度,实现安全生产更长周期。安全检查的基本任务是:发现和查明各种危险隐患,督促整改;监督各项安全规章制度的落实;制止违章指挥、违章作业,安全检查应贯彻领导与群众相结合的原则,除进行经常性的检查外,每年还应进行群众性的综合检查、专业检查、季节性检查和日常检查。安全检查活动,必须有明确的目的、要求、内容和具体计划,必须建立由公司领导负责和有关职能人员参加的安全检查组织,做到边检查,边整改,及时总结和推广先进经验,规范安全自主管理体系。

健全安全管理机构,配齐安全生产管理人员和专业技术人员,积极推广应用《企业安全生产标准化基本规范》,提高企业安全生产标准化水平。

■ 重视安全管理文化建设

安全文化建设是预防事故的一种"软"对策,它对于预防事故具有长远的战略意义。通过创造一种良好的安全人文氛围和协调的人、机、环境关系,对人的观念、意识、态度、行为等形成从无形到有形的影响,从而对人的不安全行为产生控制作用,以达到减少人为事故的效果;金鼎公司在安全文化建设过程中牢固树立"安全高于一切,一切服务安全"的理念,把握"以人为本"的宗旨,通过不断的宣传贯彻,推动和激发员工学安全知识、守安全规章、做安全员工的热情,使员工从心灵深处感受到安全文化就是为广大员工生命、健康负责的文化,为安全负责也就是为自己负责,从而积极参与到企业安全事业中来,为共同维护企业的安全环境贡献才智。针对金鼎公司经营活动都是围绕着煤和煤机展开,在安全文化建设和实践中可以从班组及职工的安全文化建设、管理层及决策者的安全文化建设、生产现场的安全文化建设和企业人文环境的安全文化建设等四个方面展开。全方位、立体化地进行安全文化建设和宣传贯彻。

6.1.3 安全管理对金鼎发展的作用

经过三年的煤机产业链扩充和两年的煤矿整合,金鼎公司的煤炭采掘和煤机制造也都开始投入生产。在给金鼎发展注入新的巨大动力、形成新的强大产业链竞争优势、取得巨大经济效益、分享红利的同时,也必然承担巨大的安全风险和责任。因此,安全管理必然成为金鼎生存和发展的基本保障。

安全管理是金鼎生产经营的基石。安全管理与生产经营是相互促进、相互制约、相辅相成的。生产经营是金鼎的目标,安全管理服务于生产经营。同时安全管理又是生产的前提,生产经营必须保证安全进行。如果金鼎没有生产经营活动,安全管理便无从谈起。另一方面,随着安全管理水平的提高,金鼎的生产经营活动可以不间断的进行。金鼎在历年的工作目标中都包括零事故的安全生产目标,值得一提的是每年金鼎都实现了集团公司所定重伤以上事故为零的目标。在金鼎不断加强安全管理的情况下,安全生产条件不断提升,安全生产环境有了保障,对金鼎的生产起了极大的促进作用。在日常的安全生产过程中,逐渐转变了以前只强调生产、忽视安全,只讲生产、不讲安全的错误观念,摒弃了违章指挥、冒险作业,先考虑生产,后考虑安全的生产行为。坚持"安全第一"的思想,在安全有保障的前提下,加快生产的步伐。

安全管理也是金鼎效益的"保险栓"。安全和效益是一个问题的两个方面,是一荣俱荣,一损俱损的关系。安全好必然效益好,安全差必然效益差。安全管理就如同效益的"保险栓",保障了金鼎效益的最大空间。没有安全的保证,效益就无从谈起。如果发生重大安全事故,效益就大打折扣。特别是在煤炭相关行业,事故发生后的处理费用是非常高昂的,安全事故可以吃掉辛苦产生的效益。在实际工作中,金鼎处理安全和效益关系的问题时,强调安全为先,树立了安全就是最大的效益的观念;在解决安全和效益的矛盾时,先安全后效益,不以牺牲安全要效益。

金鼎通过有效的安全管理方式,不仅可以培养员工的自主安全责任意识,还培育了员工预防事故消除隐患的自觉性。安全责任制度和安全文化的建立,把一种具有科学性和激励性的安全生产目标,以多种形式灌输到员工的思想意识中。当安全目标成为一种固定的意识烙刻在每个金鼎员工的心中时,安全意识就成为支配安全行为的最高准则,金鼎上下都会以安全为导向展开工作。全面的、持之以恒的安全管理措施能够提升员工的安全文化素质,从过去的"要我安全"转化为现在的"我要安全"、"我会安全",在煤机制造中,重点关注了重物起吊、捆绑、运输,以及特种设备、特殊危险作业的管控。在矿建板块优化了施工工艺,严格现场管理,确保了施工安全。在煤炭采掘中,重点预防水、火、煤尘、顶板、瓦斯等重要危险源。通过完善安全管理刚性管理制度和体系,加强安全管理的柔性管理,金鼎各项生产经营活动才得以安全展开,最大限度地保证了公司和员工的利益。

6.2 企业文化变革

6.2.1 企业文化的涵义

企业文化是企业长期生产经营活动中所自觉形成的并为广大员工恪守的经营宗旨、价值观念和道德行为准则的综合反映。企业文化能够满足员工的精神需求，调动员工的精神力量，使他们产生归属感、自尊感和成就感，从而充分发挥员工的巨大潜能。

1. 企业文化的结构

企业文化权威霍夫斯塔德在其著作《跨越合同的障碍——多元文化与管理》中论述到：不同时代、不同民族的文化各具特色，但其结构形式大体是一致的，即由各不相同的物质文化、制度文化、行为文化、精神文化等四个层级构成。根据该理论，形成了国内各种对于企业文化的研究，企业文化分成核心层（即企业价值观层）、制度层、行为层和形象层四个层次，如图6-3。这四个层次共同形成了企业文化对企业管理有效性的推进和提升系统。

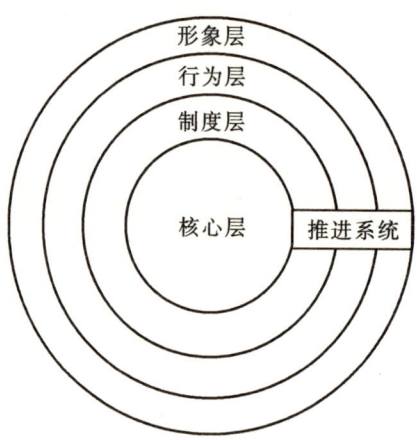

图6-3 企业文化的层次结构

企业的外在形象包括企业名称、产品、商标、广告、以及员工服饰等等。这些外在形象展现出来的文化即是企业文化的形象层，也称视觉层。企业文化的形象层一般是可听、可见、可触摸得到的，位于企业文化的最表层。

企业文化的第二个层次是行为层。产品是否保质保量，服务是否周到热情，员工关系是否融洽，部门之间能否精诚合作等，行为层和企业文化的核心具有直接的互动关系。它是企业经营观、员工精神风貌等方面的动态体现，也折射了企业精神和价值观。

企业文化的第三个层次是制度层。企业任何行为的背后都有企业制度的支撑,员工是否按时上下班,是否按照规范操作,响应客户需求是否主动热情等,多是由制度激励与约束的。

企业文化的第四个层次是企业文化的核心层,亦即价值层。核心层包括组织对自身存在和发展的意义、对员工和顾客的态度等问题的基本观点和认识,也是评判组织和员工行为的标准,是组织在长期发展中所形成和遵循的行为准则和基本信念。

企业文化架构是由内而外的,从企业文化的核心(价值观层)到企业文化的形象层是可以建设的,也是需要建设的。由此,企业文化建设的基本方法和路径即企业文化的构建应该由内而外,由核心到表象,逐步形成体系。金鼎公司文化变革的基本方向如图6-5所示。

2. 战略与文化的匹配关系

在竞争日趋激烈的今天,企业面临着自己已有的竞争优势逐渐弱化乃至丧失的危险,只有通过不断的变革与创新,企业才能获得持续发展的核心竞争力。企业之所以变革,正是因为企业在环境变化后由原来的强势地位转化为弱势地位,或原本就不强,竞争环境变化后面临更加恶劣的生存环境。如何依据不同的战略转型而构建不同的与之相适应的文化体系,是每个企业不得不面对的问题。企业文化与企业战略相互依存相互促进。在企业的变革中,势必会对企业的关键要素(组织结构、员工、体制及工作方式)产生影响。实施新的战略转型时,必须调整这些基本要素以适应新的战略需求。因此,处理好战略与文化的关系,就应首先明确战略转型对企业内部要素的改变以及这些改变与企业文化间的匹配关系。理论上将企业分为四种情形对战略与企业文化间的关系进行管理,见图6-4。

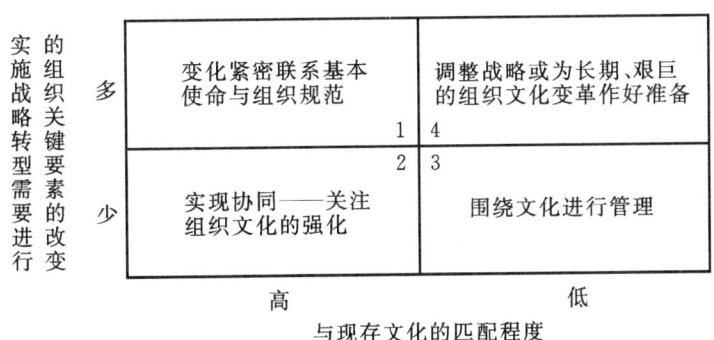

图6-4 战略与文化关系管理框架

- 第一种情况,与企业使命紧密联系型:在此种情况下,企业为了实施新的战略要进行大量的变革,但是这些战略变革与企业现存的企业文化匹配程度较高。此种情况下,企业的业绩始终很好,实施战略转型是因为有更好的发展机会,企业将拥有更广阔的发展前景。虽然企业需要进行大量变革,但仍可依赖于原有的坚实的企业文化。这种情况下,企业需要解决四个方面的问题:第一是企业的改变应与企业使命紧密联系;第二要强调利用现有员工去完成新的战略转型;第三要格外注意奖励制度的调整,使其与现行奖励制度一致;第四应特别注意那些与现有企业文化不太匹配的调整,以免使现行的规范受到冲击。

- 第二种情况,加强战略与文化协同型:此种情况下,企业只需要进行少量的变革去实施新的战略,变革基本上与现有企业文化相匹配。企业主要需要强调两方面问题:第一是利用这个机会巩固和强化现有的组织文化;第二是利用这段相对稳定的时期排除企业文化变动时可能产生的障碍。

- 第三种情况,围绕企业文化管理型这种情况下,为实施新的战略转型,企业需要作出一些调整,这些变化与调整与现存的企业文化不相适应,这时企业需要考虑的关键问题是此种变革的成功概率有多大,是否值得企业冒险;企业对企业文化进行变革有多种途径,关键问题是选择的变革方案应尽可能避免与现有文化理念的正面冲突。当企业面临的文化变革阻力减小时,战略转型与变革就会慢慢被企业所接纳。

- 第四种情况,重新调整战略或文化型(或是二者皆调整)。这种情况将是在处理战略与企业文化关系时遇到的最困难情况。企业为了实施新的战略转型,必须对组织进行彻底变革,这种调整将与现有的在企业中根深蒂固的企业文化相冲突,这是对企业现有文化的挑战,战略转型的成本是昂贵的,受到的阻力也将是不可想象的,情况会很复杂。

3. 战略转型时期企业文化的重要作用

企业文化是基于一定时期与内外部条件下,企业的全体员工经过长期的实践所形成的共同的价值观与行为准则。企业面临战略的转型与变革时,应改变原有的企业文化,使之适应新的战略变革的要求,通过企业文化的变革,塑造新的共同价值观与行为准则。变革时期的企业文化具有以下五个方面的作用。

- 导向作用:把企业员工引导到确定的目标上来。在企业的战略转型过程中,企业面临着业务结构、组织结构以及考核薪酬体系的一系列调整。这时企业中的员工急需明确的目标来指导工作的开展,为变革成功增强信心。企业文化此时应发挥好导向作用,并针对不同的战略转型时期,依据不同阶段的文化变革特点,确定不同的导向目标。

- **约束作用**：对每个员工的思想、行为的约束作用。一场革命，必然需要用强权方式实现最终的胜利，企业变革同样是一场革命，同样需要"枪杆子式"的强权方式，保证变革的成功。在变革的过程中，必然有不同的声音与意见，左右并影响着企业的变革，企业文化在战略转型时期应通过具体的行为规范发挥对不同意见的约束作用，保证企业变革不偏离既定的方向。
- **凝聚作用**：用共同的价值观和共同的信念保证整个企业上下的团结。在企业战略转型的变革过程中，不可能总是一帆风顺，总会遇到各种各样的困难与问题。由于是较为彻底的变革，势必会打破企业原有的产业与组织的平衡，影响到局部利益，这时，需要企业文化在变革的整个过程中，发挥凝聚作用，用文化的力量鼓舞员工，用先进的事例激励员工，保证企业战略转型的成功。
- **融合作用**：对员工潜移默化，使之自然地融合到群体中去。在企业的变革中，有些员工或团队冲在变革的前沿，而有些员工或团队会落后于变革的统一步伐。变革的最终成功是一个企业集体走向终点，而不是一部分人的成功。在变革前进的过程中，因员工素质、思想意识、技能等不同而造成的前进步伐的不一致，容易导致不同团队间产生矛盾或分歧。企业文化应适时发现问题，充分发挥文化的融合作用，稀释化解矛盾，发挥先进带动后进的作用，取得企业全体变革的成功。
- **辐射作用**：指企业文化不但对本企业，还会对社会产生一定的影响。企业的战略转型，是针对特定阶段、因环境的改变而进行的主动或者被动的变革，目标都是为了获得企业再生的土壤环境与发展动力。企业的变革过程，其实是企业难得的塑造新形象，打造新竞争力的过程。企业内部的变革，希望对企业所处的社会外部环境产生影响，进而通过变革提升企业的社会影响力。在企业转型与变革的过程中，是企业文化重新塑造的过程，是企业形象得到再生与提高的过程，通过企业文化的变革，并将文化的变革过程有意识地面向社会宣传，让企业变革得到社会的关注与认可，从而发挥企业文化的变革辐射作用，起到示范效应。

6.2.2 金鼎公司文化变革的意义

在近50年的发展历程中，金鼎积累了深厚的文化底蕴、丰富的企业文化素材，下属各分子公司也有各自的企业文化，并在实践中积极、广泛地开展文化建设，但对企业文化的理性认识还需进一步提高，优秀企业文化素材需要系统而有效的整合、提炼与提升。金鼎作为晋煤集团的子集团，沿袭了晋煤集团务实、低调、稳健的风格，能吃苦、能战斗。同时金鼎还具有自身的特色：包容、创新、奉献、注重安全、严谨规范。但是必须看到的是,特定的国有企业体制和煤炭行业环境对金鼎文化形成了较深远的影响,企业良好的内部市场优势与长期稳定的发展状况使员工普遍具有一种安逸感,缺乏危机感、缺乏市场意识和竞争意识。因此,当金鼎开始跨越式的发展和改革时,原有的文化与现有的经营就产生了距离。特别是在多产业链的打造过程中,经过并购重组,金鼎下属的不同产业、不同单位之间文化差异性比较大,运营管理体系的不适应影响着金鼎员工的思想,制约着金鼎的发展。因此必须进行文化的融合,构建基于信任和尊重的共同的价值观、使员工对金鼎的使命和愿景达成广泛的认同,并通过相应的制度使其得以支撑和维护。

企业文化变革,第一是企业发展战略的需要。制定"全力打造独具特色创新型煤机产业集团"的发展战略,迫切需要有符合本企业实际的文化发展战略,形成鲜明个性的价值理念、行为规范、制度管理平台和品牌形象系统,为集团公司的发展战略推进提供更强有力的文化支撑。第二是外部环境压力的需要。随着经济发展和行业市场化改革的深入,国家和山西省都大力提倡发展煤机装备制造业,晋煤集团将煤机正式确定为集团公司业务六大板块之一,既面临着难得的发展机遇,又面临着竞争的压力。未来的竞争,从根本上讲是企业可持续发展能力的竞争。迫切要求我们必须加强企业文化建设,以提升企业管理水平,提高企业核心竞争力。煤机工业发展中面临着安全、资源、环境和人才短缺的巨大压力,这需要煤机企业坚持治标与治本相结合的原则,着力解决影响煤机和相关产业健康发展的突出问题,在企业文化建设方面,必须强化安全、人才、社会责任等要素。第三,运营管理提升的需要。金鼎在明确提出"以煤兴机,以机促煤,各得其所,多元发展"的目标后,生产经营已从单一煤机检修制造到煤与非煤并举。跨行业的多元化、超常规发展使集团公司的组织结构、管理体制和管理方式发生了一系列深刻变化,迫切需要对集团公司的经营理念、管理方式和管理手段进行整合提升,提高各产业之间的战略协同性,实现企业有效运营,推进集团健康、快速、可持续发展。

金鼎公司文化变革的可行性可由以下几个方面予以说明:

- ■ 丰厚的传统积淀:改制前的金鼎公司经过了几十年的发展,积累了优秀的文化积淀,有着丰厚的文化底蕴。
- ■ 良好的发展势头:金鼎公司近几年的发展势头良好,企业具有较强的向心力和凝聚力,员工更关心企业的发展和个人的前途。
- ■ 富有特色的子文化:金鼎公司的文化建设是在企业改制、二次创业的形势下起步的,经过几年的实践摸索,公司的企业文化建设已形成了良好的文化氛围,积累了初步经验。各子分公司均有本公司特色的子文化。
- ■ 良好的企业形象:晋煤集团具有无可比拟的资源优势,具有良好的企业形象。

6.2.3 金鼎公司企业文化及内容

1. 金鼎公司企业文化定位

（1）概念定位

金鼎公司的企业文化是面对企业外部、内部经营环境变化做出主动、系统并具有未来意义的回应，旨在通过金鼎战略的指引，以发展为主题，全面总结金鼎公司的价值主张和文化取向，规范、提升金鼎公司企业文化理念体系，达到统一思想，塑造核心竞争优势并实现永续经营的目的。

金鼎公司的企业文化体系是具有统领性的，层次清晰、系统化、规范化的一主多元集团生态文化体系。金鼎公司文化变革的基本方向如图6-5所示。

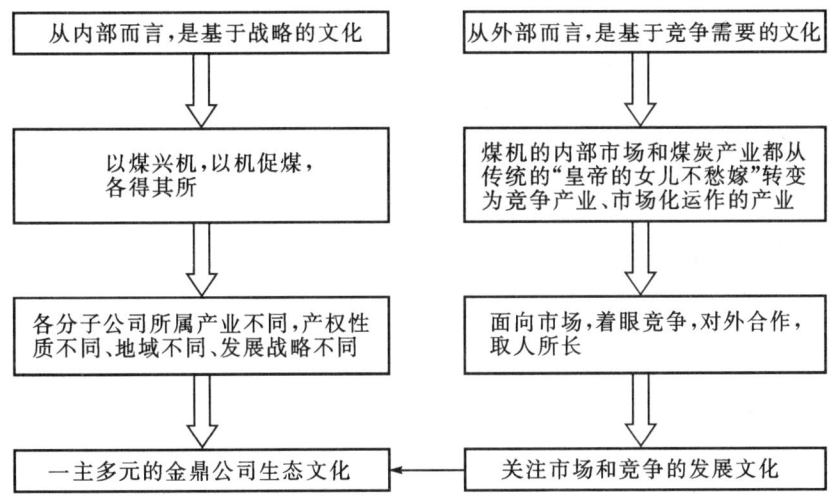

图6-5　金鼎企业文化变革的方向性

一主多元的企业文化，并不是要求所属企业完全与金鼎公司统一，而是在践行金鼎核心价值观的前提下，结合金鼎公司整体的使命、愿景和价值观，确定适合所属企业自身发展的使命、愿景和价值观，从而保持与金鼎文化所倡导的理念核心的统一性。

金鼎公司文化的多元性，体现在所属公司在执行层面的多元性，以及非核心价值观的多种选择方向。金鼎的理念倡导使命、愿景、价值观的统一，所属各公司结合本公司的发展战略、业务重点、管理风格及人员现状，制定适合本公司实际的各执行层理念，并在此基础上构建支撑文化落地的、具有自身特色的管理措施。以此形成文化的多种不同表现形式，展现文化的多元性。

(2) 作用定位

金鼎公司文化是金鼎战略的重要组成部分,是金鼎战略的灵魂。在实现金鼎愿景目标上,两者是高度统一的。金鼎战略的贯彻实施需要金鼎文化作为基础,金鼎文化又需要金鼎战略目标的实现才能得以巩固;金鼎战略决定着金鼎文化新的定位和走向,金鼎文化又支撑、服务于金鼎发展战略,并对战略的实施具有强大的推动作用,即文化力促进生产力。因此,可以说,没有金鼎战略的定位,便没有金鼎文化的方向;没有金鼎文化的底蕴,就没有战略的成功。两者的关系是辩证统一的关系。

(3) 职能定位

在深刻理解企业文化价值的基础上构建的文化,可以扭转许多领导干部头脑中的传统想法,改变工作方式,充分调动广大员工的积极性和创造性,明确工作方向,变被动为主动,变"让我怎么干我就怎么干,其他我不管"、"能交差、保住饭碗就完事,别出错就行"为主动思考"我应该怎么干才能干的更好,才能为企业创造更大的价值",不断地在工作中发现需要改进和完善的地方,找出解决问题的方法并把它落实到实际工作中去。具有普遍代表性的、高度概括的金鼎文化还有助于员工对金鼎制定的战略、方针、政策的正确理解与贯彻执行,形成良好的意识、习惯与行为规范,提高凝聚力,减少内耗、摩擦等各种无效率的行为,加快企业建设的步伐。金鼎文化的潜移默化性、持续性、稳定性等特点决定了它具有各种文件和行政指令所无法替代的作用,并且这种作用造成的影响是深远的。

整个金鼎公司企业文化定位如图6-6所示。

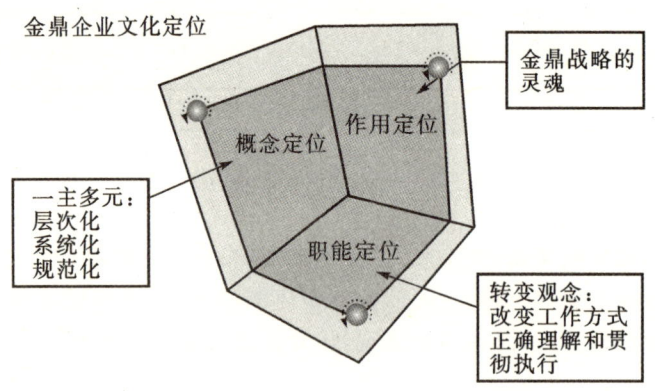

图6-6 金鼎企业文化定位

金鼎公司需要从现代企业管理制度与机制入手,搭建现代企业管理与文化管理平台,包括战略、管控模式、战略导向型人力资源体系等,发挥企业文化的力量,切实转变员工观念,提高员工积极性、主动性,提升金鼎凝聚力与运营管理水平,从而提升企业竞争力。如图6-7所示。

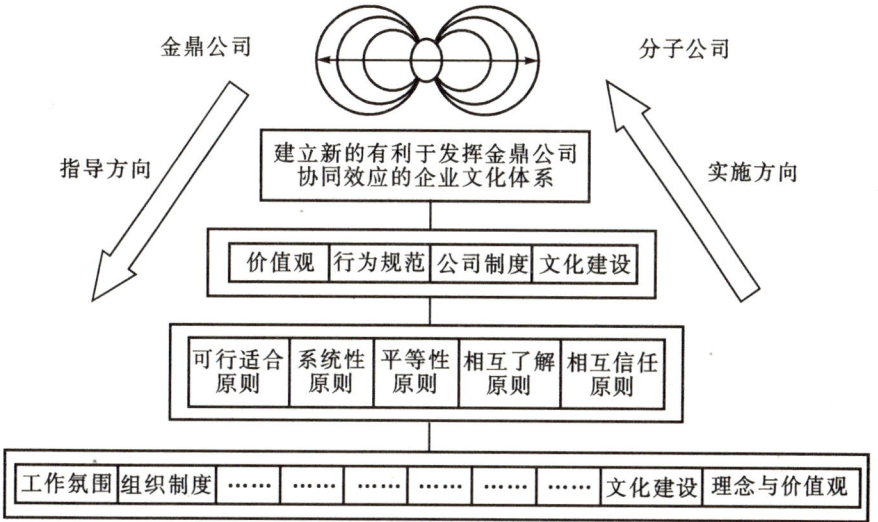

图 6-7 金鼎公司企业文化建设模型

2. 金鼎公司子集团文化建设的原则

- **可行性原则**：金鼎公司在建设子集团的企业文化时，以可行性为原则，保证了企业文化在下属分子公司的推进和实施。在制定和宣贯文化的过程中，首先明确公司和下属机构中的职责和定位，其次在要求整个公司有统一愿景、使命的前提下，允许各成员机构按照各自的实际对公司文化进行独具特色的发展和补充。另外，整个公司的文化理念应当是金鼎公司所有组织机构文化融合和提炼的结果，而不应当只是公司总部的文化。

- **系统性原则**：系统性原则是指金鼎文化本身的系统性。始终坚持金鼎企业文化体系是由多种要素构成的自上而下的有机系统，是企业文化从精神制度、从思想到行为的一致体现，培育形成完善的、系统的企业文化，全面、综合发挥企业文化的独特作用。

- **平等性原则**：在金鼎文化的建设中，公司总部和各下属企业、部室之间是平等的，各分子公司之间也是平等的。每一个分子公司都是参与金鼎公司文化建设的主体，发挥各自的积极性和能动性，每一个主体都可以对金鼎文化建设提出自己的建议和设想，并根据各自的特色进行再丰富。只要是有利于公司文化建设发展的，都得到了认可和接受。

- **相互了解原则**：金鼎公司在制定企业文化核心层和制度层内容的时候，深入地了解了各下属分子公司的特点和需求，包括主营业务、企业背景、人员构成等多个因素。另外,还通过各种途径、活动促使分子公司了解金鼎公司总部的目的。在相互了解的基础上,提炼出金鼎文化,使其既有利于金鼎公司的壮大,也有利于各下属分子公司的发展。

■ 相互信任原则:只有相互信任才能促使公司总部和分子公司之间更好的合作,从而共同努力建设好金鼎的企业文化。在金鼎文化建设的过程中,公司总部给予了分子公司充分的信任,使其在各自的企业文化建设中体现了金鼎文化的特色和精神,贯彻执行金鼎公司企业文化的建设要求。同时,各分子公司也信任公司总部提出的企业文化理念,认可其对企业发展的促进作用,能帮助各下属分子公司更快更好地发展。

3. 金鼎企业文化内容

金鼎公司在企业文化建设中,积极培育企业精神、创新企业文化内容,形成了以"竞争、担当、实干为主要精神、以创优品牌为主要内容的和谐文化如图6-8所示。在此基础上,树立安全、创新、民生、廉政四面文化旗帜。安全观以"财富可以再造,生命不能重来"为主旋律,通过管理、装备、培训等多种路径,将安全理念推广到各个领域,提供全方位的保障措施,建设本质安全型企业。创新理念强调"科技兴企,创新增效",发挥科技的促进作用,以提高自主创新能力为方向,采取引进、吸收、自主研发等多种形式发展核心技术,推进科技兴企。秉承"一切为了员工"的信念,高度关注民生,努力改善民居,强力推进民富,合力促进民和。同时积极履行社会责任,支持公益事业。让企业发展的成果普惠员工家属,让企业良好的社会形象有口皆碑。廉政观强调"干净干事,干事干净",通过扎实推进党风廉政建设,不断加强对各级领导干部的勤政廉政教育,狠抓制度健全、工作程序落实,打造勤政廉政文化,形成勤政廉政长效机制。

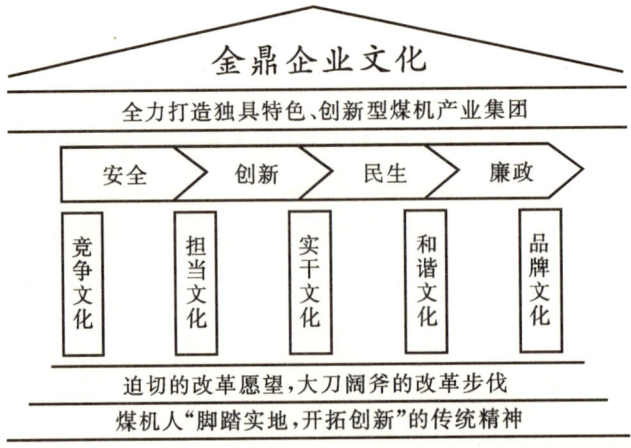

图6-8 金鼎企业文化内容

6.3 组织体系优化

6.3.1 集团公司组织体系相关理论

1. 集团公司的结构

集团公司具有多层次的组织结构,其模式如图 6-9 所示。从企业间相互结合的地位来看,分为核心企业、骨干企业、配套企业和协作企业。核心层为母公司,其他企业为子公司或者关联公司。

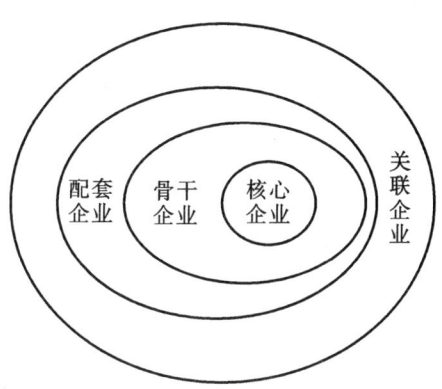

图 6-9　企业集团组织模式

- 核心企业:每个企业集团至少有一个核心企业,它处于企业集团的核心层。每个核心企业都是企业法人,拥有雄厚的实力,对核心层以外的企业控股(或参股)。核心企业间可相互持股。
- 骨干企业:每个企业集团都应有一批骨干企业,共同组成企业集团的紧密层。骨干企业的特征是:每一个骨干企业都是法人企业,独立核算,自负盈亏;骨干企业与核心企业是子公司与母公司的关系;每个骨干企业的控股权掌握在某一核心企业手中;骨干企业之间可以相互持股。核心企业对骨干企业的控股,骨干企业之间的相互持股,纵横交错的资本纽带是保证集团凝聚力的重要基础。一般来说,相互持股率越高,集团的凝聚力也就越强。
- 配套企业:集团内某些核心企业及所有骨干企业,各自都有一批固定的配套企业,形成了企业集团的半紧密层。配套企业的特征是:专业化程度高,与某个骨干企业有固定协作配套关系,经济上、法律上独立,是法人企业。

2. 常见的集团公司管控模式

集团公司对下属企业的管控模式,按总部的集、分权程度不同而划分成"运营控制型"、"战略控制型"和"财务控制型"三种管控模式。

(1) 财务控制型:采用财务控制型管控模式的企业集团,其部门作为投资决策中心,以追求价值最大化为目标,管理方式以财务指标考核、控制为主。其主要特点是母公司将注意力集中于财务管理和领导的功能。母公司只负责集团的财务和资产运营、集团的财务规划、投资决策和实施监控,以及对外部企业的收购、兼并工作。下属单位每年会给定各自的财务目标,母公司总裁最关注的往往只是下属单位的盈利情况和自身投资的回报、资金的收益,而对子公司的生产经营不予过问,它们只要达成财务目标就可以。在实行这种管控模式的集团中,各下属单位业务的相关性可以很小。

(2) 战略控制型:对于采用战略控制型管控模式的集团而言,其总部作为战略决策和投资决策中心,以追求集团公司总体战略控制和协同效应的培育为目标,管理方式通过战略规划和业务计划体系进行管理。母公司除了在资产上对下属单位进行控制外,还负责集团的财务、资产运营和集团整体的战略规划。例如:下属单位的战略发展规划、企业资产运用、全面预算划拨、企业绩效管理和统一技术开发等。各下属单位同时也要制定自己的业务战略规划,并提出达成规划目标所需投入的资源预算。总部负责审批下属企业的计划并有附加价值的建议,批准其预算,并交由下属企业执行。母公司对下属单位的管理主要通过年度报告或者季度报告的形式来表现。

在实行这种管控模式的集团中,为了保证下属单位目标的实现以及集团整体利益的最大化,各下属单位业务的相关性要求很高,集团总部的规模并不大,主要集中在进行综合平衡、提高集团综合效益上做工作。如协调各下属单位之间的矛盾、平衡各企业间的资源需求、高级主管的培育、经验的分享,等等。

(3) 运营控制型:采用运营控制型管控模式的企业集团,其总部作为经营决策中心和生产指标管理中心,以对企业资源的集中控制和管理,追求企业经营活动的统一和优化目标,直接管理集团的生产经营活动(或具体业务),总部从战略规划制定到实施几乎什么都管。为了保证战略的实施和目标的达成,集团的各种职能管理非常深入,主要表现出经常性的对下属单位同类管理领域的组织协调和集中化处理。例如:在财务、营销、研发、市场等方面。如人事管理不仅负责全集团的人事制度政策的制定,而且负责管理各下属单位二级管理团队及业务骨干人员的选拔、任免。在实行这种管控模式的集团中,为了保证总部能够正确决策并能应付解决各种问题,总部的职能人员的人数会很多,规模也很庞大。各下属企业业务的相关性很高。

这三种管控模式各具特点:运营控制型和财务控制型是集权和侵权的两个极端,战略管控型则处于中心状态。有的企业从自己的实际情况出发,为了便于管控,将处于中间状态的战略管控型进一步细划为"战略实施型"和"战略指导型",前者偏重于集权而后者偏重于分权。

3. 三种主要管控模式的分析比较

表 6-1 比较分析了三种主要管理模式的特点。从分析和比较中可以看出,三种不同的组织模式总部参与下发单位经营的程度和下发单位业务相关多元化的程度不同,如图 6-10 所示。

表 6-1 三种主要组织分析比较

	财务控制型	战略控制型	运营控制型
业务特点	多个非相关的独立业务	二至三个甚至多个相互关联的业务	单一或基本单一业务系统
战略管理	以收购、投资决策为主,注重资本市场反应	制定集团战略远景和方向以指导下属单位运作,审核下发公司战略并分配资源	具体战略制定和实施
业务介入	基本不介入,强调财务绩效的实现	管理战略方针和战略实施计划,以及中长期财务指标的实现	具体经营决策和经营活动
人事管理	仅管理高层管理人员	管理最高行政管理人员,制定和协调重要的人事政策	管理具体的招聘、培训、评级和薪酬等
业绩管理	监控关键的财务指标	监控经营计划的关键举措实施及最终结果,监控关键的财务指标	详细审阅所有财务和经营表现
资源及共享服务	无	注重协同效应或经济效益	集团提供几乎所有服务

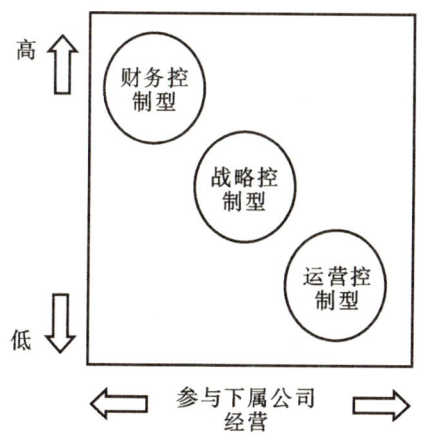

图 6-10 总部与下属机构关系比较

4. 集团公司组织管控模式的选择

在集团公司组织结构的设计中,需要重点考虑的因素主要包括:集分权方式、多元化程度、经营重点、领导风格、日常事务比重等。这些因素对组织结构影响作用如图6-11所示。

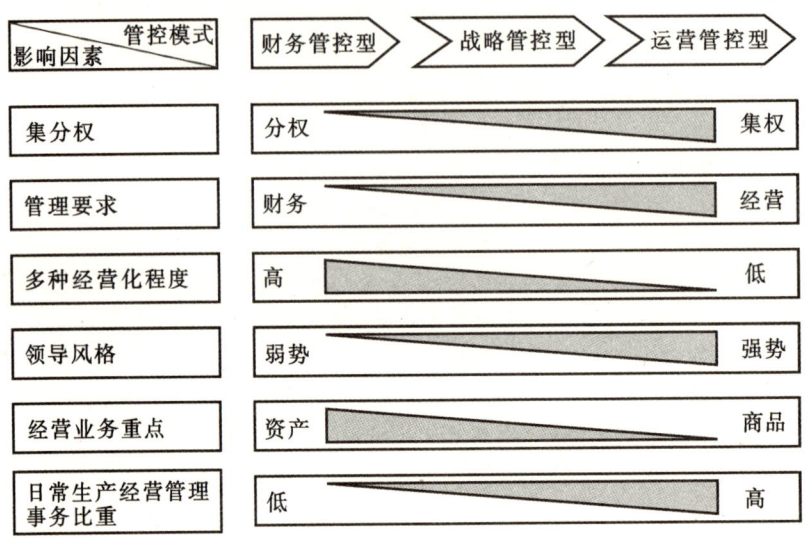

图6-11 集团组织模式主要考虑的因素

在这些主要考虑因素中,集分权方式对集团管控模式选择影响最大。集分权关系的确定需要对下属企业战略地位、资源相关度和发展阶段的评估进行综合确定,具体的选择方法如表6-2所示。

在分支机构与总部之间战略地位、资源相关度和发展阶段分析确定后,就可以依据图6-12综合定位出集团对下属企业进行管控的基本模式。

表 6-2 集分权关键指标的评估图

战略地位	资源相关度	自身发展阶段
现阶段下属单位经营的业务在整个集团战略中所处的位置,该指标从需不需要的角度确定集团总部和下属单位的集分权关系。战略地位越高,越倾向于采取集权的管理模式	指现阶段集团总部掌控的资源与下属单位经营的业务之间的关联程度。该指标从能不能够的角度确定集团总部和下属单位的集分权关系。资源相关度越高,越倾向于采用集权的管理模式	指下属单位目前所处的发展阶段。该指标从应不应该的角度确定集团总部和下属单位的集分权关系。下属企业越处于发展的早期阶段,其抗风险的能力越弱,因此就越倾向于采用集权的管理模式,反之,下属单位已经步入稳定成熟的发展阶段,集团总部就不宜干涉的过多了下属单位所处的发展阶段,可以从企业组织结构的稳定性(功能和部门设置是否比较健全,人员配置是否到位,人员结构是否合理稳定),企业销售收入的稳定性(是否有比较稳定的客户资源或占有一定的市场份额)等。发展阶段一般也可划分为3个阶段:起步阶段、成长阶段和成熟阶段
从短期出发,目前的销售收入和利润占集团总额的比例。	从政府资源、技术资源、市场资源(品牌、客户群、销售网络等)、人力资源、供应链资源出发,考察评估下属企业在现阶段和下一步发展过程中,与集团公司或集团其他企业之间的上述资源的内在相关性。资源相关度也可以划分为3种类型:高相关度、一般性相关、低相关度	
从长期出发,是否是集团未来的核心和支柱业务。		
战略地位分为战略核心、战略重点和战略从属3种类型		

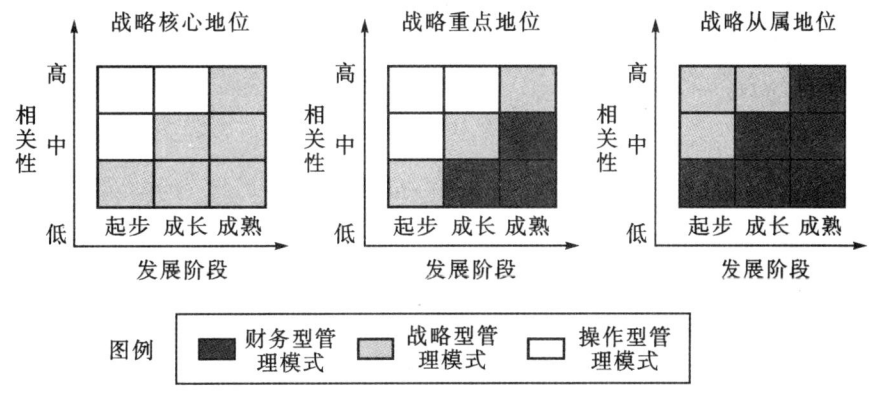

图 6-12 集团管理模式选择图

5. 不同管控模式下的集团总部定位

在不同的管理模式下,集团总部的功能定位的侧重点是不一样的。在财务控制型的管理模式中,集团总部一般侧重于投资和财务管理,而总部的其他功能则被弱化或取消。在战略控制型的管理模式下，集团总部的功能主要侧重于战略管理和投资管理。在运营控制型模式下，集团总部则又多了一项经营中心的职能，在这种管理模式下，集团总部的功能最为全面，战略、投资、运营等全部包括。不同的管理模式下，集团总部的核心功能见表6-3所示。

表6-3　不同管理模式下的集团总部定位

总部职能部门	核心职能	财务管控型	战略管控型	运营管控型
		■ 财务中心 ■ 投资管理中心 ■ 资本运作中心	■ 战略规划中心 ■ 财务中心 ■ 投资管理中心 ■ 公关宣传中心 ■ 人力资源中心 ■ 审计中心	■ 战略规划中心 ■ 运营管理中心 ■ 营销 ■ 研发 ■ 采购、物流 ■ 投资管理中心 ■ 公关宣传中心 ■ 人力资源中心
集分权程度		分权	集权与分权相结合	集权

由于集团的管控模式不同，集团的功能定位也就不尽相同。事实上，即使管控模式相同的两家公司，由于各自具体情况的不同，总部功能定位的侧重点也是不一样的。

在确定了集团总部的定位后，还需要对总部和下属单位的资源能力进行定位，确定决策层次、管理功能和角色，见图6-13。

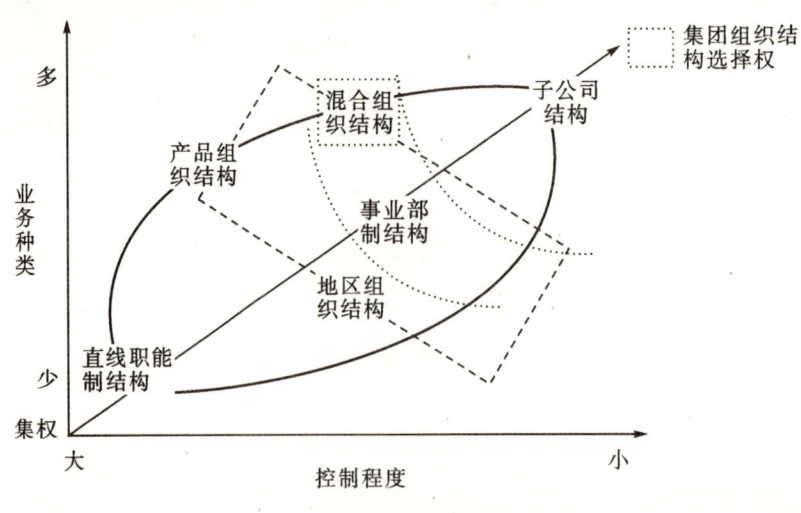

图6-13　集团组织结构类型的选择

6.3.2 金鼎原有的组织模式

企业的组织结构需要与企业的规模、发展阶段、企业文化、资源相关性等因素相适应,尤其是要与企业的发展战略相匹配,并保证与战略调整相适应的调整或变革弹性与灵活性。在 2008 年改制前,金鼎公司的前身煤机厂作为直属于晋煤集团的分公司,成本收益均由集团内部管控,煤机厂本身没有经营自主权。同时,主要的生产活动是对晋煤各矿井的煤机设备进行检修,核心是几个重要的车间。原有的组织结构存在以下弊端。

- 改制前的部门无法支持企业的战略实现和发展要求。战略决定结构,结构传承战略,这是组织运行的基本规律。但是原煤机厂的组织结构基本上是复制上级单位的组织结构,各部门科室是为上级服务的工具。事实上,煤机检修和制造属于比较特殊的行业,关键业务也有所不同,因此组织的设置不应完全复制上级部门。此外,组织结构的复制引发功能重叠、沟通成本高。并且,在组织职责不明确的情况下,容易产生灰色地带,导致上下级公司之间的职责混乱,产生多头领导或管理真空。

- 煤机修配厂与下属修配车间之间没有建立规范的产权关系。核心企业的主导地位没有确立,综合协调功能不强。由于缺乏产权纽带,集分权掌握不好,于是产生的现象是:一管就死,一放就乱。集权过多,统得过死,影响了下属企业的积极性,而一旦分权,就无法产生合力,难以发挥公司的优势。

- 公司存在职能部门虚设现象,很多部门存在但没有发挥应有的作用,部门具体职责分工缺乏明显的界定,导致管理活动中责任不清,效率低下。作为国有企业,党群部门是必不可少的,工会、团委、纪委等部门应该充分发挥应有的作用,对于企业塑造良好的文化氛围,提升企业凝聚力是非常有效的。煤机厂设有人力资源部和以预算管理为导向的财务部。但是煤机厂并没有完整的人力资源管理制度,绩效管理方面仍然未能打破大锅饭的局面,员工培训不能支持员工成长和企业软实力的提升,员工除了熬年头排队等晋升之外没有其他的职业生涯发展路径,员工薪酬整体偏低的同时没有拉开差距,干好干坏一个样。另外,由于企业经营业绩不佳,而且没有自主经营权,所以财务部门日常的工作是进行会计活动,无法发挥全面预算管理的财务管理作用。就煤机厂核心部门而言,由于缺乏经营思路和有效的经营机制,各车间的活动仍然以被动检修为主,靠天吃饭,矿井上什么机器坏了就修什么,坏了哪儿就修哪儿。既没有主动寻找、拓展市场的意识,也不注重创新,提升经营活动的价值。特别是在改制后,当金鼎的业务活动由检修向制造转变的过程中,原有的车间职能完全不能满足企业提升经营业务的要求。

- 部门间协调性差。由于缺乏统一的管理系统,各部门缺乏整体意识和集体观念,部门间没有合作协调流程,只关注本部门的任务和利益,各自为阵。煤机厂各部门和车间没有形成统一的目标和价值观,当出现任务或利益冲突时,要实现部门间的协调配合就特别难。另外,各部门或者车间需要独立做决策时,经常不考虑其他部门的反应和得失。因此,每当有活动需要各部门协调解决或参与时,上级领导就必须参与其中,不仅增加了管理的成本,而且也不利于活动或任务的及时解决。
- 公司的业务和管理活动没有形成流程全图,职能部门和检修制造车间形成一个个管理孤岛、信息孤岛,信息在单一业务领域内、单一组织内传递,在业务领域之间,在组织机构之间存在着无形的壁垒,彼此保护着自身产生的信息,造成公司内信息在上下、左右之间形成一个个彼此隔断的局部空间,流程之间的接口本应顺畅传递的输入、输出信息残缺、失真的现象,必然导致公司不能及时、完整、准确地掌握业务活动的执行情况,无法实现基于信息共享的事前预测、事中控制、事后评估的完整闭环管理,科学决策、执行监控、分析调整的公司整体管控也就无从谈起。
- 缺乏持续有效的业绩管理体系。公司确定发展战略目标后,必须分解落实到运营层面,才能制定相应的战略举措,把煤机厂所有业务部门的生产经营活动统一到公司整体战略目标的实现路径上。业绩考核激励体系就是有效连接战略目标和运营活动的重要桥梁,是引导煤机厂目标一致、步伐统一的有效管理工具。但是,企业的业绩考核指标体系的设计往往缺乏对战略目标与业务活动之间关系的准确、深刻理解,而与战略目标和运营活动脱节,缺乏对运营过程的考核,对经营活动结果的考核也发挥不出应有的引导作用。

6.3.3 金鼎公司组织体系优化方案

1. 金鼎公司组织体系优化的思路

要有效贯彻落实金鼎公司新的战略举措,实现宏伟的战略目标,金鼎公司需要在管理集约化及专业化的基础上,强化管控能力,强化一体化协同运作能力,包括:

- 战略管理能力:构建以战略规划为基础的,以全面预算管理、绩效管理、业务组合管理为核心的管控体系,总部通过这一体系指导和控制各业务单元的运作。
- 投资及风险管理能力:建立金鼎公司完善的投资决策及风险管理能力,配合业务发展战略保证集团对投资方向、过程、结果的控制及管理。
- 纵向一体化的指挥及协同能力:建立以煤机生产为核心的生产体系,最大程度地强化煤、煤机、矿建、贸易物流的一体化协同和产业链各环节的执行力,保证集团业务目标的实现和对市场变化的控制力。
- 集约化管理和共享服务能力:通过对人、财、物的集约化管理,强化集团对下属企业的管控力度。通过共享专业化服务,如集中财务核算、集中战略采购、信息技术等,提高服务效率、服务质量,降低服务成本。

金鼎公司在煤机制造业中得以成长和发展的最大竞争优势在于煤与煤机联动,同时配套矿井建设、煤炭装备试验基地和贸易物流的业务模式。为保证联动模式的市场竞争力,在进行金鼎公司的组织结构设计时必须考虑以下因素:

- 强化公司战略对业务发展的指导性。由于金鼎多业态、多产权结构的特征,金鼎公司能否把握和控制业务发展战略的制定和调整,将直接影响到金鼎公司未来发展的成败。
- 强化公司投资方向的控制和风险管理能力。对投资方向的把控和投资效益的管理是金鼎公司实现业务发展战略的核心手段之一。
- 强化公司对关键业务环节的指挥能力以及强化关键业务环节的执行力。基于金鼎公司各板块联动的业务模式特征,一个强有力的业务运营指挥体系和与之相匹配的高效执行能力的建立是金鼎得以健康发展的基本前提。
- 强化各关键业务部门之间的协同能力。对于金鼎这样一个以煤机制造为龙头,上下游价值链紧密耦合的一体化运营的业务模式,各业务单元的紧密协同和信息共享是提高企业运营绩效的关键。
- 提高对业务运营过程和状态的监控能力。由于金鼎公司承担着业务经营的最终结果,包括盈利和亏损的风险,所以,公司对业务经营过程的监控能力是保障业务健康发展的重要能力之一。
- 提高业务运营效率,提升业务一体化水平。金鼎最具特色的业务发展战略之一是煤机制造服务一体化活动。提高各业务单元的业务运营效率和资源共享水平是实现服务一体化的基础。

金鼎公司的总体管控涵盖六大领域:公司中长期战略、业务年度计划、投资决策与管理、业务运营与管理、全面工序管理与绩效管理和集约化管理及共享服务。如图6-14所示。这六者之间是相互关联的:金鼎公司(就是下属各分子公司的母公司)负责制定规划企业整体的中长期战略,首先要建立战略管理能力,清晰界定其业务组合和范围,明确企业的发展方向;通过制定长期规划、滚动规划并进行有效的战略管控来确保公司目标的实现。一方面,这些中长期战略和业务战略是形成公司投资决策依据,公司通过有效的投资决策与管理、进行有效的投资,支撑起各产业战略目标的实现;另一方面,以中长期战略为依据形成各产业具体的年度计划,掌握各产业的年度计划,并进行必要的平衡与协调,保证产、运、销的无缝对接。业务年度计划是母公司监督管理业务运营与管理的基础,年度计划分解成为业务运营生产的具体月度计划,母公司控制计划完成的差异点,及时控制执行差异。为了保证各业务的正常顺利运营,母公司需要在一些职能上,通过集约化管理和共享服务,如物资采购、财务、人力资源管理、信息建设与管理等。战略、投资、运营目标的实现,母公司必须通过绩效管理来监控。根据业务目标形成绩效目标,过程中定期监控,及时纠偏;全面工序管理和绩效管理同样要应用于集约化管理和共享服务,不断提升职能管理的运作效率与能力水平。

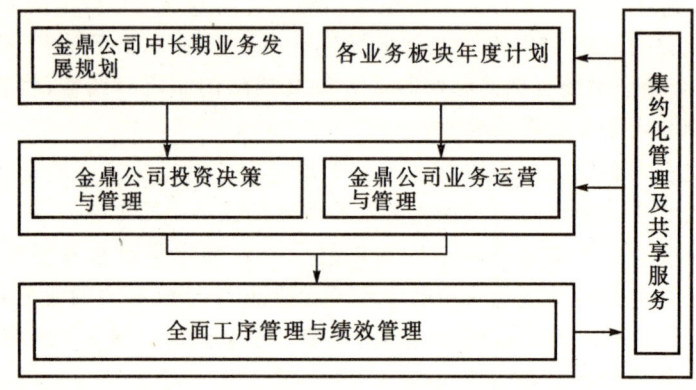

图 6-14 金鼎公司管控设计及组织结构优化的框架

2. 母公司对分子公司的分类管理

母公司对下属的分子公司依照核心企业、骨干企业、配套企业,按照战略管控、财务管控、操作管控进行分类管理。如图 6-15 所示。

金鼎公司对其分公司支架公司、皮带机公司、三机公司实现了完全控制,在资产管理上采取相对集权管理,计划外实现审批制、计划内自行控制;在人事安排上对分公司高层管理人员实行委派制,并对其实行年度考核;在战略上采取相对集权管理一律实行审批制;在财务控制上实行相对集权管理,计划外实行审批制、计划内自行控制;负责对子公司进行全面审计。

金鼎公司对其控股子公司参与决策公司的经营方针和投资计划;在人事上有权利派驻自己的代表担任高层管理人员。审议批准公司的年度财务预算方案、决算方案;审议批准公司的利润分配方案和弥补亏损的方案;对公司合并、分立、变更公司形式,解散和清算等事做出决定。

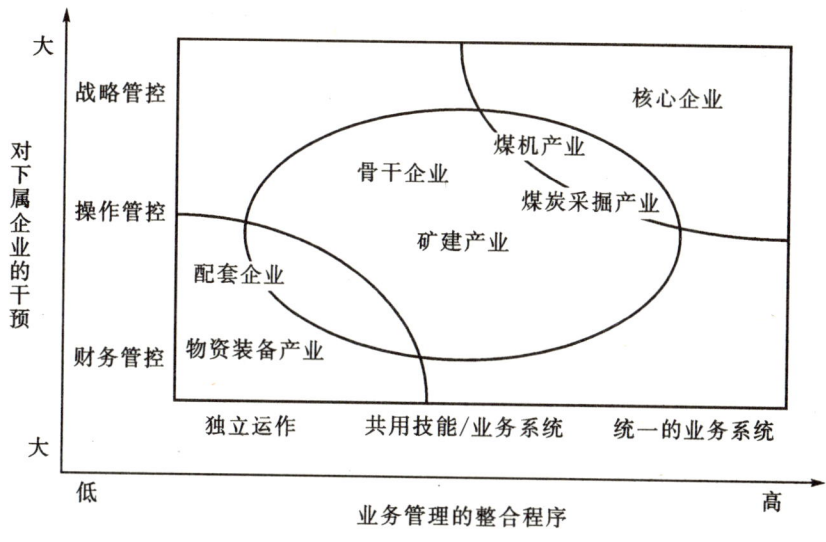

图 6-15　金鼎公司分子公司管控结构示意图

6.3.4　组织优化对金鼎发展的作用

通过对原有组织机构的调整、优化、补充,对煤机资产、资源、资本、组织结构、体制机制全方位战略重组,公司制改革、专业化生产、集团化运作取得总体推进。

一是实现了"工厂制"向"公司制"的根本性转变,优化了经济结构,增强了经济活力。从原有七个煤机检修车间到现在近三十个分子公司,业务单位的扩充支持了金鼎各项业务的展开。同时通过对各分子公司主营业务的合理调整和指导,每个业务单位根据具体情况、历史沿革、地理位置等情况,既有相通的业务内容,又有各具特色的煤机产品和检修服务。

二是实现了煤机产业由单一检修向多链产业发展的根本性转变。通过转制、兼并、托管、收购等多种方式,金鼎公司构建了产权多元、功能完善的组织体系。并通过产业链的扩展,实现了集团化的扩张。

三是实现了从专业化向集团化的扩张,构建起了集研发——制造——试验为一体的煤机技术创新产业链和产品开发设计、生产制造、配送分销、销售服务的一体化竞争链条。在实现一体化竞争链条的过程中,金鼎设立了研究院等部门,将研发设计活动进行了归口管理,有助于提升金鼎整体的研发能力。

四是实现了管理体系和管理机制的完善。通过不断地调整,职能部门建立了符合自身实际的全面预算管理制度、人力资源管理制度、安全管理制度、工序管理制度,充分发挥行政部门的作用。全面预算管理制度将公司每年的经营活动置于可控制的范围之类,但又不失灵活性,能够支持金鼎业务的快速拓展。人力资源制度和工序管理制度打破了原先"干好干坏一个样"的情况,提倡多劳多得,鼓励创新,在生产部门极大的提高了员工的积极性,转变员工工作态度,由"不想干"变成"抢着干"。严格的安全管理制度保障了金鼎的生产制造安全。

6.4 全面工序管理

6.4.1 全面工序管理的起源

全面工序管理是在前人的研究基础上,随着管理学思想的诞生而产生发展的。早在管理学理论产生和发展之时,已埋下了工序管理思想的种子。从广义的角度而言,自从有了组织就有了活动,就有了活动的安排设计,也就有了工序流程及对工序流程的管理。综观工序管理的发展史,到目前为止,工序管理的思想经历了四个基本的发展阶段。一是工序管理的萌芽发展时期,科学管理时期泰勒的作业程序化、甘特图表示的进度控制方法、福特的流水线生产模式等等,都是其最初的体现;二是工序管理的产生发展阶段,以20世纪60年代产生的质量管理运动和业务过程的自动化设计为代表,主张对组织的运营过程进行精确控制,提升管理效率;三是工序管理的全面发展阶段。以上世纪50年代的精益生产为代表,强调生产要素的用量控制及有效利用,同时还关注经营活动的良好经济效益。在这一阶段,工序管理的运用开始逐步突破在日常生产制造中的应用而尝试扩展到新产品开发、设施配套协作等经营管理方面。四是工序管理的新发展阶段。20世纪末,管理思想和方法进入百花齐放的阶段,工序管理广泛的吸收各种管理方法的优点并进一步的深化,同时将其方法具体化,以指导公司内部各个工厂、子公司顺利地推行工序管理方式。并且将每一工具实施过程分解为一系列的图表,员工只需要按照图表的要求一步步实施下去即可,并且每一工具对应有一套标准以评价实施情况,也可用于母公司对子公司的评估。

未来,工序管理思想将跨出它的诞生地——制造业,作为一种普遍的管理哲学在各个行业传播和应用,使工序管理系统更加完善。

6.4.2 全面工序管理的基本理论

1. 工序的定义

工序是指一个(或一组)工人在一个工作地(如一台机床)对一个(或若干个)劳动对象连续完成的各项生产活动的总和。它是组成生产过程的最小单元。若干个工序组成工艺阶段。例如:一个工人在一台车床上完成车外圆、端面、空刀槽、螺纹、切断等具体的阶段。至于同一工序的操作者、工作地和劳动对象是固定不变的,如果有一个要素发生变化,就构成另一道新工序。例如在同一台车床上,由一工人完成某零件的粗车和精车加工,称为一道工序;如果这个零件在一台车床上完成粗车,而在另一台车床上精车,就构成两道工序。合理划分工序,有利于合理建立劳动生产组织,加强劳动分工与协作,制定劳动定额,并合理考核工人的劳动绩效。

2. 工序管理的定义

工序管理有狭义与广义两种概念(如图6-16所示)。狭义的工序管理指运用统筹方法,对某一工作流程的具体过程进行控制,缩短整个流程的用工时间、降低成本、提高效率的过程。广义的工序管理,即全面工序管理,是指企业生产过程中的全面质量管理,是集岗位责任制、安全责任制、质量责任制、经济责任制等多种制度为一体的科学管理模式。换句话说,它不仅仅包含狭义的工序管理概念,还突出了安全管理、质量管理、绩效管理等多种管理方式,并巧妙的将其融为一体,对企业内部运营过程进行控制,进而提升企业效率。本书中的工序管理均指广义的工序管理。

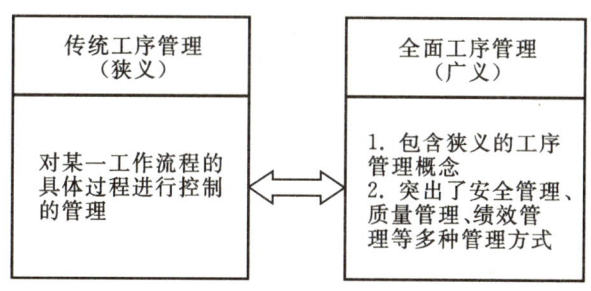

图6-16 传统工序管理与全面工序管理比较

工序管理按其功能可以划分为业务部门工序管理与管理职能部门工序管理两大类别。其中,业务部门工序管理是指对面向顾客直接产生价值增值的工序流程进行管理;管理职能部门工序管理是指针对控制风险、降低成本、提高服务质量、提高工作效率、提高对市场的反应速度,最终提高顾客满意度和企业市场竞争能力,并达到利润最大化和提高经营效益的工序流程进行管理。

3. 全面工序管理涉及到的管理理念

全面工序管理是一个全面化的管理模式。全面化是指工序管理集多种管理方式为一体,并且该思想和作风要贯彻到整个企业的所有管理活动中。它所涵盖的管理方式主要包括工艺管理、质量管理、安全管理、绩效管理和成本管理五个方面,见图6-17所示。

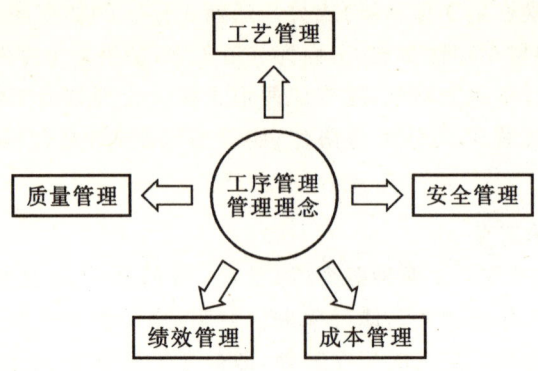

图 6-17 工序管理所涉及管理理念

　　工艺管理是对产品加工及处理的方法和过程进行管理,是工序管理中技术管理的组成部分,是技术管理的核心。安全管理是工序管理的重要组成部分,是一种动态管理,其对象包括生产中一切人、物、环境的状态管理与控制。生产质量管理指从原料投入到产品完成入库的整个生产制造过程中所进行的质量管理,质量管理的内容主要包括四个方面:质量缺陷的预防(即预防产生质量缺陷和防止质量缺陷的重复出现)、质量的保持、质量的改进和质量的评定。绩效管理是指各级管理者和员工为了达到组织目标共同参与的绩效计划制定、绩效辅导沟通、绩效考核评价、绩效结果应用、绩效目标提升的持续循环过程。工序管理中采取的考核办法特点在于将劳动报酬与安全质量、劳动成果直接、紧密地联系在一起,能够直接、准确地反映出劳动者实际付出的劳动量及劳动质量,使不同劳动者之间以及同一劳动者在不同时间上的劳动差别在劳动报酬上得到合理反映。工序管理中所蕴含的成本管理体系就是:以成本管理的科学性为依据,建立由全员参与、包含管理全过程的、全面的成本管理体系,并汇集全员智慧,发挥全员主动性,让各部门全体员工自主改善不断降低成本,使经营层与各部门员工具有降低成本的一致性,谋求在最低成本状态下,进行生产管理与组织运作。

6.4.3　全面工序管理生产体系

1. 全面工序管理的基本思想

　　全面工序管理是一项系统的工程,它不仅仅是一种管理方法,更是一种文化、一种理念。企业工序管理是企业为适应集约化、规模化及安全化的生产方式,建立目标细分、标准细分、任务细分、流程细分,实施精确计划、精确决策、精确控制、精确考核的一种科学管理模式。这种管理模式要求在生产、经营及安全上实现"精谋细划",合理配置资源,科学安排生产,提高质量,降低损耗,实现安全生产;要求在经营上实现"精打细算",眼睛盯着市场,从市场需要出发,组织生产经营,降低营销成本,追求效益最大化;这种管理模式还要求在管理上"精雕细琢",充分调动人的积极因素,运用现代管理手段和方法,把预算管理、成本管理、质量管理、技术管理、设备管理、安全管理等抓细抓实;这种管理模式也要求技术上"精益求精",强化科学技术是第一生产力的观念,重视科技创新和技术改造,大力推广新技术、新工艺、新材料、新设备,加大科技投入,加快科技成果向现实生产力转化的步伐,增强企业发展后劲。

全面工序管理的思想是以分析、规划为基础,以实现过程控制为目的,以量化考核为手段,进而保证安全生产,提高生产质量,并提升过程价值及员工积极性。具体来说,一方面,为确保生产过程处于受控状态,对直接或间接影响产品质量的生产、安装和服务过程所采取的作业技术和生产过程,其采用精细化管理的理念进行生产过程控制,目的在于在工序开始产生有缺陷的产品之前,尽早给操作人员提供必要的时间采取纠正措施;另一方面,通过将劳动报酬与操作过程,劳动成果最直接、最紧密地联系在一起,能够直接、准确地反映出劳动者实际付出的劳动量,使不同劳动者之间以及同一劳动者在不同时间上的劳动差别在劳动报酬上得到合理反映,从而更好地体现按劳分配原则。

简而言之,全面工序管理意味着:精确定位,精益求精,细化工序,量化考核。"精确定位"是指对每个单位、部门和岗位的职能职责都要规范清晰、有机衔接;"精益求精"是要求对待工作标准高、要求严,做到尽善尽美;"细化工序"是指基于工作流程将工作分解为工序,工序分解为操作,甚至分解为动作,并实现分解任务,指标落实到人;"量化考核"是指考核时,将考核与具体的操作标准相结合,做到定量细化并准确,考核及时,奖惩兑现。

2. 全面工序管理的特点

全面工序管理综合了大量管理方法的优点,力求在大量生产中实现多品种和高质量产品的低成本、高效率生产。因此,工序管理具有如下的特点:

- 工序管理包含了精细化的操作、精细化的控制、精细化的核算、精细化的分析、精细化的规划等内容,强调过程控制。精细化的规划是容易被管理者忽视的一个问题,但精细化规划是推动企业发展的一个至关重要的关键点。
- 工序管理蕴含着全面质量管理思想:工序管理强调质量是生产出来而非检验出来的,由过程质量管理来保证最终质量。生产过程中对质量的检验与控制在每一道工序都进行,通过培养每位员工的质量意识,保证及时发现质量问题。在生产过程中如果发现质量问题,根据情况,可以立即停止生产,直至解决问题,从而保证不出现对不合格品的无效加工。对于出现的质量问题,一般是组织相关的技术与生产人员作为一个小组,一起协作,尽快解决。

● 工序管理以简化为手段,进而去除生产中一切不增值的工作:工序管理把生产中的无效劳动和过剩劳动都视为浪费。为杜绝这些浪费,它要求毫不留情地撤掉不直接为产品增值的环节和工作岗位。在产品的生产和供应中严格实行准时生产制,做到按需要的时间和需要的数量,向需要的部门或岗位提供所需要的物料,即不设中间库存的,完全由需求驱动的拉动式生产方式。

● 工序管理强调人的作用,充分发挥人的潜力:工序管理把工作任务和责任最大限度地转移到直接为产品增值的工人身上。并且,工作任务按照工序分配到工作小组,由工序小组内的工人按照工种协作承担。一方面,通过将劳动报酬与工作成果、工作质量相结合,充分挖掘了员工的潜能并调动了员工的积极性;另一方面,小组协同工作使工人工作的范围扩大,激发了工人对工作的兴趣和创新精神,更有利于工序管理的推行。

■ 工序管理不是机械化的管理方式,它能够提高生产系统的柔性:虽然工序管理通过将生产流程中的操作与管理更为标准化、专业化,但并不意味着机械化。工序管理是一种柔性的管理方式。一方面,工序管理可提高企业对用户需求变化的响应速度以及生产系统适应市场变化的能力;另一方面,工序管理并不追求制造设备的高度自动化和现代化,而强调对现有设备的改造和根据实际需要采用先进技术,按此原则来提高设备的效率和柔性,以避免技术和资金的浪费。

■ 工序管理模式强调不断改进的管理思想,并以尽善尽美为最终目标:工序管理把"尽善尽美"作为努力不懈追求的目标,即持续不断地改进关键标准的制定,控制生产过程,消除废品,降低库存,降低成本并提高产品和服务质量。以简化为手段、发挥人的作用等工序管理中蕴含的理念和实施的措施,都是达到尽善尽美状态的人员和组织管理的保证。尽善尽美是永无止境的,这就要求企业永远致力于改进和不断进步。

3. 全面工序管理的内容体系

全面工序管理主要由工序内容、操作标准、安全质量标准、定额标准、考核标准五部分构成,即所谓的工序管理"五标准"。具体来说,工序管理是解决干什么、怎么干、干到什么程度、如何考核等一系列的问题,见图6-18。

■ 工序内容:工序内容是全面工序管理实施的基础,进行全面工序管理,首先要确定全面工序管理的对象,因此就需要研究工序内容。确定工序内容就

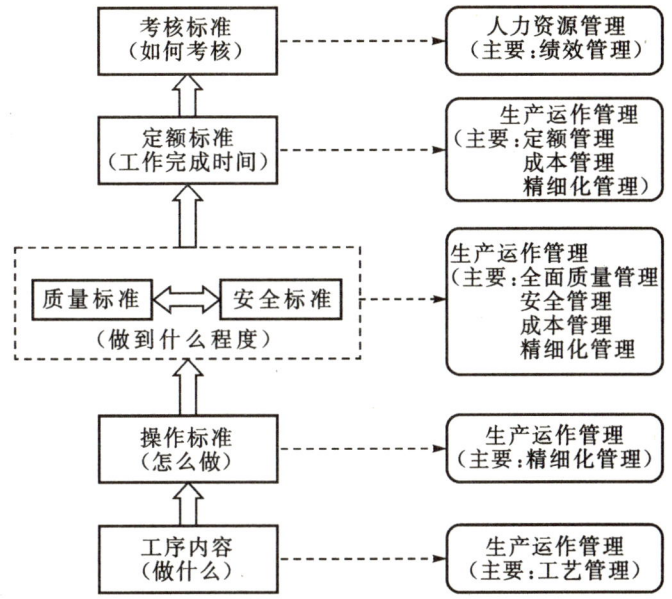

图 6-18　全面工序管理的内容体系

是进行工序内容分析、工序分解的过程。

- 操作标准：全面工序管理中所包含的操作标准主要指为保证本部门的生产、工作能够安全、稳定、有效运转而制定的，相关人员在操作设备或办理业务时必须遵循的程序或步骤。操作标准在告知员工遵守什么规范，执行什么程序的同时，主要对安全标准进行了明确规定。安全标准包含针对人的不安全行为、物的不安全状态、环境因素、管理因素等四方面的标准，每一方面分为基础类、管理类和技术类三类标准。

- 安全质量标准：工序质量是指工序的成果符合设计、工艺要求的程度。工序质量控制作为一项独立事物，工序质量控制过程具有鲜明的重复特征属性的表现，可以用统一、简化的原则把它进行系列化、通用化、程序化、规范化，从而达到提高经济效益的目的。

- 定额标准：定额标准是指一个训练有素的人员用预先设定好的方法，用其正常的努力程度和正常的技能完成一定工序所需的时间。制定定额标准的关键是定义"正常"的工作速度。通过确定定额标准可制定生产运作能力计划。生产进度计划的制定也需要有较精确的标准作业时间为基础。再者，通过制定定额标准，可进行作业排序和任务分配。根据不同工序完成不同工作所需的标准时间，合理安排每台设备每个人的每天工作任务，以防止忙闲不均、设备闲置、人员闲暇等现象，有效地利用资源。另外，定额标准不仅可以作为一种考核手段的基准，还可作为一种激励手段，以此判断员工业绩的好坏和应得到的奖励。
- 考核标准：全面工序管理中的考核标准是考评者通过测量或通过与被考评者约定所得到的衡量工序中各项考评指标得分的基准，包括对操作标准执行情况的过程考核以及对结果的考核。考核标准通常由标准的强度、频率和标度组成。

6.4.4 推行工序管理的四个阶段

在公司内推行工序管理一般需经过以下四个阶段：
- 领导部署、统一思想。单位一把手要组织相关员工进行研究讨论部署，召开相关会议，贯彻学习相关文件，统一职工思想，做到意识先行，行动统一。
- 全员发动、专人负责。在统一职工思想的基础上，相关技术、安全等主管人员牵头，各岗位人员配合，全体员工参与编制工序管理制度，并明确责任，做到分工明确，互相协作，确保初稿的完成。
- 集思广益、保证质量。工序管理初稿出台后，要多次组织干部和岗位员工，逐条逐句研究讨论其正确性、合理性、严肃性和指导性，确保工序管理制度的正确性和适用性。
- 掌握标准、正确行动。工序管理制度编制完成后，要不断进行完善，并且要下发到职工手里，组织职工学习，并要求在学习的过程中边学、边用、边发现问题、边完善，以利于今后的进一步改进。

6.4.5 全面工序管理对金鼎发展的作用

全面工序管理的内涵在于细化工序、明确标准、权责对等、奖惩明晰。金鼎推行全面工序管理，不仅是在推行一项管理制度，而且是在推行一种意识、一种理念、一种安全做事、劳酬对等的态度。

全面工序管理能够促使金鼎的成功，主要的原因在于以下几点：

1. 管理机制体制上实施"两权分离"：指挥权与分配权的分离，使得长期以来，班组长过于集中的权力适时弱化，验收员验收和监督的作用达到较好的发挥，班组长也从矛盾的焦点中解脱出来，把精力用在各项工作计划、生产组织、作业人员调整及隐患和问题的处理上。正如一场足球比赛，当正式比赛开始后，教练员的作用是：集中精力去布阵，根据比赛情况调整更换队员及其阵法，而裁判员是与两支队伍无关的外聘的中介人员，他依照比赛规则和标准进行裁决，他是公平公正公开的化身。因此，裁判员必须具备较高的业务素质、懂规则、严格执法等的基本条件。

两权的分离,平衡了权力关系,使得工作更加顺畅,工效大大提高。

2. 管理方式上"以制度说话,用制度管人":化解了人与人之间的矛盾,制度面前的人人平等,也激发了员工干事的激情,充分调动了员工劳动的积极性和创造性,工作中经常出现小改小革、工艺创新,加速了企业良性发展,增强了企业的生命力。

3. 管理方法的标准化、程序化、规范化:使每个岗位员工都清楚自己的岗位工作是什么,自己的工作应该怎么干、干到什么程度、得到多少报酬。同时将正负激励融入到了工序中,处处告诫员工应该怎么做,怎样做更安全更有时效。

4. 工序管理体现了人本管理:工序管理确立了员工的主人翁的地位,实现了全员的自主管理,使得员工与企业命运息息相关,最大限度地发挥了员工的主观能动作用。这是企业管理中的伟大创新。

全面工序管理契合了煤炭采掘和煤机制造业的实际,是保证金鼎实现安全管理的基石。金鼎主要的生产经营活动面临着作业环境复杂、安全威胁较多的情况,只有通过合理定位、细分作业、规范运作,推进全面工序管理才能实现安全有效的生产与管理。

全面工序管理的推进,使公司生产管理实现了长治久安。全面工序管理适应了现代企业管理的需要,转变了传统的粗放式管理模式。全面工序管理的实施,严格了操作规范、质量标准和奖惩标准,能够将各项要求渗透到生产流程的每一个工序,使得各个岗位的员工按照各自标准操作,减少了操作的投机性和随意性,避免了大意和随意造成的诸多安全隐患。另一方面,"隐患出于细微",特别是煤炭及相关产业,每一丝细微之处,都可能构成较大的安全威胁,而全面工序管理则是通过对每个细小工序的管理,及时查堵漏洞、及时解决问题,大到一条巷道,小到一颗螺丝,都是根据标准要求,进行严格管理,从而把安全隐患消灭在萌芽状态。

推行全面工序管理,实现了高产、高效目标。推行全面工序管理是从全局的角度出发,按照系统优化的总体思路,控制了现场生产的每一道工序,为每一道工序制定标准,并使每一道工序结果符合规定标准。根据生产过程对产品质量、工程质量和安全质量的要求,采取科学、有效的手段,对生产过程中影响工序质量的人员、机器、材料、方法、环境等因素进行控制,通过对工序的研究,理顺了生产过程中的关系,减少或取消多余的操作和动作,形成科学、规范、顺畅的生产流程,进而减少生产环节,提高工作效率。全面工序管理对于推进生产活动的高产、高效,提高企业效率具有重要的意义。

第七章 "鼎"之四维、三才与五行循环

7.1 领导指挥与控制系统

7.1.1 垂直指挥系统

管理的基本原理就是通过别人完成任务,这也是一门艺术。怎样通过别人完成任务,最直接的办法就是指挥。一个企业要想真正完成投资者交付的任务,必须建立一个令行禁止的高效垂直指挥系统。指挥系统的依据就是组织结构图。它就像一棵树,命令会沿着庞大的根系传达到每一个叶片甚至每一个细胞。垂直指挥系统就是企业经营中非常重要的一个管理系统,是指按照公司组织结构图的路径,实现公司信息上传下达,保障政令畅通的一种管理体系。公司发展决策、高层工作思路快速贯彻到基层;公司经营结果、基层工作效果迅速反馈给高层都需要垂直指挥系统的支撑与完善。

垂直指挥系统的三个原则是:服从的原则;一个上级的原则;逐级的原则。如图7-1所示。在企业管理中,没有服从就没有指挥,没有指挥就没有管理,因此,服从上级的命令和管理是下级必须具备的基本素质,上级命令的对与错靠上级的上级去判断,或者用工作结果来验证,不能用下级的标准去判断上级命令的正误,因为在公司层级管理中,下级永远比上级人数多,如果下级习惯于用自己的标准判断上级的对错,那么,上级可能就没有一个大家都认可的命令,从另一个角度讲,上下级之间信息的不对称,也会让下级判断上级命令对错时出现较大的偏颇。但下级可以在执行命令的过程中提出反馈意见。

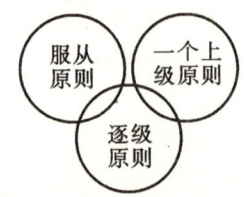

图7-1 垂直指挥系统三个原则

在一个系统内,一个岗位只能有一个上级,一个上级能比较方便地把握下级的工作量及工作状态。如果是多头领导,上级很难全面掌控下级的工作量,容易给下级造成忙闲不均。上级是天,下级的工作平台需要上级来提供,下级的发展通道需要上级来规划,下级的精神状态需要上级来激励等等;上级的工作任务需要下级来完成,上级的工作成就需要下级来实现,上级的威信需要下级来维护。上下级之间永远是企业经营中不可拆开的环节。

管理是通过别人完成工作的艺术,不通过别人完成工作不是管理,通过别人完不成工作也不是管理,管理者需要发挥各级人员的工作积极性与主动性,通过逐级管理实现团队目标。越级管理会打击中间层面员工的工作积极性,在企业应该予以限制。上级对下级只能越级检查,不能越级管理;下级对上级只能越级申诉,不能越级上报。

垂直指挥系统具备以上三个特点的同时也对员工有所要求。员工具备垂直指挥系统的意识和技能、技巧,对于建立一支快速反应、执行力强的团队非常重要。同时垂直指挥系统也是员工良好职业素养的重要组成部分,在平时工作中具备意识、工作实践、养成习惯、形成上通下达良好的工作团队,对于企业的发展非常重要。

7.1.2 横向联络系统

横向联络系统顾名思义,它表述的是部门和部门之间,岗位和岗位之间的运作规律。横向联络系统的最主要特点是跨部门协作。在企业中,任何事情往往都不能只由一个部门或一个岗位来完成。横向联络系统是解决部门与部门之间的联络工作的,那么部门之间在工作中如何更好地实现联络和协调呢?如图7-2所示运作原理,可以帮助协调部门之间的联络工作。

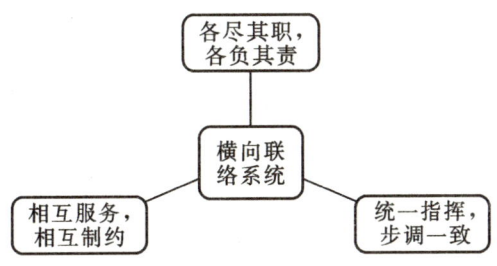

图7-2 横向联络系统的运作原理

首先,各尽其职,各负其责。交通规则的基本原理是"各行其道";管理的基本原理是"各负其责"。不能想象一个内部管理混乱、效率不高甚至有失职现象的部门还能很好地为其它部门提供服务工作。因此,各部门只有在完成好本部门的工作的前提下,才能使横向联络系统发挥作用。

其次,相互服务,相互制约。一方面,部门之间需要相互服务,部门之间提供的服务,应与业务部门对外的服务同等标准。另一方面,部门之间需要相互制约,部门之间的相互制约作用能保证企业的整体利益。总之,企业各部门之间要真正做到互相服务、互相制约,那么工作质量就能得以提高。

最后,统一指挥,步调一致。不同部门职能不同,但都要在企业管理的统一指挥下才能步调一致。例如,总经理需要组织一次临时的人员培训,就要由人事部门和用人部门、培训部三方配合,但由于是临时组织的,可能打乱各方的工作计划,这就需要在总经理的统一指挥下,各部门互相配合,步调保持一致,高效完成任务。

7.1.3 金鼎公司的管控系统

金鼎公司的管控系统具有非常鲜明的特色,正是垂直指挥系统和横向联络系统的典型应用。同时,又以金鼎实际为依据走出了自己的特色,形成了金鼎特色的管控系统。见图7-3。

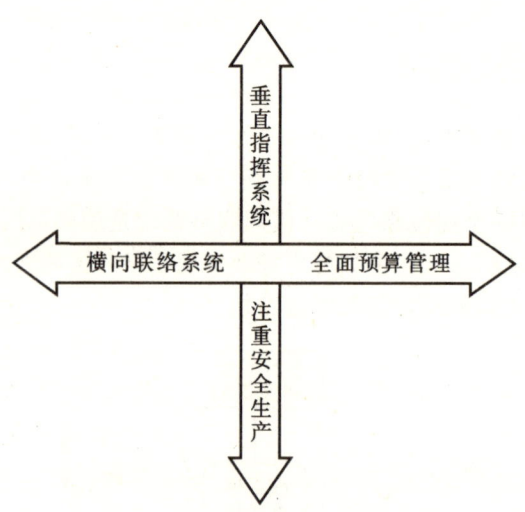

图7-3 金鼎公司的管控系统

垂直指挥系统上,金鼎公司利用自身煤机注重安全生产的特点,通过预算控制体系以及子集团管控体系,形成了控制到位,发现问题随时解决的特色。在一线工地,工作做到每天安全检查汇报,工作安全随时随地监控,责任到人,执行力强,有情况也能及时反映。因为煤机制造的企业,生产安全是重中之重,所以企业强化

"安全高于一切,一切服从安全"的理念。在这种安全观念的指导下,企业于行动上运用各种措施加以保障。通过加强监督检查,强化质量标准化工作,提高标准化管理水平,强化责任,加强考核,提高现场执行力,将安全生产落实到实处。金鼎公司运用全面预算管理,使得公司各部门工作得以协调,形成一个整体,管理效率大大提升。全面预算管理是提升管理水平、提高经济效益的有效手段。深化全面预算管理就是要求管理、控制和规划必须从经营结果扩大到经营过程,并延伸到运营质量。不仅要加强财务预算,而且要加强业务预算;不仅要加强节流、节支、降耗,更要努力开源、创收、增效。

横向联络系统上,金鼎公司实现了专业化分工,煤与煤机的联动发展,形成价值链上下游合作与相互支撑的格局。在金鼎公司层,战略管理体系、财务预算管控体系、大安全管理体系三大管理体系各司其职,完成对公司的调控,带动四大业务板块联动发展。在分子公司层,四大板块相互影响、相互促进,共同推动金鼎的发展。金鼎公司层对分子公司层领导指挥的同时,分子公司层也对金鼎公司层进行反馈,达到信息及时反馈、迅速调整的目的。这两个层面是相辅相成不可分割的,都是金鼎公司管理体系中有机组成的一部分。

可以说,正是纵向的垂直命令链体系,保证了公司的预算合理有效以及子集团管控的高效率与信息的有效及时反馈;正是横向的专业化分工,使得公司四大产业联动发展,相互影响、相互促进,形成了金鼎独有的特色和示范效应。

7.2 品牌塑造与市场营销系统

7.2.1 品牌塑造

对品牌的界定有很多种,至今理论界还没有一个统一的说法。此处我们引用美国市场营销协会(AMA)给品牌下的定义——品牌是一种名称、术语、标记或设计,或者是它们的组合运用,其目的是借以辨认某个销售者或某群销售者的产品或服务,并使之同竞争对手的产品和服务区别开来。上述定义说明品牌是一个复合概念,它由品牌的外部标记(包括名称、术语、图案等)、品牌识别、品牌联想、品牌形象等内容构成。通俗地讲,品牌是广大消费者对一个企业及其产品,过硬的产品质量、完善的售后服务、良好的产品形象、美好的文化价值、优秀的管理结果等所形成的一种评价和认知,是企业经营和管理者投入巨大的人力、物力,甚至几代人长期辛勤耕耘建立起来的与消费者之间的一种信任关系。质量是品牌的本质基础,也是品牌的生命;服务是品牌的重要支撑,是商品不可分割的一部分,是市场竞争的焦点;形象是品牌在市场上、消费者心中所表现出的个性特征,体现消费者对品牌的评价与认知;文化价值是品牌的内涵,是社会物质形态和精神形态的统一,是现代社会的消费心理和文化价值取向的结合。

品牌塑造(Brand Construction)是指品牌拥有者对品牌进行的设计、宣传、维护的行为和努力。品牌建设的利益表达者和主要组织者是品牌拥有者(品牌母体)，但参与者包括了品牌的所有接触点，包括用户、渠道、合作伙伴、媒体、甚至竞争品牌。品牌建设包括的内容有品牌资产建设、信息化建设、渠道建设、客户拓展、媒介管理、品牌搜索力管理、市场活动管理、口碑管理、品牌虚拟体验管理。品牌塑造是一个长期系统的工程，品牌知名度、美誉度和忠诚度是品牌塑造的核心内容。广告等手段虽然可以在一定程度上提升品牌的价值和认知，但在长期来看，品牌塑造的本质依然是靠产品质量和售后服务质量的提升等活动来实现的。

农业经济时代竞争的是土地，工业经济时代竞争的是机器，而当今信息或网络经济时代竞争的则是品牌。"未来的营销是品牌的战争和品牌的竞争。商界与投资者将认清品牌才是企业最宝贵的资产。拥有市场比拥有工厂更为重要，而拥有市场的唯一办法是拥有占统治地位的品牌"。

品牌如此重要，如何塑造一个好的品牌？需要从以下五个关键点入手：

(1)高品质：质量直接关系到企业的成败。产品的高质量是竞争者手中的王牌，同时也是竞争对手较难模仿的竞争利器，因为它凭借企业整体系统管理能力来保障的，它比任何形式的促销手段更能让顾客信服。从另一个的角度来说，由于高品质，它不但为消费者带来品牌价值，而且能带来较大的使用价值。

(2)别具一格：每个知名品牌都是高质量的代名词，但也有各自的独特性。它们各自的社会资源及特独的成长经历都能转化为自身企业的秘密武器或企业的核心竞争力。

(3)领先策略：一个品牌要立足于市场，必须有"绝活"。永远保持某个领域的领先地位，是许多知名品牌成名的法宝。这方面可以分为两类形态：一是靠先行者之利的"百年老店"，代表企业如可口可乐等，有其深厚的文化底蕴，品牌价值高居全球榜首，是生命周期长、辐射范围广的品牌。二是与时俱进，引领时代潮流、闪电般兴起的高科技新秀。其特点是超强的把握市场能力和超强的技术研发能力。

(4)整体营销力：企业除了整体的综合竞争力之外，绝大部分时间比拼的是整体营销能力，也是一种最原始、最直接的竞争方式，并且是一个此消彼长的过程，而且永远是个"一箭双雕"的过程。营销做得好，既可增加企业市场份额、提升利润、增强企业的竞争力及抗风险能力，又可挤压竞争对手的市场生存空间、培养顾客的忠诚度、提升品牌知名度，企业才能争得更大的生存空间和发展机会。

(5)高雅文化：产品是有生命周期的，具有阶段性的局限，文化才是永恒的。无文化的产品可能会畅销一时，但绝不会风光无限，不少策划家将产品赋予其永恒文化内涵，才使得其品牌得以永久存在和生生不息。人们追求劳斯莱斯，不单只是为了解决出行方便的问题,更是为了显示身份与地位;孩子迷恋麦当劳、肯德基不单只是为了满足口味,而是同时在追寻那快乐和温馨的氛围。

7.2.2 市场营销

市场营销这个概念对人们并不陌生。因为我们每个人都是消费者,每天都不断地接受来自不同方向的广告及各种产品信息,作出购买行为。市场营销是研究引导商品和服务从生产者到达消费者和使用者所进行的一切企业活动。菲利蒲·科特勒(Philip Kotler)把市场营销(Marketing)定义为:营销是通过创造并同他人交换产品和价值,从而使个人和群体得以满足其需求和欲望的一种社会和管理过程。因此,企业进行市场营销的目的是投放产品满足消费者的需要,并取得相应回报。市场营销的这种定义推翻了传统的以公司需要和生产为导向的经营理念。科特勒认为,企业的任务是确认顾客的需求和欲望,决定最能满足其需求的目标市场,设计适当的产品、服务来满足市场的需求。因此,市场营销的核心思想是满足顾客需要最终达到顾客满意。所谓的销售、推销、促销只是营销概念的一部分。

市场营销的职能如下:

- 发现和了解消费者的需求:现代市场营销观念强调市场营销应以消费者为中心,企业也只有通过满足消费者的需求,才可能实现企业的目标,因此,发现和了解消费者的需求是市场营销的首要功能。
- 指导企业决策:企业决策正确与否是企业成败的关键,企业要求得生存和发展,最重要的活动之一就是做好经营决策。企业通过市场营销活动,分析外部环境的动向,了解消费者的需求和欲望,了解竞争者的现状和发展趋势,结合自身的资源条件,指导企业在产品、定价、分销、促销和服务等方面作出相应的、科学的决策。
- 开拓市场:企业市场营销活动的另一个功能就是通过对消费者现在需求和潜在需求的调查、了解与分析,充分把握和捕捉市场机会,积极开发产品,建立更多的分销渠道及采用更多的促销形式,开拓市场,增加销售,提高市场占有率。
- 满足消费者的需要:满足消费者的需求与欲望是企业市场营销的出发点和中心,也是市场营销的基本功能。企业通过市场营销活动,从消费者的需求出发,并根据不同目标市场的顾客需求,采取不同的市场营销策略,合理地组织企业的人力、财力、物力等资源,为消费者提供适销对路的产品,搞好销售后的各种服务,让消费者满意。
- 市场营销对于企业的作用是非常并且重要的。从微观角度看,市场营销是联结社会需求与企业的中间环节,是企业用来把消费者需求和市场机会变成有利可图的公司机会的一种行之有效的方法,亦是企业战胜竞争者、谋求发展的重要方法。通过市场营销,企业实现了企业价值,发现了消费者的需求,满足了消费者的需要,同时也开拓了市场,指导了企业的决策。市场营销是企业生产经营发展变化中不可缺少的一部分。

7.2.3 金鼎公司的品牌塑造与市场营销

金鼎公司成立之初就确定了走品牌战略、品牌塑造与升级的道路,长期坚持不懈。企业高层意识到品牌的重要性,意识到品牌是潜在的生产力,反映着一个企业的综合发展水平。尤其在市场经济条件下,品牌就是企业的身份证,是企业的无形资产,是一个企业的信用,是市场竞争的入场券。企业要谋取长远的发展,要做强做大,就必须树立品牌意识,努力创造自己的品牌。因此,企业高层确定并提出金鼎发展的路径之一就是坚持走品牌之路,以制造高端化、高质化、高新化的"三化"产品为前提,以优质服务为宗旨,以自主知识产权为核心,大力实施品牌战略。在这一方针的指导下,企业始终将品牌视为自己的生命,不断为"金鼎"品牌注入新的内涵。通过科技创新、质量为本、用户至上、利益共享、真诚服务几个方面的努力使得品牌形象得以充分彰显。推出新产品,满足了客户需求,塑造并且打亮了品牌,形成了煤机制造行业一道亮丽的风景线。在品牌战略的推行中,企业有耐心、有魄力,持续推进,并且持之以恒,以谋求品牌的进一步升级。

在实施"品牌战略"的同时,坚持走市场之路。按照"立足内部市场、开拓外部市场"的发展思路,强化市场运作。开展煤机市场调研,制定市场运作战略,扩大客户量。与大型煤炭企业建立战略合作联盟,构建经济共同体。扩大市场内涵,企业不仅是销售产品,更要注重销售品牌、技术、服务和文化,打出自己的特色,扩大市场占有率,逐步走出一条依托外部市场有效生存的产业发展之路。实现由"生产制造"为中心的传统模式,到"综合服务"为中心的、具有系统开发、系统设计、系统成套及系统服务能力的产业模式的扩展;由提供产品和售后服务,到从市场调研、产品研发、制造、销售、售后服务直到产品的报废、解体或回收的全过程的服务的扩展;由单机或成套设备安装工程承包,到工程总承包的"交钥匙工程"的扩展。

7.3 研发设计与生产系统

7.3.1 研发设计与生产

研发即研究与开发,是指各种研究机构、企业为获得科学技术(不包括人文、社会科学)新知识,创造性运用科学技术新知识,或实质性改进技术、产品和服务而持续进行的具有明确目标的系统活动。一般指产品、科技的研究和开发。研发活动是一种创新活动，需要创造性的工作。

按照定义，研究开发活动可理解为由科技研发与技术研发两大部分构成。

科技研发是指为获得科学技术的新知识、创造性地运用科学技术新知识、探索技术的重大改进而从事的有计划的调查、分析和实验活动。对科学原理、规律、理论的研究称为基础研究，而科学技术的应用性研究和开发称为应用研发。科技研发情况，例如，研发经费、研发人员数量、研发成果包括发表的论文、申请的专利等等，是衡量一个国家创新能力的重要指标。

技术研发是指为了实质性改进技术、产品和服务，将科研成果转化为质量可靠、成本可行、具有创新性的产品、材料、装置、工艺和服务的系统性活动。

生产就是指人类从事创造社会财富的活动和过程，包括物质财富、精神财富的创造。亦称社会生产。狭义的生产仅指创造物质财富的活动和过程。具体到金鼎公司，生产就是生产煤机产品、创造服务的过程。研发、生产、销售的关系如图7-4所示。

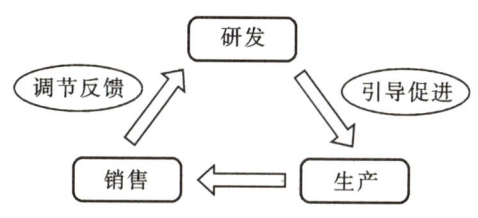

图7-4 研发生产销售关系图

研发的过程就是创新的过程，创新对于企业来讲是非常重要的。同时研发引导促进生产，为生产提供了新产品、好产品，而生产销售结果则为研发做好了调节反馈工作。研发工作做的好，企业才有可能取得更好的市场竞争优势，为企业未来发展打下基础。

7.3.2 金鼎公司的研发设计与生产

金鼎公司以创新为本，非常重视研发设计，鼓励自主创新，这是金鼎的特色之一。为了推进企业快速发展，企业决定由"生产经营型"向"技术创新型"转变。企业通过对优势、劣势、机会以及威胁等因素的分析，确定了科技发展战略，即"围绕一个目标，坚持二个并重，建设三个着力点，采用三项措施，经历四个阶段，达到四个效果"（如表7-1和图7-5所示）。

金鼎的研发设计与生产围绕的一个目标，即科技发展远景：创新型、开放式、综合性煤机制造一流研发基地。

表 7-1　金鼎的科技发展战略规划

一个目标	将企业研究院和技术中心建设成为创新型、开放式、综合性煤机制造业一流研发基地,把金鼎公司建设成中国煤机制造业技术领导者
二个并重	坚持应用研究和基础研究并重 坚持技术引进和自主创新并重
三个着力点	系统、完善、层次较高的硬件平台 运行流畅的内外部运行机制 配备合理、选拔科学的人才梯队结构
三项措施	重组组织体系 优化和创新运行机制 完善规章制度
四个阶段	整合、引进、吸收、创新
四个效果	完善的组织体系 合理的技术人员结构和水平 高效的技术中心运行机制 明确清晰的规章制度

图 7-5　研发人才结构图

坚持两个并重:坚持应用研究和基础研究并重;坚持技术引进和自主创新并重。

建设的三个着力点:

(1)系统、完善、层次较高的硬件平台。该平台源于生产、高于生产,其作用是充分挖掘集团内外部的科技研发资源、扩大对外交流及迅速提高集团的科技研发能力。

(2)运行流畅的内外部运行机制。通过对外合作与交流、资源获得、成果推广与转化、规划与决策、资源配置、项目管理及人员激励七大机制保障内部衔接紧密,外部交流广泛。

(3)配备合理、选拔科学的人才梯队结构。建设"两端在内,中端外放"的哑铃型人才结构。主要聘任两种人才,即战略型技术人才和应用型技术人才。战略型人才需谙熟行业背景,对行业技术发展方向嗅觉灵敏;应用型人才指能够紧密贴近生产一线、着力解决生产中的实际问题。基础研发和前端的研发所需的技术人才,采取技术外包、合作开发等各种方式开展。

采用三项措施:重组组织体系,优化和创新运行机制,完善规章制度。

经过四个阶段:整合、引进、吸收、创新。整合集团内外部的技术研发资源和集团研发的组织体制,完善相关制度;大力开展对外合作与交流,引进先进的技术生产设备和研发人才;吸收先进的技术研发理念和研发思路;提高自身的科技研发能力,最终达到集团科技能力的的跨越式发展。

达到四个效果:完善的组织体系、合理的技术人员结构和水平、高效的技术中心运行机制、明确清晰的规章制度,实现科技创新和可持续发展。

企业树立了"储备一代"、"预研一代"、"研制一代"、"生产一代"的研发设计理念,确保了企业在技术上领先,实现跨越式发展的战略分期技术路线,如图7-6。抓好以"产权、产品、产值、产业"为主要内容的"四产"工程,形成一批国内领先的、具有自主知识产权的产品,以自主知识产权为纽带,做大产值,形成产业。

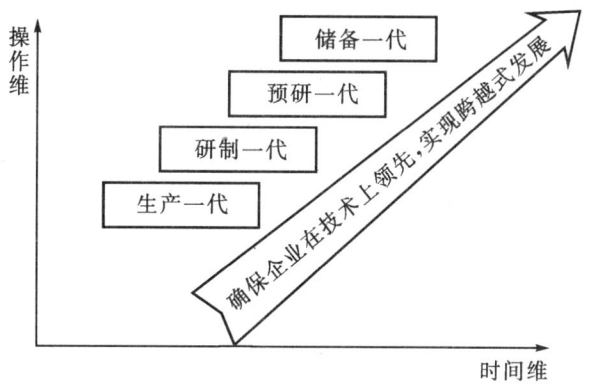

图7-6 金鼎科技发展战略的分期技术路线

7.4 人力资源管理系统

7.4.1 人力资源

现在唯一剩下的有竞争力的武器就是组织,因为那些传统的竞争要素,如成本、技术、分销、制造以及产品特性,或早或晚都能被复制,它们无法保证你就是赢家。在新经济中,胜利将来源于组织能力,包括速度、响应性、敏捷性、学习能力和员工素质。而人力资源管理的新使命就牵涉到卓越的组织能力的培养。现在普遍认为,人力资源(Human Resource,简称 HR)是指一定时期内组织中的人所拥有的能够被企业所用,且对价值创造起贡献作用的教育、能力、技能、经验、体力等的总称。

这个解释包括以下三个要点：
(1)人力资源的本质是人所具有的脑力和体力的总和,可以统称为劳动能力。
(2)这一能力要能够对财富的创造起贡献作用,成为社会财富的源泉。
(3)这一能力还要能够被组织所利用,这里的"组织"可以大到一个国家或地区,也可以小到一个企业或作坊。

在经济学上,把为了创造物质财富而投入于生产活动中的一切要素通称为资源,包括人力资源、物力资源、财力资源、信息资源、时间资源等,其中人力资源是一切资源中最宝贵的资源,是第一资源。当然,人力资源与其他资源一样也具有物质性、可用性、有限性。人力资源的物质性是指,有一定的人口,才有一定的人力;一定的人力资源必然表现为一定的人口数量。可用性是指,通过对体能、知识、能力、个性行为特征与倾向(如人格、价值观)的使用可以创造更大的价值;有限性是指,人力资源有质和量的限制,只能在一定的条件下形成,只能以一定的规模加以利用。

一般来说,人力资源包括数量和质量两个方面。人力资源的数量为具有劳动能力的人口数量,其质量指经济活动人口具有的体质、文化知识和劳动技能水平。一定数量的人力资源是社会生产的必要的先决条件。一般说来,充足的人力资源有利于生产的发展,但其数量要与物质资料的生产相适应,若超过物质资料的生产,不仅消耗了大量新增的产品,且多余的人力也无法就业,对社会经济的发展反而产生不利影响。在现代科学技术飞跃发展的情况下,经济发展主要靠经济活动人口素质的提高,随着生产中广泛应用现代科学技术,人力资源的质量在经济发展中将起着愈来愈重要的作用。

7.4.2 人力资源管理

人力资源管理(Human Resource Management),就是指运用现代化的科学方法,对与一定物力相结合的人力进行合理的培训、组织和调配,使人力、物力经常保持最佳比例,同时对人的思想、心理和行为进行恰当的诱导、控制和协调,充分发挥人的主观能动性,使人尽其才,事得其人,人事相宜,以实现组织目标。

根据定义,可以从两个方面来理解人力资源管理如图 7-6 所示,即：
(1)对人力资源外在要素——量的管理。对人力资源进行量的管理,就是根据人力和物力及其变化,对人力管理进行恰当的培训、组织和协调,使二者经常保持最佳比例和有机的结合,使人和物都能充分发挥出最佳效应。

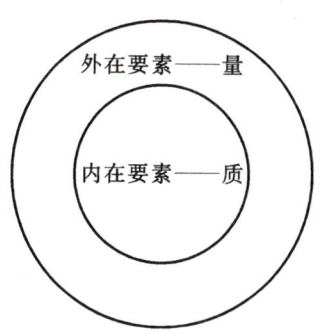

图 7-6 人力资源的内外要素

(2)对人力资源内在要素——质的管理。主要是指采用现代化的科学方法,对人的思想、心理和行为进行有效的管理(包括对个体和群体的思想、心理和行为的协调、控制和管理),充分发挥人的主观能动性,以达到组织目标。

现代人力资源管理关心的是"人的问题",其核心是认识人性、尊重人性,强调"以人为本"。在一个组织中,主要关心人本身、人与人之间的关系、人与工作的关系、人与环境的关系、人与组织的关系等。

现代人力资源管理就是一个人力资源的获取、整合、保持、激励、控制、调整及开发的过程。通俗点说,现代人力资源管理主要包括求才、用才、育才、激才、留才等内容和工作任务。具体说来,现代人力资源管理主要包括以下具体内容和工作任务:制定人力资源计划,人力资源成本会计工作,岗位分析和工作设计,人力资源的招聘与选拔,雇用管理与劳资关系,入职教育、培训和发展,工作绩效考核,帮助员工的职业生涯发展,员工工资报酬与福利保障设计,员工档案管理,如图 7-7。

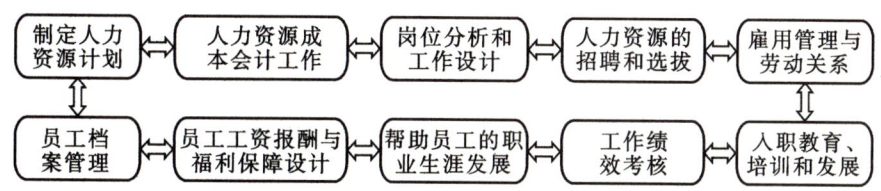

图 7-7 现代人力资源具体内容和工作任务

- 制订人力资源计划:根据组织的发展战略和经营计划,评估组织的人力资源现状及发展趋势,收集和分析人力资源供给与需求方面的信息和资料,预测人力资源供给和需求的发展趋势,制订人力资源招聘、调配、培训、开发及发展计划等政策和措施。
- 人力资源成本会计工作:人力资源管理部门应与财务等部门合作,建立人力资源会计体系,开展人力资源投入成本与产出效益的核算工作。人力资源会计工作不仅可以改进人力资源管理工作本身,而且可以为决策部门提供准确和量化的依据。

- 岗位分析和工作设计:对组织中的各个工作和岗位进行分析,确定每一个工作和岗位对员工的具体要求,包括技术及种类、范围和熟悉程度;学习、工作与生活经验;身体健康状况;工作的责任、权利与义务等方面的情况。这种具体要求以书面形式形成材料,形成工作岗位职责说明书。岗位说明书不仅是招聘工作的依据,也是对员工的工作表现进行评价的标准,更是进行员工培训、调配、晋升等工作的根据。

- 人力资源的招聘与选拔:根据组织内的岗位需要及工作岗位职责说明书,利用各种方法和手段,如接受推荐、刊登广告、举办人才交流会、到职业介绍所登记等方法从组织内部或外部吸引应聘人员。并且经过资格审查(如接受教育程度、工作经历、年龄、健康状况等方面的审查)从应聘人员中初选出一定数量的候选人,再经过严格的考试,如笔试、面试、评价中心、情景模拟等方法进行筛选,确定最后录用人选。人力资源的选拔,应遵循平等就业、双向选择、择优录用等原则。

- 雇佣管理与劳资关系:员工一旦被组织聘用,就与组织形成了一种雇佣与被雇佣的、相互依存的劳资关系,为了保护双方的合法权益,需要就员工的工资、福利、工作条件和环境等事宜达成一定协议,签定劳动合同。

- 入职教育、培训和发展:任何应聘进入一个组织的新员工,都必须接受入职教育,这是帮助新员工了解和适应组织、接受组织文化的有效手段。入职教育的主要内容包括组织的历史发展状况和未来发展规划、职业道德和组织纪律、劳动安全卫生、社会保障和质量管理知识与要求、岗位职责、员工权益及工资福利状况等。为了提高广大员工的工作能力和技能,有必要开展富有针对性的岗位技能培训。对于管理人员,尤其是对即将晋升者有必要开展提高性的培训和教育,目的是促使他们尽快具有在更高一级职位上工作的全面知识、熟练技能、管理技巧和应变能力。

- 工作绩效考核:工作绩效考核,就是对照工作岗位职责说明书和工作任务,对员工的业务能力、工作表现及工作态度等进行评价,并给予量化处理的过程。考核结果是员工晋升、奖惩、发放工资、接受培训等的有效依据,它有利于调动员工的积极性和创造性,并可以促进检查和改进人力资源管理工作。

- 帮助员工的职业生涯发展:人力资源管理部门和管理人员有责任鼓励和关心员工的个人发展,帮助其制订个人发展计划,并及时进行监督和考察。这样做有利于促进组织的发展,使员工有归属感,进而激发其工作积极性和创造性,提高组织效益。人力资源管理部门在帮助员工制订其个人发展计划时,有必要考虑它与组织发展计划的协调性或一致性。也只有这样,人力资源管理部门才能对员工实施有效的帮助和指导,促使个人发展计划的顺利实施并取得成效。

■ 员工工资报酬与福利保障设计:合理、科学的工资报酬福利体系关系到组织中员工队伍的稳定与否。人力资源管理部门要从员工的资历、职级、岗位及实际表现和工作成绩等方面,来为员工制订相应的、具有吸引力的工资报酬福利标准和制度。工资报酬应随着员工的工作职务升降、工作岗位的变换、工作表现的好坏与工作成绩进行相应的调整。员工福利是工资报酬的补充或延续。它主要包括政府规定的退休金或养老保险、医疗保险、失业保险、工伤保险,并且为了保障员工的工作安全卫生,提供必要的安全培训教育、良好的劳动工作条件等。

■ 员工档案管理:人力资源管理部门有责任保管员工入职后关于工作主动性、工作表现、工作成绩、工资报酬、职务升降、奖惩、接受培训和教育等方面的书面记录材料。

7.4.3 金鼎公司的人力资源管理体系

金鼎公司注重企业人力资源管理体系的建设,构建"集中管控,统一协调"的人力资源垂直管控体系如图7-8所示,形成层次负责、责任传递、归口实施的高效运行机制,这恰恰是现代人力资源具体内容和工作任务的具体应用。围绕《中长期人才队伍建设战略规划纲要》提出的人才战略发展目标,遵循"以人为本、人才优先"的工作主线,以高层次人才和高技能人才培养开发为重点,以"操作、专业技术、管理"三大序列员工队伍建设为抓手,创新方法、科学谋划、精心组织、努力实施,全面做好"员工三大序列管理、绩效管理、薪酬分配、培训与开发、社会保险、人才招聘与配置"六项主要工作,为加快转型跨越发展,全面推进战略实施提供组织保障和人力资源支持。为实现从劳资管理向人力资源管控、绩效管控、薪酬管控和职工素质教育管控的全面转变,企业制定人力资源发展规划,统一人力资源结构标准,强化定岗、定编、定额、定员"四定"工作,促进资源、资产、生产和人力资源要素相协调,实现人尽其才、事得其人的人力资源配置目标。完善绩效考核体系和薪酬激励机制,制定劳资费用管理规定,推行产值、效益台阶工资制,激发了职工工作活力和积极性。

在员工三大序列管理方面,企业注重人力资源管控体系中人才的建设,将之列为重中之重。人力资源部门落实人才发展规划,根据煤机产业发展需求,强化职业教育培训,强化经营管理、专业技术、岗位技能三大序列人才队伍建设,为企业发展提供人才保障和智力支持。

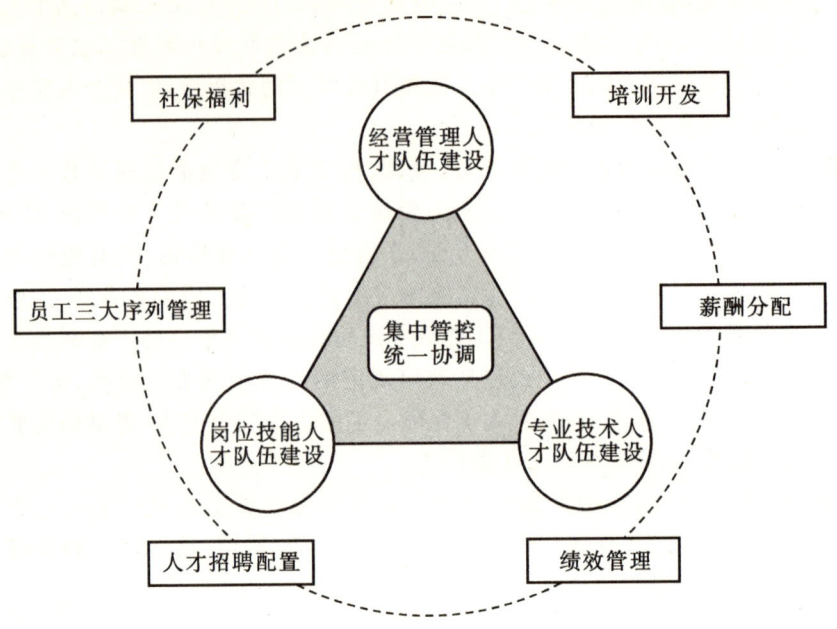

图 7-8　金鼎公司人力资源管理体系

　　岗位技能人才队伍的建设。根据企业发展的需要,以提升职业素质和职业技能为核心,以培养高级技师和技师为突破,建设一支爱岗敬业、技艺精湛、具有专业技能、善于解决现场问题的规模庞大的岗位技能人才队伍。

　　专业技术人才队伍的建设。围绕企业技术创新、技术进步和核心竞争力的实际,以提高专业水平和创新能力为核心,通过学术带头人的带动和专业技术的培训,提升专业技术人才的素质。要高度关注、真情关心专业技术人员,制定激励政策,全面调动专业技术人员的积极性。要坚持引进和培育并重,在抓好硕士研究生班培训的基础上,继续与高等院校合作,开展大专、大学学历教育和培训,力争实现全员高等教育。

　　经营管理人才队伍的建设。坚持"德才兼备,以德为先,突出实绩,注重民意"的用人标准,坚持"民主、公开、竞争、择优"的用人方针,选拔任用干部。通过教育培训,不断提高企业经营管理人才队伍的整体素质和能力。建立科学的企业经营管理人才考核评价办法,营造经营管理人才健康成长的环境,培养和造就一支能力强、素质好的企业经营管理人才队伍。

　　企业在培训开发方面,以安全培训为基础,技能开发为龙头,以"建基地、编教材、管教学、尊教师、保投入、强执行"为抓手,创新培训开发思路、方法和手段,全力推动员工三大序列管理,强力打造五支人才队伍,全面实施人才培养工程,努力提升员工综合素质。

在社保福利方面,企业以"两个确保,科学发展,真情服务"为主题,确保社会保险参保率达100%、社会保险费征缴率达100%、社会保险待遇发放率达100%,住房公积金个贷率达50%,企业年金基金投资收益率达5%,基本医疗保险医疗费用报销比例达90%。

在薪酬分配方面,完善薪酬管理办法,积极探索员工三大序列分类激励的薪酬策略,健全高层人员激励约束机制,初步构建起体现价值导向、推动人才发展的薪酬激励制度。

在绩效管理方面,企业根据企业改革发展的要求,构建符合母子公司体制要求的规范的绩效考核评价和监督体系,充分调动各单位、各部门和全体员工的积极性、主动性、创造性,努力推动集团公司经营目标和各项重大决策、重点工作的顺利实现。

在人才招聘配置方面,企业加强内部人才市场建设,发展网上人才市场,畅通内部与外部人才交流合作的渠道,优化人才流动配置机制,积极推行公开招聘和竞争上岗机制,促进人才的合理有序流动,建立起人才市场建设与管理的长效机制。

以这六项工作为基础,以晋煤集团提出的人才战略发展为目标,以"以人为本,人才优先"的管理理念为中心,企业的人力资源管理体系为金鼎公司实现跨越式发展做出了卓越的贡献。

7.5 "鼎"的五行循环

中国古老的文化蕴含着深刻的思想,具有历史的穿透力,当然也深刻地影响着今天的中国人和中国企业。中国企业应在学习西方先进管理方法的同时,从自己古老的文明中汲取智慧,构建自己的"商道"。

"道"是两千多年前中国最伟大的思想家老子提出的一个含义丰富的哲学概念,老子说:"道生一,一生二,二生三,三生万物,万物负阴抱阳,充气以为和"。"道"是宇宙的本源,它派生出阴阳,阴阳交合,化生万物。比老子稍晚的同样是影响久远的思想家孔子也说过"朝闻道,夕死可矣"。"道"对人类的价值是多么巨大,同时,探索和认知"道"是多么艰难。

"道"是本源,它的表现形态是阴阳五行。阴阳,指世界上一切事物中都具有的两种既互相对立又互相联系的力量。五行,是用来概括世界上几类基本要素的范畴。它们以金、水、木、火、土命名。阴阳包括五行,五行含有阴阳。

中国古代的先贤们认为,宇宙万物和物质世界是由金水木火土五种元素构成的,这就是"五行",五行不仅仅是指这五种元素和物质,更是一个哲学框架,一种思维模式，它可以广泛应用于社会生活的各个方面。五行代表了世界相对立和相联系的力量，如果他们能够和谐地共生相处，就可以衍生一切美好的事物，如果它们之间的平衡被打破，就会产生抑制的力量。

五行相生是一个不停息的过程，但是每一次的循环都不是简单的重复。

五行从本质上说，反映的是某一大系统内可以划分出五个小系统。所谓五行相生相克关系则指的五个小系统之间的关系规律。因为，任一个系统，在运行过程之中，显然有很多错综复杂的因素在起着作用，为了研究系统运作机理的简便、明了又更系统、科学起见，我们可以把它们简约为五种性质不同的因素间关系，并通过揭示这五大因素间关系规律，来展示系统的运作机理。这就是中国古人所创立的"五行学说"。

"五行"实质上是从阴阳学说推论而来的。从阴阳学说去观照，"五行"指的是对任一物质系统的研究，都可以从五个性质不同事物（系统）间的关系入手展开研究，"五行"间的生克关系，就是这五个事物间的关系。

关于五行的生克关系，关键在于要搞懂"顺生"与"倒克"原理。五行间所谓的"相生"，是指某一因素越强盛，越有利于另一因素的成长；而所谓的"克"，则刚好相反，是指某一因素越减弱，越有利于另一因素的成长。

用五行学说即五行相生相克的哲学思维，思考"鼎"管理模式，就可以很好地从整体上把握金鼎公司公司的发展规律，对理解D管理模式有重大的现实意义。

我们需要对金鼎公司的发展规律做出理性分析和判断，考虑建构一种"五行框架"——要想让企业长期发展，生生不息，就要认识和把握企业生生不息的"五行"，是哪些力量和资源推动企业发展，当然，也要了解哪些因素抑制甚至阻碍企业的发展。

我们认为，在企业运行过程中，存在五大环节，分别对应五行。它们是：统筹决策、控制领导、权变、创造生产、协调人事五大企业运行环节，这五大环节形成了企业的内部运营动力系统。

统筹决策是一个中心力量，这个中心力量深厚、稳健、有旺盛的生命力。因此统筹决策对应五行中的"土"。土：具有稳定不易改变的特性，如果"水"是企业的软力量，"土"就是企业的硬力量。在金鼎公司内部，统筹决策是一切计划的起始点，决定着企业运行和发展的关键。

金：是指阳刚的物质形态和思维形态，也是需要始终坚守、不能妥协的价值观。金，在物质形态上可以理解为金钱或者资本，但是金钱只有附加观念性的东西才能焕发出真正的魔力。领导控制是指，执行人员在执行决策时需要决断力。这种决断力能提升对世界的认识，产生一种领导力。控制领导对应五行中的"金"，金表示果断，是一种力量，土生金。金，是既存的价值（资本），也是价值观或价值理念。金鼎公司属于煤机制造企业,所生产出来的机器设备均应用在煤炭采掘一线,而煤炭采掘与生产属于高危行业,机器设备的任何一点点闪失都可能造成一线煤炭工人的生命财产的巨大损失。因此,控制领导显得尤为重要,特别是在整个企业日常运营过程中,监督、控制管理中可能出现的问题,把问题消灭在萌芽之中,才能确保公司的安全管理不出差错。控制领导起着关键的把握方向的作用,是左右着公司发展的一种基本力量。

企业面对瞬息万变的市场情况灵活应变,就是权变,对应五行中的"水"。水:是指具有自由流动特质的资源,水利万物,又随形而变。

适应市场需要才能正确掌握生产、制定并调整计划,产品生产出来就像树木一样生长出来,因此生产创造对应五行中的"木",水生木。木:是指具有活跃向上生长特性的形态、形式,能产生欣欣向荣的景象,这正是企业生产制造、设计研发所带来的产业集群和衍生出来的繁茂的产品链。

企业在生产发展中,需要协调各种资源,激发人的积极性,协调人事对应的五行中的"火",木生火。火:是指具有热燥光明特性的物质形态及其场能辐射形式。人力资源的特性就如同火一样,可以创造生生不息的发展资源。

金鼎公司在D管理模式的7大要素的框架下,利用全面预算管理、绩效考评体系以及全面工序管理,确保统筹决策、控制领导、权变、创造生产、协调人事五大管理环节运行过程中,预防相克、相逆,确保相生、相长。如图7-9所示。

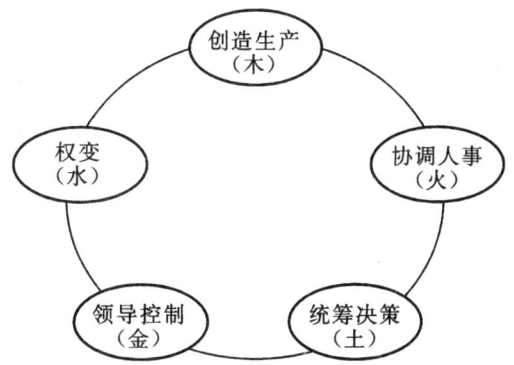

图7-9 "鼎"管理模式的五行循环

为了使"鼎"管理模式的五行循环更加顺畅,我们借助美国质量管理学家戴明提出的PDCA循环的方法,来描述鼎管理模式的内部循环过程。

戴明环中的PDCA分别对应为:

P:PLAN,计划、策划

D：DO 实施

C：CHECK 检查

A：ACTION 行动、总结提高

为了更好地体现系统观点，并清晰地说明鼎管理模式的内部运行机理，我们在 PDCA 的基础上加了一个 O：OBJECTIVE 目标。改进后的戴明环就是 OPDCA。

OPDCA 通俗的解释就是：我们干什么事情首先要有目标(O)；有了目标要根据资源情况进行策划，形成方案(P)；按方案实施(D)；然后进行沟通：检查、交流、反馈、评审(C)；之后进行总结、提高(A)，趋近目标或实现目标。

在趋近目标的情况下，如果我们要继续的改善，实现目标，也就是持续改善，我们就要在前次总结的基础上进行第二次第三次乃至不断的 OPDCA 循环，直至实现目标。

我们的每一项工作就是这样的持续改善，实现目标。

OPDCA 本身就是一个系统。所谓系统就是为了一个共同的目标，相互依赖共同运作的活动。他们本身哪一个环节也不能缺，缺了就会不同程度的出现问题，给系统带来损失。这个系统就是中国传统文化精华——五行系统。

在五行系统中：

O：目标，五行属木

P：策划，五行属火

D：实施，五行属土

C：沟通：检查、评审、汇报，五行属金

A：总结、提高，五行属水

五行是中华民族文化的精华，最大的特点就是系统观。木生火，火生土，土生金，金生水。我们的工作也是这样，要使 OPDCA 相生，而不是相克和相逆。如果缺少了某一个活动或相逆及相克，系统的目标实现就要受到影响。

人本身有五元：元性、元神、元气、元情、元精。他们与做事的五元 OPDCA 相通之理。

元性：性指天性，仁爱如母亲爱子女这是人的天性。由爱生发责任，由责任生发工作目标。不是从爱生发的目标，领导强制的目标会产生很大的负面效应（元性、木）。有了目标就要策划形成方案，凝神静气，形成计划。火主光明，照亮前程。"星星点灯，照亮前程"，我们工作的计划、方案，就是我们的前进之路的明灯。如果做事无计划就会如人神气不足一样，发散。工作漫无头绪，东一下西一下，在黑暗中徘徊（元神、火）。有了方案就要实施，扎扎实实的做，求真务实。国外很注意执行力的建设，没有实干一切都是空谈，否则就如人元气不足一样。万物土中生，扎实的实施是我们工作的基础（元气、土）。在实施过程中我们要注意多沟通与交流，要注意团队整体的力量,要用好大家的智慧,要上情下达下情上传。否则就有失控的危险。(元情、金)最后一个环节就是要注意总结,总结犹如人体的精华(元精、水)。有总结才能有提高,经验、教训同样宝贵。切记总结教训,失败是成功的开始。如果教训得不到总结,失败就没有了价值。总结就如人的精华,它是我们工作的精华,要把经验和教训形成文件化,标准化。否则就如人体肾精损失一样,漫漫生命就会枯竭。

7.6 "鼎"之三才

《周易》讲:"有天道焉,有人道焉,有地道焉,兼而两之。"《三字经》讲:"三才者,天地人。三光者,日月星。"所谓三才就是指天、地、人。

《易·说卦》讲:"是以立天之道,曰阴与阳;立地之道,曰柔与刚;立人之道,曰仁与义;兼三才而两之,故《易》六画而成卦"。大意是构成天、地、人的都是两种相互对立的因素,而卦,是《周易》中象征自然现象和人事变化的一系列符号,以阳爻、阴爻相配合而成,三个爻组成一个卦。"兼三才而两之"成卦,即这个意思。

《周易》最早最明确最系统最深刻地提出了"天、地、人"三才之道的伟大学说。这个学说早就深入中华民族之心,贯穿于中华民族的人伦日用之中,牢固地培育了中华民族乐于与天地合一、与自然和谐的精神,对天地与自然持有极其虔诚的敬爱之心。中华民族与天地和谐相处的高智慧,对于今后改进、调整、理顺、整合、协调人与天地即自然环境的平衡和谐发展的关系,以及人与社会、人心与人身的平衡和谐发展的关系(即使生态、世态、心态的三态都得到同步平衡和谐发展),对实现世界和平发展,对创造人类更美好的明天,必将具有巨大的启迪。

分析金鼎公司的发展过程,我们同样用三才,即:"顺天时、依地利、行人和"来概括其发展过程的主要素之间的平衡和谐发展关系。如图7-10所示。其中,"天

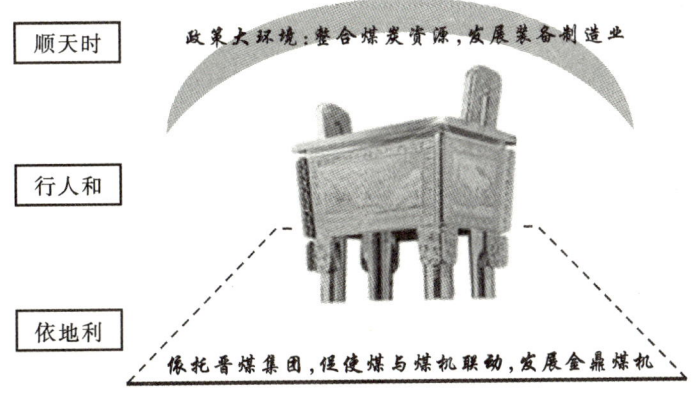

图7-10 鼎管理模式的"三才"

时"是指 2008 年国务院发布的《装备制造业调整和振兴规划》，为其发展插上了翅膀。"地利"是指依托晋煤集团的六大业务板块，实现大联动发展。"人和"是指经过企业改制、文化变革以及内部运行机制的创新，极大地调动了员工的积极性。这些都为金鼎的发展奠定了良好的基础。

2008 年国务院发布了《装备制造业调整和振兴规划》，规划第三部分"产业调整和振兴的主要任务"第一条"依托十大领域重点工程，振兴装备制造业"第三款写到："3. 煤矿与金属矿采掘。以平朔东、胜利东二号、白音华、朝阳等十个千万吨级大型露天煤矿，酸刺沟等十个深井煤矿，以及大型金属矿建设为依托，大力发展新型采掘、提升、洗选设备，重点实现电牵引采煤机、液压支架、大型矿用电动轮自卸车、大型露天矿用挖掘机等设备的国内制造。"山西省政府发布了《山西省煤机装备制造业调整振兴实施方案》，确定了"山西要实现从煤炭大省向能源强省的转型跨越，原有煤炭企业的多、小、散、乱将发生根本改变，代之而起的是一座座更大型的现代化矿井。煤炭企业兼并重组后，全省将形成 4 个年生产能力亿吨级的特大型煤炭集团，3 个年生产能力 5000 万吨级以上的大型煤炭企业集团；11 个年生产能力 1000 万吨级以上的大型煤炭企业集团，72 个 300 万吨级的地方煤炭集团。煤矿的升级转型必然要求与之匹配的包括煤机在内的各种生产性服务产业快速转型"。

国家和山西省的这些政策极大地鼓舞了人们追求跨越式发展的理想。正是在这一政策利好下，靠共同的努力奋斗，才得以实现跨越式发展的。

第八章 调和鼎鼐 高屋建瓴

8.1 抓住机遇 破茧成蝶

概括起来,煤机行业的发展趋势包括:

- 成套化趋势。煤机行业经过多年积累,获得了快速发展,形成了较完整的煤炭装备制造体系,提高了专业化程度。但随着煤炭产业的快速发展以及行业内的整合重组,煤炭装备需求不再局限于专业化装备制造和加工,更多强调提供综合产品配套的能力,促使煤机市场呈现由"单机制造"转向"成套制造"的竞争态势。大型化、智能化、成套化成为煤机行业发展新趋势。

- 煤炭装备自动化趋势。安全问题一直是煤炭生产重点工作,随着国家对煤矿生产安全重视程度越来越高,煤矿企业对于煤炭装备的安全需求也越来越高,其具有较好的市场前景。同时,随着劳动力成本的上升,煤矿企业迫切需要减人提效,对于自动化设备的需求也将会大幅增长,提高煤矿生产的自动化水平将会成为煤炭行业的一个发展趋势。

- 外资企业加速进入。在煤炭规模化整合重组之后,小煤矿数量的减少将直接导致国内煤炭装备生产企业市场的萎缩,而大型煤炭企业的形成则会给国外的煤炭装备企业带来更多的机会。比如美国国际煤机公司在佳木斯和鸡西等地收购了五家煤机企业,大举进攻我国煤机市场,美国也在无锡投资新建采煤机公司等,最近美国久益与晋煤金鼎公司在三机制造方面也建立了战略合作关系。

- 煤机行业的整合趋势。国家《装备制造业调整振兴规划》指出:"支持装备制造业骨干企业进行联合重组,发展具有工程总承包、系统集成、国际贸易和融资能力的大型集团",山西省也在着力培养一批煤机企业集群,以太重煤机、太矿、平阳重工、晋煤金鼎等作为龙头,进行煤机产业结构调整与重组,建设综合机械化采煤成套设备制造基地。

所有这些发展趋势都使得金鼎公司的前身——煤机修配厂面临很严重的市场

竞争态势。生存还是毁灭,已经成为公司高管不得不面临的严重问题。煤机修配厂必须进行改革,建立现代企业制度,优化组织体系,着力推进创新体系建设,构建新型的管理模式,创造和发展传统的工序管理,形成全面工序管理的理念,进行企业文化变革,在企业内部统一形成"二次创业"的精神,才能使得晋煤集团的煤机制造业务板块,抓住更好的发展机遇,形成公司的跨越式发展。

煤炭作为我国的主要能源,长期以来在一次能源生产和消费结构中占三分之二以上。我国"富煤贫油少气"的能源资源条件,决定了煤炭是我国的主要能源。建国以来,全国各类煤矿有力地支撑了我国国民经济和社会的较快发展,做出了巨大的贡献。特别是有着悠久采煤历史的山西,更是在新中国建设中扮演着重要的角色。虽然煤炭在经济发展中的作用尤为突出,但是过去煤炭生产企业的经济效益却不容乐观。管理制度、技术水平、人力资源等多方面的落后,使得我国的煤炭采掘仍然处于低效率的阶段。金鼎的前身是煤机公司,作为晋煤集团下属的一个分公司,当时的业务也较为单一,仅仅局限于煤机检修服务,可以说是从属于主业,跟着主业走,在发展思路、发展模式、发展方式等方面不仅仅落后煤炭主业,而且落在了机械制造行业之后。

2008年以前,金鼎公司主要从事煤机检修工作,大多采用"随矿检修"的模式。在这样的背景下,公司长期处于被忽视的地位,而且在整个煤机检修行业也处于落后地位。由于此时的煤机检修厂其主营业务属于煤炭采掘的配套服务,重要性相对较低,缺乏具有竞争力的产品和服务。一个企业,只有将生产的产品或者服务销售出去,在市场上占有它应占有的份额,才能生存和发展。如果产品或者服务不能理想地在市场上竞争和销售,资产再多、工业基础再雄厚、技术人才再多,也不能说明这个企业有多么优秀,实际上,这反而使一部分资源被闲置和浪费。这些正是导致煤机厂难以快速发展的原因。

改制前的金鼎公司存在一些突出问题,见图8-1。在组织机构方面,内部机构设置不合理,各部门、各员工之间的工作职责不清晰,工作强度、难度的分配也不合理,导致有的人无所事事,有的人忙得焦头烂额。上述情况导致煤机厂的整体工作效率较为低下,员工缺乏工作激情。

在企业文化方面,改制前主要存在以下几个问题:首先,自我满足意识较为突出。由于煤机厂的煤机检修服务有一定的销路,有政府和大集团的支持,检修服务不存在营销问题,生路未断,自然苟安思想流行,以为现有状态可成为永远,起码维持到自己退休没问题。只要日复一日做相同的事,月底自然有一份收入。这种自我满足意识,具有呆滞、陈腐、消极的特点;其次,等、靠、要的消极思想突出。改制前,习惯于计划经济体制下的公司服务产品由国家统购包销的思路,表现在决策者们只知一味地等上级制定政策,靠上级拿方案,向上级伸手要钱。工艺人员、工人

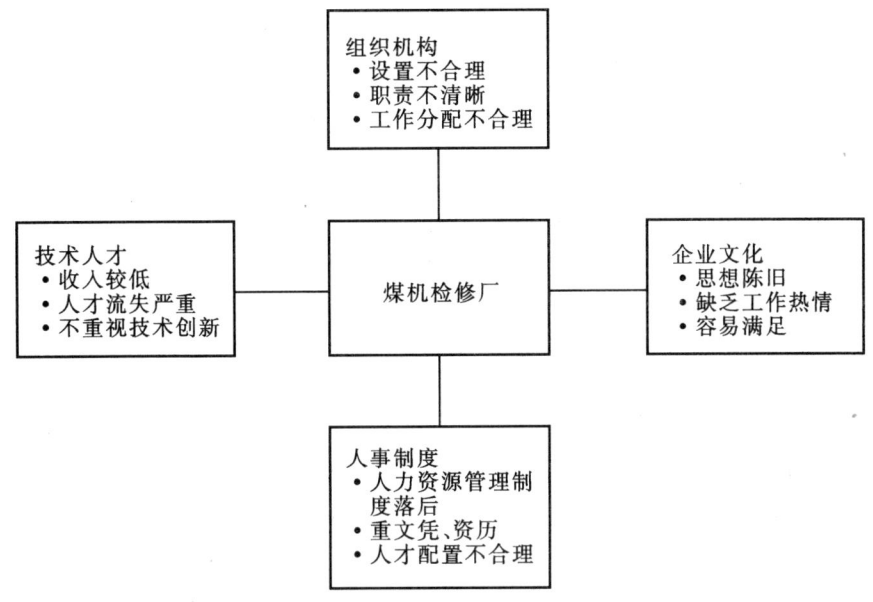

图 8-1 改制前的金鼎公司存在的突出问题

在生产过程中遇到问题时,不是主动想办法去解决,而是互相推诿,等设计人员更改图纸方案。在这种思想束缚下,煤机厂不思进取没有紧迫感,不会主动出击找活路,如提供更完善的煤机检修服务,开发新煤机,进行煤机的更新换代,设备的更新改造等等。

在人力资源方面,由于基础较为薄弱,发展完善时间较短。因此,煤机厂的人力资源管理还是存在一些问题:改制前没有彻底走出传统人事管理的老路。改革开放以后,煤机厂人力资源观念发生了相当大的变化,但是观念的转变还远远跟不上经济发展的要求。虽然公司已经逐步认识到人力资源管理在企业经营活动中所创造的价值,但是大多只是形式上的改动,换汤不换药,与原来无实质性的差异,从用工制度、人事制度、分配制度到企业经营者的任用制度基本沿用传统的方法。改制前的金鼎公司把资金运作、成本控制、市场营销、技术创新等事情讲清楚,但是对人力资源与企业发展的关系问题讲不清楚,即使讲出来也不尽人意。当时的人力资源管理还处于以事为中心,把人视为一种成本,只注重使用和控制,不注重投入。在选人、用人的观念上,计划经济的用人模式和思维习惯依然存在。特别是"格"较多,在一定程度上存在着重文凭、资历的现象,论资排辈,竞争意识不强,不重视能力和贡献的问题,导致人才不合理现象的出现。

在技术人才方面,由于改制前公司的营业收入处于行业较低水平,职工的收入水平也处于整个煤炭行业的低端,人才流失较严重。煤机厂由于自身环境差,工作强度高等原因,一直未能吸引足够的高技术人才,同时人才留不住的问题也较为严重。同时,煤机厂受到计划经济体制影响较深,公司的中上层领导习惯于按计划、按规章和按上级指示办事,不习惯于市场调节;重短期利益,轻技术改造和新产品开发;重固定资产投资,舍不得在广告、品牌、商标等方面投资等等。由于科研和技术开发经费不足,工作条件差,公司管理层不够重视技术和产品更新,工资和其他待遇较低,一些技术人才不能在公司中为提高煤机检修的科技含量和初级煤机产品的更新换代发挥他们应有的作用。

8.2 步步为营 全面推进

2008年,偏安一隅的金鼎公司不再固守定势,解放思想、埋头巧干、持之以恒写照观念之变;当机器的旋律打破原本喧闹的车间,装备提升、产业调整,发展方式折射思路之变;当齐心协力、团结奋进的精神刻画下对未来的想象,转型跨越承载精神之变。几年下来,金鼎公司从一个边缘化的小型煤机企业,横空出世,从煤机检修扩展到煤机制造,茁壮成长为中国煤机行业最具潜力、煤炭装备成套能力最强的煤机制造与煤炭装备实验基地。

1. 金鼎公司成长的重大举措

针对上述问题金鼎公司提出并实施了七大举措,这七大举措确保了公司的发展,如图8-2所示。

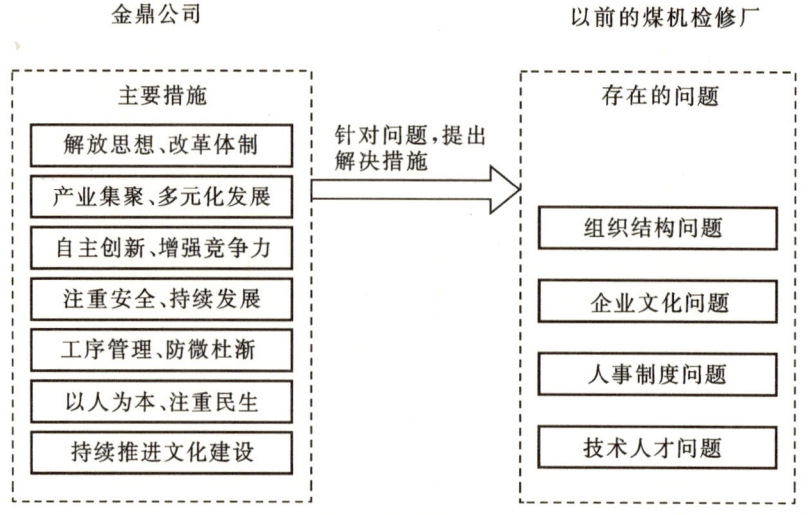

图8-2 金鼎公司管理方面的突出措施

(1) 解放思想、改革体制

面对国家振兴装备制造业的黄金发展机遇,把握发展主动权,以煤机分公司为核心,进行集团内部煤机资产、资源、资本、组织结构、体制机制全方位战略重组,推进了煤机产业的壮大,赢得了发展的先机。金鼎公司高举改革大旗,解放思想,迎难而上,采取大动作,出台大举措,整出大动静,取得大效果。首先从思想解困开始,打破思想禁锢,扫清思想障碍。破除小富即安,小赚则满,因地制宜,因机而宜,重塑发展自信,使金鼎"深化改革、加快发展"的主动性和坚定性不断增强;其次,面对新形势新机遇,改革体制、转换机制、面向市场、增强活力,实现了"工厂制"向"公司制"的根本性转变,解决制约发展的主要问题;第三,进行产业结构调整,培育发展煤机产业链条,增强产业整体实力和竞争力。实现了煤机产业由单一检修向多链产业发展的根本性转变。

(2) 产业集聚、多元化发展

金鼎公司在煤炭机械行业率先提出"依托煤炭,振兴煤机"的新思维,以项目建设推进产业链构建,率先走出了一条互为推进的"以煤兴机、以机促煤,各得其所,多元发展"的低成本转型发展、跨越发展之路。具体包括:

- 产业链构建。构建产业链,不仅可以提高企业的核心竞争力、扩大规模、拓展市场、增强抗风险能力,而且可以构建产业链全循环,形成资源高效利用的循环经济体系。金鼎公司依托晋城煤业集团大型煤炭企业的资源特性,发挥发展煤机制造业具有的成本优势、循环优势、联动优势,公司以提供工程一体化解决方案为特色,拉伸和拓宽产业链条,形成了煤机制造与检修、矿井建设与安装、贸易与物流、煤炭装备试验基地相互呼应、煤与煤机联动发展的新模式、新格局。

- 园区化承载。金鼎公司紧紧抓住振兴装备制造业和煤炭资源重组整合两大发展契机,乘山西全面转型跨越的东风,立足大型煤炭企业的资源、资本、市场优势和煤机产业基础,以市场为导向,以项目建设为核心,以园区建设为重点,以循环经济、低碳发展为路径,结合服务区域的实际,集中力量,高标准建设了工业园区,提升了煤机产业集中度,实现了煤机子分公司集群式组合、产业链延伸和区块化管理。

- 资本化运作。面对国内外煤机行业日趋激烈的竞争,大型煤机企业纷纷抢滩掠地、占领市场的形势,金鼎公司充分发挥自身的资源优势,强力推进资本运作,拓宽融资渠道,实施低成本扩张,通过控股、兼并、合作,壮大了公司规模,提升了经济效益。同时,公司加强与国内外先进企业的合作,建立战略联盟,强强联合,互通有无、互补共赢,实现了市场倍增、效益倍增的目标。

■ 创立企业品牌。"品牌"是走向市场的通行证,是企业占领市场的旗帜。有了品牌,企业就可以凝聚资源、扩展市场。公司倡导"诚信为根,品牌为旗"的理念,把诚信视作生存之根、发展之机,通过"铸人品、造精品、创名品",将企业品牌贯穿于制造、销售、服务的整个过程,取信于人,让用户满意。在实际工作中,以管理为手段,加强制度建设,强化成本控制,均衡生产,提高产品的性价比,以严格的工序管理、标准化的操作规程、精密的检测手段、完善的质量体系打造高品质的产品质量。同时优化服务,推行"家电化"服务模式,扩大客户的深度与宽度,在服务中发现需求。在竞争和市场中,展现良好的企业形象,奠定市场基础,赢得竞争优势。

(3) 自主创新、增强竞争力

金鼎公司始终把技术创新作为发展的核心战略。按照"资源有效配置、产学研紧密结合"的思路,成立了煤机技术研究院和技术中心,建设煤炭装备试验基地,在行业内首次将装备技术工艺和试验系统纳入研发体系,促进了装备、技术、工艺转化为推进煤炭产业集约、高效、低碳、安全发展的先进生产力,实现工艺技术与产业基础的有效结合。

人才是企业技术创新的强大支撑和有力保障。金鼎公司始终坚持"不拘一格降人才"的理念,加大人才引进力度,广纳贤才。同时加强技术人员的培养锻炼,与大专院校开展校企联合,把学校办在企业,加强学习,掌握主动,提高技术人员的整体素质。大力推行"学术带头人"和"首席技师"制度,充分调动员工的积极性和创造性,激发创新热情。实现人才优势与自主创新的有效结合。

政策与市场对技术创新具有导向作用,使企业技术创新明确方向,降低研发风险。公司坚持以政策为引导,针对国家《重大技术装备自主创新指导目录》进行技术攻关,成为国家级高新技术企业和国家级重大装备技术企业。

好风凭借力,创新促发展。目前,公司拥有专利200余项,初步形成了煤矿支护设备、运输设备、采掘设备、无轨胶轮车运输设备、矿山电气和自动化控制等煤矿成套设备制造与检修的产业链条,构建起功能完善、环境优良、资源聚集、研发转化能力强、辐射带动作用明显的创新型集团。

(4) 注重安全、持续发展

公司始终突出"安全第一"的生存理念,积极应对安全高危期的挑战,强化了安全责任;细化了三项安全基础工作,落实了安全红线管理;推行了四种管理方法,构建了安全管控体系;开展了五项安全教育,提升了全员安全意识;严格了六查活动,增强了管理人员的履职能力;对事故和隐患处理,坚持"三不放过"原则,强调了七个问责,提高了自主管理水平,"1234567"的安全工作措施初步落实,有效控制了重大事故发生,安全管理水平持续提升。

(5) 工序管理、防微杜渐

工序管理作为一个管理框架，或者说是一个管理平台，可以将其他各种基本管理制度（岗位责任制、操作规程、作业规程、安全规程等等）容纳在里面，通过工序管理进行落实和监督考核。"上面千条线，下面一根针"。工序管理就是对各种制度进行落实的一根针。因为工序管理它可以有效的对一个工序的过程及工序完成的结果进行控制，并利用下一道工序或验收人员对上一道工序完成情况进行监督和落实。比如，在巷道掘进过程中，进行巷道锚杆支护之前，就要首先按照工序管理的规定对各种安全措施进行落实。安全措施落实到位后，再开始按照工序管理制定的操作标准对锚杆进行施工，施工完锚杆之后由验收人员对锚杆施工的间排距、施工角度、锚杆预紧力等施工质量进行验收，整个施工过程中的各种措施、标准以及施工质量验收结果都与施工人员的工分进行挂钩。通过工序管理整个工序从过程到结果都得到有效的控制，避免施工质量不合格引起的返工，同时也加快了施工进度。

工序管理是为保证工程质量、规范安全操作行为、充分调动职工生产积极性的一种有效管理手段；是对工序管理具体操作过程进行管理控制的过程，是集落实岗位责任、管理职能、提高安全能力和管理水平于一体的一种有效方法；是对各项工作按照工序要求层层分解、落实责任、明确目标和考核，充分体现多劳多得、少劳少得分配原则，提高生产组织效率和职工劳动热情的一种生产组织管理手段。

抓好工序管理，可以使制度管理向自主管理过渡，从而确立职工在管理中的主导地位，实现全员自主管理，最大限度地发挥职工的能动性，真正实现"人人都管事，事事有人管"的管理境界。通过落实工序管理可以解决干什么、怎么干、干到什么程度，完成任务获得什么报酬以及完不成任务接受什么考核的生产环节管理问题，从而在职工队伍中形成竞相上岗争先的良好生产氛围。

工序管理自从在金鼎的部分岗位和工种中试行后，焕发出来的作用有目共睹：职工跑步交接班、职工下班不想走、职工有活儿抢着干、职工收入增高等等。继而工序管理从班组、掘进队传到了车间、采煤队，从一个传到几个，开始普及到分子公司、职能部室，许多人都在学习着工序管理，许多人都在实践着工序管理，许多人因工序管理而获得了丰厚的收入，许多人因工序管理而脱颖而出，许多人因工序管理而增长了才干，进而收获了工作的价值。

(6) 以人为本、注重民生

以人为本，不仅体现在物质层面给予员工的福利待遇，而且体现在精神层面对员工和劳动的尊重、敬畏和爱护；不仅关注员工的衣食住行，更关注员工的精神生活。让员工随着企业的不断发展，而拥有展现自我的宽广舞台；让员工因为企业经济效益的增强，而生活的更加殷实、幸福；让员工因为企业的欣欣向荣，而感到无比的荣耀、自豪。

(7) 以企业文化建设为重点,积极培育企业精神

金鼎公司建立了"竞争文化、担当文化、实干文化、创新文化、和谐文化"。金鼎公司更加注重扎实推进党风廉政建设,不断加强对各级领导干部的勤政廉政教育,狠抓制度健全、工作程序落实,推动了勤政廉政工作的持久深入;金鼎公司不断引深综合治理,深入开展平安创建活动,坚决打击各类违法违纪行为,妥善解决各类来信来访问题,维护了企业的和谐稳定;工、团工作创新理念,贴近群众,贴近生活,贴近实际,维护了职工利益,培养了一代新人。公司连续两年被省国资委授予"文明单位"称号。

2. 成就金鼎公司业绩的五大因素

回首改革、创新与发展,硕果满枝,亮点纷呈。金鼎人肩负使命,奋勇争先,科学决策,精心运作,闯出了"六条路径",推动了改革创新,演绎了煤机产业的大发展。回顾历史,以下五大因素铸就了金鼎公司的辉煌业绩:

(1) 历史孕育的传统因素

公司源于晋城煤业集团煤机制造分公司。50多年的发展历程,积淀了期待改革的足够动力,积攒了必须改革的客观条件。摒弃落后思维,经验正反对比,真正解放思想、转变观念,将50年的老企业带进了新阶段,迎来了发展的新境界。

(2) 促成骤变的时机因素

企业要发展,就必须谋事、顺势、适时。金鼎决策层未雨绸缪,密切关注山西煤炭资源整合重组形势,主动承担,多方争取资源整合主体资格,成功构建了煤炭产业,并积极寻求产业链接,实施煤与煤机联动发展的机制,创造了全国煤机行业新模式。

(3) 决策蕴含的驱动因素

源于对员工的高度负责,源于对形势的积极研判,源于对发展的正确引领,源于对市场的精准把握,确定"全力打造独具特色创新型煤机产业集团"的愿景目标,凝聚了巨大的发展合力,撑起了金鼎的希望,重燃了企业的激情。

(4) 贯穿全程的决定因素

金鼎在转型跨越发展的道路上,始终坚持"六条路径",毫不动摇地在高起点上不断赋予新的内涵。引申技术创新,提升自主创新能力,实现高端化制造;推进品牌战略,提升核心竞争力;完善市场机制,提高市场占有率;走产业链集群内涵式发展之路,实施"双核"战略,实现效益倍增;集聚煤机资源,发挥联动效应,实现规模经济。

(5) 凝聚合力的文化因素

几年的攻坚克难培育了金鼎的企业文化特征,这些特征促使金鼎公司全体员

工敢于挑战自我、用于承担责任、创新至上,并且干部和员工上下一条心,共同为金鼎大发展做出贡献。

8.3　产业升级　业务整合

根据国家和山西省关于振兴装备制造业规划的精神,要求"必须采取有效措施,抓住机遇,加快产业结构调整,推动产业优化升级",支持装备制造骨干企业通过兼并重组发展大型综合性企业集团,鼓励主机生产企业由单机制造为主向系统集成为主转变。同时,还提倡"发展现代制造服务业。围绕产业转型升级,支持装备制造骨干企业在工程承包、系统集成、设备租赁、提供解决方案、再制造等方面开展增值服务,逐步实现由生产型制造向服务型制造转变。鼓励有条件的企业,延伸扩展研发、设计、信息化服务等业务,为其他企业提供社会化服务。"上述政策为金鼎的产业重组和产业结构调整打下了一个良好的基础,并指明了方向。要想做强做大晋煤机械板块,就要按照煤机装备业发展的新思路和新政策,以优势寻找突破口,通过"做专做强"的策略,真正"做大做强"煤机装备制造和机械加工业务。

金鼎公司产业整合与升级的另一个特色是产业联动。金鼎公司既是晋煤集团的子公司,同时本身又拥有多个分子公司。这样的位置必然提出金鼎和晋煤其他板块业务之间的联动关系,以及金鼎内部各板块之间的联动关系,即金鼎的"大联动"和"小联动"。具体到产业发展方向,就是要把握好两个"大小联动"关系:一个是煤机产业的"大联动"与"小联动"的关系,一个是金鼎公司内部各产业链的"大联动"与"小联动"的关系,区别对待,有所为,有所不为。在煤机板块的"大联动"与"小联动"上,将煤机制造作为集团公司壮大煤炭主业的"助推器",紧紧围绕打造"煤机设备制造中心、综合检修服务中心、贸易采购配送中心、煤矿技术工艺创新中心以及煤机装备实验基地"的总体要求,加快板块融合,构建盈利模式,使煤机产业发展成为煤炭产业装备技术升级的推动者、工程一体化解决方案的提供者、安全保障能力提升的支持者。同时做好煤机板块内部四大产业的联动效应,通过产业链对接、价值链增值、资金融通、技术共享、市场协同等多种途径和方式,构建金鼎公司的商业模型,实现共同发展、效益倍增。

在产业整合升级过程中,金鼎以"全力打造独具特色创新型煤机产业集团"为目标,全面推进煤机产业链条构建;以煤机产业管控体系建设为平台,集聚煤机资源,实现集团化管控;以项目建设为主线,巩固提升传统产业,培育壮大新兴产业;以园区、产业集群为承载,优化产业布局,推进产业升级;以生产要素的整合、并购、资本运作等方式为手段,进行低成本扩张,壮大煤机产业规模;以煤与煤机联动发展为基础,延伸和拓宽产业链条,发展产业循环经济;以实施自主创新和品牌战略为途径,提升企业核心竞争力,实现了煤炭装备制造业转型跨越发展。

在具体操作过程中，贯彻晋煤集团提出的"主导产业板块化经营、相近业务专业化重组、组织结构扁平化改造、人力资源科学化配置"的改革思路，按照"集聚资源，形成产业；统一管理，专业分工；完善功能，壮大规模；机制再造，制度创新；管理科学，运营高效"的总体要求，以金鼎煤机矿业有限责任公司为核心，通过股权重组、股权托管、资产转让和设立新公司等方式，采取"一次规划、分步实施"的工作方法，加快推进煤机产业资产、业务、人员的全面重组整合，将其建设成煤机设备制造中心、综合检修服务中心、装备物资采购配送中心、煤矿技术工艺创新中心，使煤机产业成为煤炭产业装备技术升级的推动者、工程一体化解决方案的提供者、安全保障能力提升的支持者。

8.3.1 煤机制造与检修产业

按照"集聚资源，形成产业；统一管理，专业分工；完善功能，壮大规模；机制再造，制度创新；管理科学，运营高效"的总体要求，遵循"强强联合、优势互补、合作共赢"的原则，通过股权重组、托管和设立新公司等方式，利用"杠杆并购"原理，实施低成本扩张，组建了32个分子公司。实现了煤机资源的集聚，提升了煤机产业的集中度，达到了专业化经营、规模化发展的目的。

围绕构建综合检修服务基地，通过实施"1＋2＞3"的战略，专业化制造与检修成为这些公司新的经济增长点，不仅实现了由车间到公司的华丽变身，而且实现了从检修到制造的脱羽蜕变。

同时，坚持"低成本扩张、产业链构建、专业化制造、规模化发展"的思路，以开放合作之态，践行"以资本换技术，以技术占市场，以市场扩规模"的发展之道。围绕股份制合作、兼并重组、自主投资等路径，掀起了上大项目、好项目的热潮。组建了煤机技术研究院、技术中心，并实施公司化运作，使金鼎公司在行业内率先走上了技术创新产业化发展道路。

8.3.2 煤炭装备试验基地

金鼎公司经过资源整合和产业升级，实现"煤与煤机联动发展"的新模式，配合煤机生产和制造，将金鼎打造成为煤炭行业煤机装备实验基地。

这种煤与煤机联动发展的"金鼎"模式，可以说在煤机发展史上是一大发明和创造。只有对煤炭生产中存在问题有最直接、最深入的了解，才能熟悉煤矿的需求和煤矿工人的愿望，才能找到煤机研发和制造的方向所在。坚持走煤与煤机联动发展之路，有助于提升金鼎的技术转化和试验能力，实现金鼎提供工程一体化解决方案的服务目标，拉伸和拓宽产业链条，特别是煤炭装备试验基地的建设，是推进煤炭装备技术转化、高端煤机产品研发——生产——推广运用产业链全循环的节点,体现着重要的检测和试验能力。

8.3.3 矿井建设与安装产业

2009年4月,金成矿建公司成立的同时,矿建业务按照公司化发展要求开始运作。针对赵庄矿"三软"地质条件下的掘进难题,金鼎主动请缨,勇于承担,大胆创新,组建并扩大掘进队伍,强化员工技术培训,推行二代连掘工艺,探索2+1或3+1的多巷掘进方法,提升掘进速度,日进尺达120米以上,全年实现总进尺17538米,净增产值超过5000万元。创造性使用全锚索支护工艺,破解了特殊地质条件下的多巷掘进技术和支护技术两大世界难题。为集团公司彻底解决采掘衔接紧张、提升产能闯出了一条成功之路。

在矿井建设与安装的实施过程中,首先,细化和落实"九抓"措施,加快完善法人治理结构,抓好各项制度建设,配备骨干力量,健全职能部室,构建规范的运行机制。第二,按照"生产系统可靠、工艺装备先进、一井一面高效、安全健康低碳、生态环境优美"的要求,落实基本建设程序,以一流的设计、一流的工艺、一流的质量、一流的装备建设一流的现代化矿井,早日投产验收,尽快释放产能,真正使其成为煤机产业发展新的经济增长点。第三,发挥具有自主知识产权的中小煤矿综合机械开采成套装备技术和工艺的优势,把整合矿井建成高产、高效现代化精品矿井,彰显先进性和示范效应,形成煤机助推煤矿、煤矿支撑煤机的发展格局。第四,长治大峪煤业、山阴晋泰煤业、平陆晋平煤业的整合与生产加快了速度,使其在最短的时间内实现了安全可靠的投产。第五,制定整合矿井业绩考核办法,推行原煤产量台阶奖惩机制,推进矿井建设。山西金和煤业按照构建循环经济产业链的规划目标进行设计、报批和开工建设。金成矿建公司按照专业化发展的要求,培育掘进和综采队伍,为资源整合矿井提供专业化服务。

8.3.4 贸易与物流产业

为了更好地将上述三个产业紧密联系起来,实现产业由"点"到"链"的发展,金鼎依托核心资源,不断拓展延伸,打造完整产业链条。金鼎公司成立了贸易分公司,构建起了原材料、配件的采供、仓储、配送,以及设备租赁、废旧物资回收利用产业链条,实现了物资供应由"管理"到"经营",从"坐商"到"行商"的转变。

煤机制造、检修、仓储基地重点项目的建设有助于促进煤机产业的区域性布局、专业化检修和规模化发展。

8.4 金鼎公司未来产业升级整合的基本思路

经过一系列产业升级整合之后,金鼎已经建成独具特色、充满活力并彰显实力的新型煤机产业集团。为了实现创新型煤机产业集团的战略目标,金鼎还需要持续进行产业升级整合。具体来说,主要包括以下四个方面(如图8-3所示):

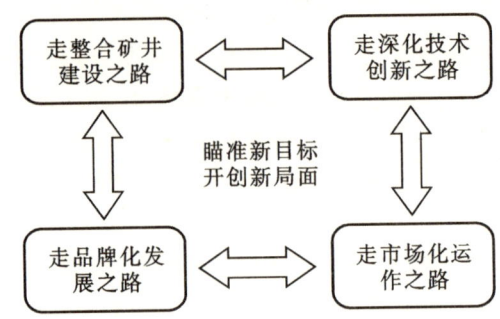

图8-3 金鼎未来持续进行产业升级整合的发展建设思路

8.4.1 走整合矿井建设之路

煤炭与煤机是金鼎公司的基础产业,无论过去、现在还是将来,其核心战略地位都不可动摇。因此,以生产要素的整合、并购、资本运作等方式为手段,以煤与煤机联动发展为基础,以延伸和拓宽产业链条、发展产业循环经济为理念,加快整合矿井技改扩建,积极争取煤炭资源,一方面可以将煤炭主业发展摆在更加突出的位置,另一方面有利于金鼎公司进行低成本扩张,壮大煤机产业规模。例如,隶属于金鼎集团的山西金和煤业,将按照构建循环经济产业链的规划目标进行设计及申报审批,并已按计划于2011年进行建设;隶属于金鼎集团的金成矿建公司已经按照专业化发展的要求,培育掘进和综采队伍,为资源整合矿井提供专业化服务。总体上来说,金鼎公司未来将主要通过以下3个方面加快整合矿井建设:

"生产系统可靠、工艺装备先进、一井一面高效、安全健康低碳、生态环境优美"是金鼎公司进行现代化矿井建设所遵循的基本理念。金鼎公司未来将坚持通过一流的设计、工艺、质量、装备,建设一流的现代化矿井,进而使其成为煤机产业发展新的经济增长点。

通过发挥具有自主知识产权的中小煤矿综合机械开采成套装备技术和工艺的优势,着力将整合矿井建成高产高效现代化精品矿井,通过精品矿井的先进性和示范效应,使未来金鼎逐渐形成煤机助推煤矿、煤矿支撑煤机发展格局。

通过制定整合矿井业绩考核办法,并推行原煤产量台阶奖惩机制,进而推进矿井建设。

8.4.2 走深化技术创新之路

纵观各知名企业发展史,经验和教训告诉我们,没有自主创新能力和核心技术,就没有公信力,就不会赢得用户的信任,更不会在市场竞争中拥有自己的"一席之地"。科技实力决定企业命运,自主创新才能撑起企业脊梁。正所谓创新无止境。金鼎公司一直坚持科技强企的发展战略,并将从不同方位、不同层面继续深化从"金鼎制造"到"金鼎创造"的转变。具体来说,金鼎公司未来将主要通过以下5个方面作为深化创新的途径:

(1)金鼎公司将从课题选择、资金保障、技术研发、成果申报、产权保护、成果转化、政策激励等方面,建立创新工作机制,从而推动技术创新,即所谓通过机制建设促进创新。创新制度和机制建设是带有根本性、全局性、基础性的建设,也是确保各项创新工作和任务落实的重要保证。深化创新机制建设是一个循序渐进的过程,也是一个在实践中检验机制优劣,不断调整、充实和完善机制的过程。

(2)金鼎公司将通过制定金鼎公司创新发展规划,明确企业未来创新发展方向和目标任务,指导企业创新发展,即所谓通过规划指导创新。例如,煤机研究院将按照"研发一批、储存一批、推介一批、产业化一批"的思路,针对《国家重大装备技术目录》,开展多项国家级煤机装备项目的研发。

(3)科技创新是一项崇高而艰辛的事业,离不开追求真理、勇于探索、开拓创新的科学品质,更离不开遵循规律、尊重实践、实事求是的科学态度。金鼎公司将通过形成"理解创造、支持创新、尊敬创业、宽容失败"的文化氛围,从而激发广大员工敢于创新、永不言败的创新热情,即所谓通过文化激发创新。

(4)金鼎公司将在建立技术创新基金制度,加大技术创新基金的提取比例的同时,积极争取上级创新资金支持,为技术创新提供资金保障,即所谓通过投入保障创新。金鼎公司将围绕国家《重大技术装备自主创新指导目录》,集中力量组织三项技术攻关:

①攻关高产高效工作面国产化替代和煤矿辅助运输机械化关键技术;

②完善百万吨短壁综采工作面成套技术装备和工艺,加快成套技术国家级和行业级的申报工作,通过行业协会落实国家首台首套政策,使之成为国家重大科技项目;

③开展"三下"采煤技术攻关。利用金鼎公司目前掌握的可行性、实用性较强的国内领先的"三下"采煤成套装备技术和工艺,以填充材料研究为突破点,开展"三下"采煤技术攻关,并于2011年完成技术立项,加快"三下"采煤技术的应用,实现以最低的成本获取最高的资源回收率。即所谓通过重大课题带动创新。

(5)金鼎公司将以煤炭装备试验基地建设为契机,把煤机装备研发和采掘工艺创新融为一体，开展煤矿采掘工艺创新，进而使"创新力"转化为"竞争力"。即所谓以试验基地建设推动创新。

8.4.3 走品牌化发展之路

"品牌"是企业走向市场的通行证，是企业占领市场的旗帜。换句话说，品牌是效益，是企业的生命。着力品牌建设，投资品牌建设是企业在市场竞争中生存的唯一出路。有了品牌，企业就可以凝聚资源、扩展市场。

随着煤机市场的日臻完善，用户的需求呈现系统化和个性化的特点，不仅要求提供适应特定目标、特定环境的有形产品，而且要求能够提供从产品的开发、安装到报废、回收全生命周期的服务保证。产品的内涵已经从单纯的实物扩展到为用户提供全方位解决方案。因此，通过"铸人品、造精品、创名品"，将企业品牌贯穿于制造、销售、服务的整个过程，取信于人，进而使用户满意，是金鼎公司在以适应市场需求为支撑而全力打造服务型企业过程中持续不变的理念。为此，金鼎在未来的发展中将继续大力开展品牌建设，在实际工作中，一方面以管理为手段，加强制度建设，强化成本控制，均衡生产，提高产品的性价比，以严格的工序管理、标准化的操作规程、精密的检测手段、完善的质量体系打造高品质的产品质量。另一方面，通过优化服务，推行"家电化"服务模式，扩大客户的深度与宽度，在服务中发现需求，从而展现良好的企业形象，奠定市场基础，赢得竞争优势。具体来说：

- 金鼎公司将努力形成品牌型文化，通过载体利用各种传播方式向客户进行展示，并通过持续不懈的传播、演绎、使金鼎品牌根植于客户的情感世界。

品牌型文化是品牌在经营中逐步形成的文化积淀，代表了企业和消费者的利益认知、情感归属，是品牌与传统文化以及企业个性形象的总和。与企业文化的内部凝聚作用不同，品牌型文化突出了企业外在的宣传、整合优势，将企业品牌理念有效地传递给消费者，进而占领消费者的心智。品牌文化是凝结在品牌上的企业精华。

品牌型文化有如下的作用：

- 通过品牌型文化来加强品牌力，不仅能更好地实现企业的商业目的，还能有效承载企业的社会功能：塑造品牌文化，其行为根本上是受商业动机支配的：通过品牌文化来强化品牌力，从而谋求更多的商业利润。另一方面，企业在宣传自己产品功效品质的同时，也要弘扬优秀的文化，倡导正确的价值观，促成社会的进步。通过塑造优秀的品牌文化来表明企业坚持积极的文化理念，也是促进社会利益的一种体现。

- 品牌型文化满足了目标消费者物质之外的文化需求：品牌型文化的建立，

能让消费者在享用商品所带来的物质利益之外，还能有一种文化上的满足。在这种情况下，有时市场细分的标准就是以文化为依据。"在这个世界上，我找我自己的味道，口味很多，品味却很少，我的摩卡咖啡。"这是一则摩卡咖啡的电台广告，它就有基于文化细分上的鲜明的目标市场：不赶时尚、有自己品味的少部分人，同时暗示他们选择摩卡咖啡就是坚持这样生活方式的体现。

品牌型文化的塑造有助于培养品牌忠诚群，是重要的品牌壁垒：按消费者的忠诚型式，一个市场可分为坚定型、不坚定型、转移型和多变型。其中品牌坚定忠诚群对企业最有价值。最理想的是培养一个品牌的坚定忠诚者在买主中占很高比例的市场，但事实不能如此完美。由于市场竞争十分激烈，往往会有大量的消费者从坚定者成为不坚定者和转移者。因此维护、壮大品牌的忠诚群体至关重要。品牌能保持强有力的商品力无疑是最关键的。但另一方面，在品牌树立、壮大过程中，在商品效用诉求的同时，也应该始终向目标消费者灌输一种与品牌联想相吻合的积极向上的生活理念，使消费者通过使用该品牌的产品，达到物质和精神两方面的满足。

尤其在竞争激烈的今天，不同品牌的同类产品之间的差异缩小，要让消费者在众多的品牌中在心理上能鲜明地识别一个品牌，有效的方法是让品牌具有独特的文化，称之为品牌的文化差异战略。

■ 金鼎公司将以制造"高端化、高质化、高新化"产品为目标，从铸造产品品质、全员参与品牌建设、加强宣传展示等方面努力铸造一流产品品牌。铸造产品品质一方面是指，通过技术创新铸就产品的灵魂，以先进的理念、完美的设计和先进的工艺技术完善产品性能增强产品的先进性，实现以先进的技术成就品牌；另一方面，金鼎公司将通过强化全员质量意识，以严格的工序管理、精细的操作规程、精密的检测手段、完善的质量溯源和质量追究制度，保证产品质量，实现以过硬的质量铸就品牌。全员参与品牌建设包括组织开展多种形式的品牌建设活动，力争让品牌意识根植于每一位员工思想深处，从而指导日常的行为规范。通过开展品牌建设主题教育活动，激发员工用心打造品牌、用情呵护品牌的自觉性和主动性，并把这种激情转化为具体的行动运用到日常工作中，从而增强员工热爱企业、感恩企业以及奉献企业的热情，提升企业的凝聚力和核心竞争力。对于加强宣传展示方面，主要通过新产品推介、参展等各种途径，加强品牌的宣传，引导和激励全体员工知品牌、爱品牌、扬品牌，实现以现代传媒彰显品牌。另外，金鼎公司将以市场化运作，订单式制造，提高产品的性价比，实现以产品高附加值优化品牌。

- 提升服务品牌是金鼎公司品牌化发展之路的另一重要聚焦点。金鼎公司将通过推行"家电式"售后服务,以"专业、亲和、耐心"作为培训目标,并制定考核办法,完善服务回访制度,根据走访结果进行总结、分析,制定更加完善的服务计划和方案,提高用户对产品的满意度,实现以优质的服务提升品牌。为了实现这一目标,未来金鼎公司采取的措施主要包括以下方面:首先,通过对售后维修人员的服务过程进行动态管理跟踪,按管理能力、维修能力划分等级,采取末位淘汰制进行管理;其次,组织成立问卷调查小组,制作详细的问卷调查表,定时到客户和准客户进行走访、调查,及时了解客户对金鼎公司今后服务的要求和预期;再者,对于回访及调查过程中所记录的用户反映的问题,认真进行处理并复审处理结果,将用户反映的问题反馈至研发部门及各相关生产单位,以使今后杜绝此类问题的再发生。

- 金鼎公司将努力打造强势团队品牌。员工是企业生命力的源泉,拥有素质高、业务精、技术强的员工队伍能够使企业在未来的竞争环境中具备独特的、持续的竞争优势。培养"学习型"员工正是未来时期金鼎公司的工作重点。通过建立员工培养机制以及公平公正的员工约束激励机制,在注重业务水平的同时加强员工的道德修养以提升员工的综合素质,进而打造独具特色的团队品牌。

8.4.4 走市场化运作之路

"立足内部市场、开拓外部市场"是金鼎公司未来市场化战略的实施思路。首先,定位于满足晋煤集团内部市场需求是开拓煤机市场的基础。随着煤炭产量的增加,晋煤集团每年新增设备及设备更新改造需求较大,而金鼎公司煤机产业对集团公司具备完全的生产制造能力,设备较其他公司的产品更具技术优势和服务优势,并且它承担着各个矿井的煤机检修和服务任务,使得金鼎公司的产品内部需求在未来时期仍有相当程度的上升空间。因此,以稳定内部市场作为煤机销售扩张的起始点具有较强的现实意义。

其次,着眼于外部市场是开拓煤机市场的必然要求。以"销售产品是销售品牌、技术、服务"为理念,强化从产品研发——制造——售后服务的创新,是金鼎公司引领外部市场竞争的的基本举措。在此基础上,一方面,金鼎公司将通过开展煤机市场调研,制定市场运作战略,建立"租赁+销售"的运行模式;另一方面将加强与大型煤炭企业建立战略合作联盟,构建经济共同体,发展规模市场,打阵地战,以大市场带动煤机产业大发展。通过推进与大集团、大企业、煤矿建立战略合作联盟,以及设备融资租赁、全程技术服务等业务的开展,将外部市场变成"内部"市场,从而提升成本控制能力和运营效率,达到扩大市场份额,壮大经济规模,实现外部市场销售8%~10%的目标。

古人常用"盐梅相成、调和鼎鼐"比喻良相处理社会政治矛盾关系的巧妙手段。回顾金鼎公司进行产业升级整合、组织重组以及技术创新的过程,不正是古代"治大国若烹小鲜"、"调和鼎鼐、燮理阴阳"吗?经过这一整合重组过程,金鼎公司理顺了产权关系,优化了组织结构,重新组合了业务关系,为金鼎的腾飞奠定了很好的发展基础。

第九章　鼎新革故　开拓进取

9.1　安全管理　重中之重

9.1.1　健全安全管理制度

在进行安全管理的过程中,首先要做的是建立专门的安全管理部门进行归口管理。金鼎成立了安全技术专家委员会,健全各项安全管理制度,规范工作流程,严格规程审批,实现了安全生产工作程序化、规范化。主要规范的七大管理体系为:

1. 安全制度体系

安监部门针对煤机产业发展实际,宣贯《晋煤集团安全生产管理条例》,修订完善各项安全管理制度,逐步建立起科学规范、管控有效、约束有力的安全制度体系。

2. 安全责任体系

金鼎安全管理施行四级责任制。从决策层、专业管理及技术指导层、组织落实层到现场实施层。决策层包括各单位安委会和主要负责人。

安委会是本单位安全的领导机构,负责统一领导和部署本单位的安全生产工作,明确安全目标,提出安全工作要求,研究和解决本单位安全生产的重大问题,指导、协调重大安全事故的应急救援。各单位主要负责人是本单位安全生产的第一责任者,对本单位安全生产工作负总责。另外,各单位安全负责人负责协助主要负责人落实各项安全生产法律法规、规章制度,综合管理本单位的安全生产工作,对本单位综合安全生产工作负责。

专业管理及技术指导层主要由安全监督部门牵头,各业务部室配合,修订各级安全生产责任制,强化重大隐患问责制,加强"安全红线"管理,严格事故责任追究,推进安全问责。各级安全监督部门对本单位安全管理生产负综合监管责任,其职责有:对各部门、各直管单位的安全工作进行监督、检查、考核、奖惩;对有关生产安全事故的分析、调查、处理;对从业人员持证上岗和安全培训情况的监督检查等。各业务部门对分管业务范围内的安全生产工作进行监督管理,对分管业务范围内的安全工作负业务保安责任。如生产处的主要安全职责在于对业务范围内的安全生产工作进行指导、协调、督促和检查,牵头负责公司安全质量标准化工作的管理和考核,对各类生产安全事故应急救援负有指挥、调度、协调责任。机电处对公司机电设备、设施安全运行的业务进行管理,同时监控公司大型固定设备、特种设备的安全运行。公司的其它单位和职能部门都有相应的安全管理责任。

3. 安全隐患排查制度

加强现场安全管理,及时排查治理安全生产事故隐患,对确保安全生产具有重要意义。首先,金鼎公司成为以董事长为组长的事故隐患排查治理工作领导小组,下设由各职能处室"一把手"任组长的十一个专业事故隐患排查组,分别为:煤矿顶板、运输事故隐患排查组、机电、发供电、机械制造事故隐患排查组、煤矿防治水事故隐患排查组、煤炭洗选加工事故隐患排查组、火工品事故隐患排查组、矿井建设和建筑施工事故隐患排查组、道路交通,消防和有毒、易燃、易爆有害危化品事故隐患排查组、职业危害事故隐患排查组、放射源、饮用水源事故隐患排查组、卫生防疫、传染病防治事故隐患排查组、劳动防护用品事故隐患排查组等。其次,建立了隐患排查的四大体系包括隐患排查领导体系、隐患排查专业体系、隐患排查治理体系、隐患排查监督体系。隐患排查领导体系由公司高层组成,负责隐患排查的全面工作。隐患排查专业体系由各专业事故隐患排查组构成,负责本系统、本专业的事故隐患排查工作,提供指导、检查、监督、管理、协调等。隐患排查治理体系的责任主体是各单位。各单位负责人全面负责本单位的事故隐患排查治理工作,各业务科室对分管专业的隐患排查治理工作进行业务指导、检查、督促、协调、管理和信息传递;安全管理部门对本单位的隐患排查治理工作进行监督检查、考核。隐患排查监督体系主要由安监部牵头,对各单位和各事故隐患排查组的事故隐患排查治理工作进行监督检查和考虑,负责集团公司事故隐患排查治理情况的收集、统计、分析和上报工作。

4. 安全检查制度

安全监督检查工作有助于贯彻国家安全生产方针、政策,全面落实各级人员的安全生产职责,消除事故隐患,防止和减少生产安全事故,全面提升安全管理水平。金鼎的安全监督检查机构包括领导组和检查组。领导组由公司主层构成,负责领导、决策、协调安全监督检查工作。安全监督检查领导组下设十二个检查组,分别为:煤矿顶板、运输安全监督检查组,机电、发供电和机械制造安全监督检查组、煤矿"一通三防"安全监督检查组,煤矿防治水安全监督检查组,煤炭洗选加工安全监督检查组,火工品安全监督检查组,建筑施工和矿井建设安全监督检查组,道路交通、消防、易燃易爆和有毒、有害危化品安全监督检查组,职业危害安全监督检查组、劳动防护用品安全监督检查组、放射源、饮用水水源安全监督检查组、卫生防疫、传染病防治安全监督检查组。

安全监督检查通过多种形式开展：一是经常性的安全监督检查，各单位定期和不定期地深入现场，随时随地排查治理种类事故隐患，重点对零散作业、零星作业、重点工程施工、工作面停、复产进行检查，把事故隐患消灭在萌芽状态，避免隐患潜伏、扩大，从而造成事故。二是定期性安全监督检查，由安监局牵头每年对各生产矿井组织一次安全生产基本条件评价检查，每季度、每月分别对各单位进行一次安全管理绩效评价考核检查。由生产处牵头有关业务处室配合，每季度组织一次安全质量标准化大检查。各单位每月由主要负责人或安全负责人组织有关人员对作业头面、场所至少进行一次安全大检查，做到不留死角、全面覆盖。三是普遍性安全监督检查，由安监局牵头，每季度组织一次隐患排查治理检查，由生产处负责每年至少牵头组织一次"雨季三防"和"冬季三防"检查。由机电处负责每年至少组织一次春季供电线路检查和冬季"四供"（供电、供气、供暖、供水）检查。四是专业性安全监督检查，各相关业务处室按照专业分工每季度至少组织一次顶板、运输、机电、"一通三防"、防治水、大型设备、特种设备、监测监控、洗选加工、矸山治理、火工品、建筑施工、道路交通、消防、卫生防疫、劳动防护用品的专项检查。五是连续性安全监督检查，对整合、改扩建矿井由安监局牵头，有关业务处室配合，每半年对矿井进行一次建设项目"三同时"检查；对工作面投产或分管专业存在新设备、新工艺试验和使用等由分管业务处室进行不间断的连续检查。六是突击性安全监督检查，由安监局和通风处负责，分别组建安全小分队和"一通三防"督察小分队，不定时、不定点、不事先通知被检单位，全年不间断对各单位进行检查，各单位、各专业组结合实际情况，针对不同时期、不同重点、不同区域和不同内容及时开展不同形式的检查活动，排查隐患，防范事故。

安全监督检查的程序如下：编写安全监督检查计划任务书→确定安全监督检查范围及参加人员→现场安全监督检查→填写三定表→整改→复查→考核→反馈。

5. 安全问责制度

金鼎公司的安全问责制度包括四个部分，一是重大安全生产隐患责任追究制度；二是"安全红线"管理规定；三是事故报告和调查处理规定；四是受党纪政纪处分人员处罚执行规定。

6. 安全保障制度

安全保障制度包括的范围比较广，主要涉及危险源的管理、安全生产事故应急救援管理、安全工作会议体系、安全技术会诊工作等方面。对重大危险源进行检测、评估,建立重大危险源档案,以此为依据对重大危险源进行监控,制定相应的管理制度和监控措施,投入必要的资金和人力。此外,完善安全技术会诊长效机制,发挥专家的技术和经验,从大的系统环节着手,找出企业在安全、技术、管理上的缺陷和短板,制定出解决方案和措施。安全技术会诊工作流程如图9-1所示。

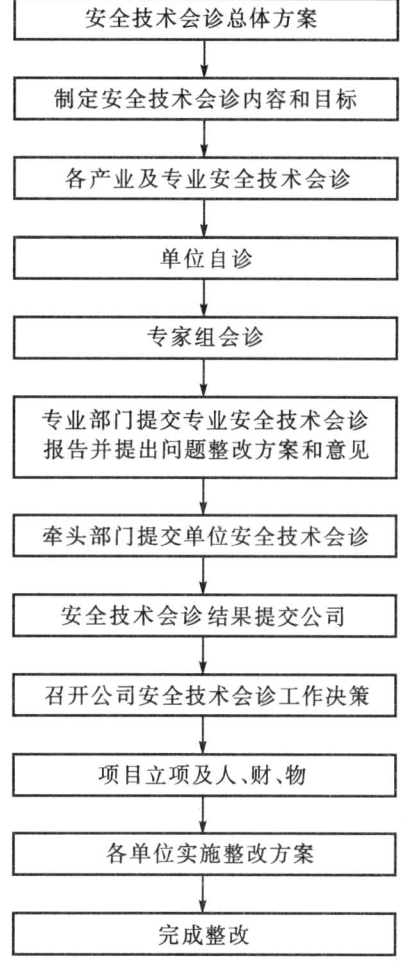

图9-1 安全工作技术会诊流程

此外,还设定重大危险源应急预案,落实事故预防、应急准备、应急响应、应急救援责任,争取把事故损失降到最低。

7. 应急救援体系

建立应急救援体系的目的在于应对公司范围内可能发生的较大事故、事件和灾难,迅速、有序、有效地开展应急救援行动,采取有效措施,防止灾情和事态进一步蔓延,最大限度地减少人员伤亡和经济损失。应急救援体系包括应急救援系统、应急救援响应、应急救援预案、应急救援保障等四个方面。应急救援系统包括组织体系、运作机制、保障体系三大模块,其中组织体系包括应急指挥、管理机构、功能部门、救援队伍。运作机制以统一指挥、分级响应、属地为主、公众动员为原则。保障体系包括通讯保障、贸易物流、人力资源和经费财务等方面。应急救援响应的程序为:事故现场人员→本单位调度室→公司生产处调度室→调度值班长→应急指挥部领导。应急救援预案按预案的适用对象范围不同,分为综合应急预案、专项应急预案、现场和抢救方案四类。

8. 检查考核体系

安全管理考核以客观性、全面性、公正性、差异性、连续性为原则,考核内容主要包括安全目标考核、安全绩效评价考核、安全控制指标考核和安全动态监察。安全目标考核由安监局组织,考核内容包括安全控制指标、安全工作目标两部分。主要依据是每年年初公司与各单位签订的安全目标责任书。考核对象是各子分公司、经费包干单位。安全控制指标以年末实际情况为准,安全工作目标在安全绩效评价时验收考核。安全目标考核结果按相应比例供稿各单位的经营业绩评价、各经费包干单位和机关处室的工作绩效评价中。安全绩效评价考核包括矿井安全绩效评价考核、对资源整合实施单位和兼并重组矿井的安全绩效评价考核、非煤单位安全绩效评价考核,以及业务处室业务保安绩效评价考核。安全控制指标考核是指当各子分公司、经费包干单位发生生产安全事故,要按照《晋城煤业集团事故报告和调查处理规定》进行考核,机关处室按照专业摔跟头工作绩效考核得分。对各子公司、煤炭生产单位、分公司和经费包干单位,设立"安全生产事故"否决指标,纳入各单位经营业绩评价中。日常动态安全监督,按照相应办法进行考核。

9.1.2 强化安全质量标准化管理

金鼎公司按照国际规范,建立了质量—环境—职业健康安全管理体系,申请通过质量、环境与职业健康安全一体化认证,确立了"三标一体"的管理体系,建立健全公司管理、岗位操作、流程控制等全方位的制度、规章、标准,实现企业功能互补、协调融合、紧密衔接、高效运作的机制。

9.1.3 强化安全生产教育培训

金鼎公司围绕实施战略的要求,以安全培训为基础,以技能开发为龙头,认真落实"3451"人才战略规划目标,以"建基地、编教材、管教学、尊教师、保投入、强执行"为总体要求,扣住人才引进、培养、开发、使用、激励五个关键环节,积极推动"岗位操作、专业技术、经营管理"三大序列员工队伍建设,强力推进"产权代表、经营管理、党群干部、专业技术、岗位技能"五类人才,构建了一支规模宏大、结构合理、素质优良、梯次分明的人才队伍。

安全教育与培训主要包括五项活动:加强安全责任教育、安全法制教育、安全知识教育、安全规程教育和安全素质教育,促进员工的知识更新、能力提升和素质提高。在安全培训教育过程中,金鼎公司采取了一系列办法新、形式活、效果好的培训模式,促进安全管理工作。在培训方式上,脱产培训与在岗培训相结合、长期培训与短期培训相结合、高、中低档次培训相结合、理论教学与实际技能操作相结合、集中培训与分散培训相结合。对不同的员工进行针对性的安全教育培训:对安全管理干部和员工,主要是对安全管理系统知识、紧急突发事件的处理、科学安全管理新知识等内容;对新员工进行的岗前培训、安全操作规程和岗位安全教育的培训。

9.1.4 加强班组管理

金鼎公司创造性地做好班组建设工作,对于夯实企业管理基础、筑牢安全生产第一道防线、增强班组凝聚力和执行力、促进企业转型跨越发展具有重要的意义。金鼎公司在班组管理实践中,牢固树立"安全高于一切,一切服从安全"的理念,全面推行"白国周班组管理法"、安全手指口述确认法、现场交接班等先进经验,完善班组管理机制,规范班组工作流程,以提升班组管理水平为核心,以提高班组成员整体素质为重点,并及时进行总结、提炼和升华,确保员工安全和规范作业。

- 健全一个机制,即健全班组建设工作机制:把班组建设纳入企业发展总体规划,提上重要议事日程,建立健全党政工团齐抓共管的组织领导体系,形成"行政负责实施、工会协调组织、相关部门联动、职工积极参与"的班组建设工作机制,做到上下联动,确保班组建设工作落到实处。
- 规范两项行为,即规范班前会和班后会行为:班前会作为现场管理的第一道程序和安全宣传教育的主阵地,在班组建设中发挥着举足轻重的作用。班后会重点是对当班安全、生产情况进行总结点评,对发现的不安全因素、现象提出防范措施,并针对问题对班组成员进行安全思想教育。开好班前会和班后会,对于贯彻落实安全生产责任制,把好班组现场安全管理关至关重要。各单位结合本单位班组建设工作实际,完善班前班后会工作制度,从班前会、班后会的内容、形式、程序等方面进行统一规范,逐步形成科学、合理、规范、有效的班前会、班后会的制度和程序,以高质量的班前会、班后会来教育、引导和规范职工的安全行为。
- 推广三种方法,即认真学习推广"白国周班组管理法"、"安全手指口述确认法"和"五想五不干"工作法。"白国周班组管理法"的"六个三"(三勤、三细、三到位、三不少、三必谈、三提高),是经过实践检验成效显著的煤矿班组建设工作方法;"安全手指口述确认法"是强化职工安全意识,规范职工操作行为的有效载体;"五想五不干"工作法是独具晋煤特色,实现职工由"要我安全"向"我要安全"转变的活动载体。集团公司各单位要把推广这三种方法作为加强班组建设的重要内容,制订具体活动方案,认真组织实施,推进班组建设工作整体上水平。

- 深化一项竞赛,即深化"创建五型班组、争当工人先锋号"竞赛活动:修订集团公司"五型班组"建设目标,深入开展创建管理型、安全型、技能型、民主型、和谐型"五型班组",争当"工人先锋号"竞赛活动,推动班组建设工作全面活跃。
- 强化班组基础管理,创建管理型班组。建立健全班前会、班中交接班、班后总结、班组现场安全评估制度,班组学习培训制度,安全质量标准化管理制度、隐患排查治理制度等各项规章制度,夯实班组建设的基础,确保各项工作任务顺利完成。创建能打硬仗、注重管理的团队。

9.1.5 强化安全管理文化建设

- 构建了安全宣传教育工作的长效机制:各单位把安全宣传教育作为安全生产运行管理体系的一项重要环节,同其它安全生产指标一同布置、一同检查、一同考核、一同表彰。各单位制定了系统的安全宣传教育计划和检查考核标准,做到安全宣传教育全年不断线,年度有主题、季度有重点、每月有活动,每天有内容,季度有考核、日常有典型、工作有特色。金鼎公司对各单位的安全宣传教育工作进行严格考核,确保安全管理工作的顺利开展。
- 党政工团齐抓共管:由党委统一领导、行政大力支持、党政工团各负其责、职工家属广泛参与的安全宣传教育运行机制以及跨部门之间的协调办理机制。各相关职能部室根据《金鼎公司安全宣传教育"三保四争六优化"法实施方案》中规定的职责分工组织安排工作。
- 整合安全宣传教育资源,构建五大工作体系:
  - 构建舆论引导和思想教育体系,营造"安全高于一切,一切服从安全"的浓厚氛围。
  - 构建安全文化建设体系,以推行"双因素管理法"为重点,强化安全意识,促进行为养成,提升职工的职业素养。
  - 构建联动帮教体系,发挥党政工团职能部门作用,加强对严重"三违"人员帮教,筑牢安全思想防线。
- 构建安全技能培训体系,对特殊工种、重点岗位、特殊作业人员定期培训、严格考核,落实持证上岗制度。组织严重"三违"人员安全知识培训班,提高遵章作业能力。
- 构建干部作风督察体系,严格落实领导跟班制度,发挥领导人员在安全生产中模范带头作用。

9.2 文化塑造 变革观念

金鼎在发展过程中,联系企业改革发展的新形势,依据晋煤集团的企业文化体系,总结提炼企业发展过程中形成的核心价值理念,大力宣传、引导、培养员工共同的价值观,成为强化企业凝聚力的思想基础;以安全文化建设为切入点、精细化管理为重点,强力推行理念宣贯,将企业文化的理念和精髓逐步寓于企业的各项管理之中,融入到安全、生产、经营等方方面面,内化意识、外化行为,丰富文化内涵,拓展文化空间,使文化力转化为生产力,培育出了既一脉相承又与时俱进的新型企业文化体系。

9.2.1 金鼎企业文化建设的主要内容

金鼎公司在对业务和产业链条进行重组和整合过程中,拥有不同企业文化的各分子公司共处于金鼎公司的环境中,如何融合企业文化,促使各子公司统一到金鼎的旗帜之下,就成为金鼎发展过程中迫切要解决的问题。在金鼎文化变革的过程中,保留了原煤机厂的优势文化,同时吸收了各分子公司文化中的优良成分,重塑了金鼎的企业文化。经过文化的扬弃、创新、再造和重塑,形成了贯彻晋煤集团企业文化精神,同时又彰显金鼎特色的新的企业文化体系。

1. 金鼎文化的整合与重塑

金鼎的精神文化一方面主导和决定着公司文化建设的变革与发展,另一方面又是对原有文化的结晶和升华。在并购和整合各分子公司的过程中,由于各分子公司的背景差别比较大,不管是所有制、人员结构,还是管理理念、经营机制都各不相同。并购后,员工对企业的原有主体意识都或多或少的受到了冲击甚至否定,产生了一些不安和疑惑,对金鼎的企业文化也产生了抵触、排斥情绪,特别是从事煤机检修的公司,从原先效益很好的煤矿管辖被转入到煤机板块后,很多员工都带有很大的顾虑,有的担心原有的收入水平是不是能够保证,有的人习惯了原有的大锅饭管理,对金鼎的按劳付酬制度带有抵触情绪。为了确保金鼎文化建设的顺利进行,首先必须对文化进行整合。

金鼎精神文化的整合包括对企业愿景、企业使命、企业精神等的整合。整合重组后的金鼎是由来自不同背景的分子公司构成的利益共同体,必须要给所有的员工一个清晰的奋斗方向,这个方向既是金鼎对员工的利益吸引,也是对员工行为方向的一种界定。只有所有的员工和分子公司都能以共同的愿景而自愿融合在一起时,金鼎才能真正形成统一的、有强大凝聚力的文化。金鼎的企业使命是所有经营活动开展的依据,是金鼎为实现愿景必须承担的责任和义务。在金鼎重组后,一致的使命有助于确定各分子公司的核心业务和发展方向,协调内外部各方面的使命,避免各分子公司的矛盾和冲突。统一的新的价值观能清晰的给员工传递企业主张什么、希望员工朝着哪个方向努力,从而形成一致的企业管理理念和行为准则。

金鼎行为文化是精神文化的体现,通过各项行为规范和准则得以体现。行为文化强调的是金鼎员工在认同企业精神文化的前提下,依据行为文化约束自己的行为。对金鼎来讲,这样也有助于形成企业行为的内在约束力。在金鼎重组后,对原有的组织机构、管理制度和行为规范都进行了重组。在这一过程中,不可避免的出现了员工由于怀旧心理、惯性思维而产生的对新制度的抵触。因此,金鼎在进行企业行为文化整合时,注重在硬性管理制度的基础上发挥人本管理的作用,通过各项活动和激励的措施提升员工的自我管理和自我约束,激发调动员工的积极性、主动性和创造性。

金鼎的物质文化整合主要是指在金鼎各分子公司的产品、企业名称与标志、企业环境、企业广告等方面都突显出金鼎公司的标识。对外,金鼎标识是向社会展示金鼎的独特性;对内,可以强化员工对金鼎文化深层次的认可。另外,金鼎统一的标识体现在服装、办公用品、厂区等各个位置,有利于员工产生纪律感和归属感。另外,新的、统一的标识有助于金鼎打造品牌声誉,对外塑造企业品牌,对内提升员工荣誉感。

2. 金鼎公司"一主多元"的企业文化体系

金鼎公司的企业文化建设是面对企业外部、内部经营环境变化做出的主动的、系统的,并具有未来意义的回应,旨在通过公司战略的指引,以发展为主题,全面总结金鼎公司的价值主张和文化取向,规范、提升金鼎企业文化理念体系,达到统一思想,塑造核心竞争优势,并实现永续经营的目的。

金鼎公司要建立的企业文化体系是具有统领性的,层次清晰、系统化、规范化的一主多元集团生态文化体系,见图9-2。

一主多元的企业文化,并不是要求所属分子公司完全与金鼎公司统一,而是在践行金鼎公司核心价值观的前提下,围绕金鼎公司总部整体的使命、愿景和价值观,确定适合各自发展的使命、愿景、价值观,从而保持与金鼎公司文化所倡导的理念核心的统一性,见图9-3。

文化管理	多元文化
文化管理是金鼎公司实现对分子公司管控的一种有效方式。金鼎公司文化体系指的是金鼎公司提出的文化理念,通过各种载体,对分子公司的精神层面、制度层面及行为层面进行统一、规范、协同的一系列管理控制体系	对于实现多元化战略的金鼎公司而言,由于各分子公司在业务上、地域上、发展特点、运营模式等各方面的多元化,若采取统一的企业文化,容易在金鼎公司的整体发展中造成僵化的趋势。因此,多元化的企业文化宜采用多元化的文化管理方式
共同价值观的管理	企业文化生态
为保证分子公司在金鼎公司提倡的文化模式下、战略轨道上运作,金鼎公司强调分子公司对公司文化的认同及文化管理的模式,特别注重共同价值观的管理,要求各分子公司在价值观的一致性上严格遵守金鼎公司的文化要求。金鼎公司有规范的文化传播方式,而分子公司则有多元的、灵活的企业文化具体形式	企业文化生态表明企业文化体系是一个具有自我调节、自我完善和自我更新能力,具有不同层次的完整系统。不仅具有强大的生命力,而且还与其他文化体系相适应,互为依赖、和谐共生

图9-2 "一主多元"的金鼎企业文化基本思想

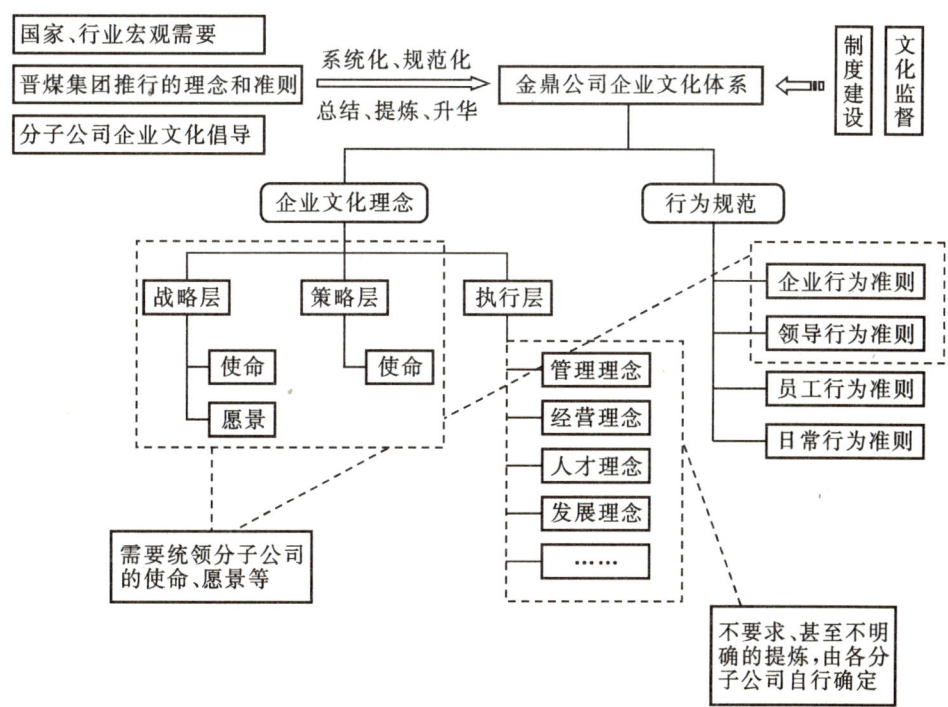

图9-3 一主多元的金鼎公司企业文化生态体系

金鼎企业文化的多元性,体现在所属分子公司在执行层面的多元性,以及非核心价值观的多种选择方向。金鼎公司的理念倡导使命、愿景、价值观的统一,所属各公司结合金鼎公司的发展战略、业务重点、管理风格、人员现状,制定适合本公司实际的各执行层理念,并在此基础上构建支撑文化落地的、具有自身特色的管理措施。以此形成文化的多种不同表现形式,展现文化的多元性。

在目前金鼎公司企业文化多元化、多样化的态势下,以促进集团发展为出发点,在未来的公司企业文化建设中,特别需要重点导入或提升以下企业文化理念,以形成公司文化的明确的一条主线,见图9-4。

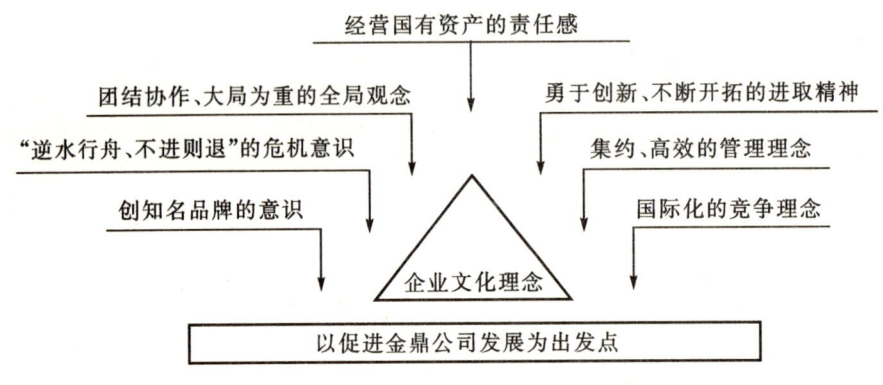

图9-4 金鼎公司文化体系的要点

9.2.2 金鼎企业文化建设的主要方法

1. 总体目标

金鼎公司企业文化建设的总体目标是:打造独具金鼎特色、一主多元的战略导向型企业文化体系,形成以金鼎公司为主导、以子分公司为基础的企业文化建设新格局,企业文化建设工作取得了突破性进展。主要目标是:企业理念深入人心,成为广大干部员工日常工作的价值观念;员工文明行为得到规范和强化,达到职业化行为的初步养成;精细化管理模式初步形成并有效运行,促进管理水平和管理创新能力的提高;金鼎公司整体形象得到提升,企业认同度与品牌美誉度显著提高;企业文化建设机制得到健全,促进企业发展。

在企业文化的实现过程中,围绕公司改革、发展、稳定中心工作,大力创建企业文化"十个一"工程,即全力实施寻求一个融合、弘扬一种精神、锤炼一种作风、融入一切管理、培育一种心态、激发一种斗志、提升一种能力、打造一个品牌、学习一个读本、形成一本手册"十个一"工程,推进公司企业文化建设取得实效,增强管理创新活力,提高企业软实力。企业"十个一"工程具体内容:寻求一个融合,就是金鼎的子文化建设要与集团公司的母文化建设找到融合点;弘扬一种精神,就是要弘扬"脚踏实地、开拓创新"的金鼎精神;锤炼一种作风,就是要继续发挥铁血精神,像军人一样完成任务;融入一切管理,就是文化建设必须要赋予管理内涵,实现文化管理;培育一种心态,就是要培育"心系金鼎、忠诚金鼎、奉献金鼎"的感恩心态;激发一种斗志,就是要激发广大职工"敢想敢做、勇往直前"的工作斗志;提升一种能力,就是要不断提高全体职工的工作水平,提升创新工作能力;打造一个品牌,就是要做大做强"金鼎品牌",打响"金鼎品牌";学习一个读本,就是要广泛学习宣贯集团公司编印的《企业文化学习读本》;形成一本手册,是指编印《金鼎公司企业文化手册》。要通过企业文化"十个一"工程的实施,创建一个人人充满感恩、奋发图强、追求进步的文化环境,为企业的大转型、大跨越、大发展提供强大的精神动力和文化保障。

2. 金鼎企业文化建设的具体方法:文化双因素管理法

金鼎公司以企业文化的基本理念为指导,将企业文化建设与企业管理创新、制度创新紧密结合起来,建立健全金鼎公司组织结构、运营机制、管理机制。结合金鼎公司发展实际,充分调动内外部资源,利用企业文化双因素管理法,全方位宣传金鼎公司企业文化建设成就,为金鼎公司树立良好的社会形象。在总结金鼎公司企业文化建设经验的基础上,建立了企业文化建设的衡量、监控与改善系统,规范企业文化调研、推广应用以及企业文化的修订、变革等方面的工作流程和标准,确保企业文化长期建设的正确方向,并且系统地总结和回顾了金鼎公司企业文化建设的经验,着手研究制定下一个五年计划企业文化建设的实施规划,为金鼎公司新一轮的发展做好准备。

■ 双因素管理法的内涵

双因素管理法有三层含义:

第一层:DFC(Double factor cut)双因素切入(企业理念和员工行为);

第二层:DLD(Double layer drive)双重驱动(岗位绩效和能力素养);

第三层:DDC(Double direction combine)双向结合(制度约束和自主管理)。

双因素管理法是在现代企业管理理论的指导下,从提升公司的管理水平、推进企业发展战略实施的大局出发,总结、提炼近年来企业管理的有效成果,学习与借鉴先进企业的成功经验,对企业文化进行进一步整合与创新的管理方法。如图9-5所示。它以企业理念与员工行为为切入点,以员工岗位绩效与能力素养考核为驱动力,以制度约束与员工自主管理为结合部,构建独具金鼎特色的管理模式。这一管理法立足于现场管理,着眼于对每一人、每一天、每一事、每一物(简称4E)的精细化管理和控制,体现了人本、精细与规范的现代管理思想,从而使文化融入管理,让管理走向精细,是实现企业文化落地的有效方法。

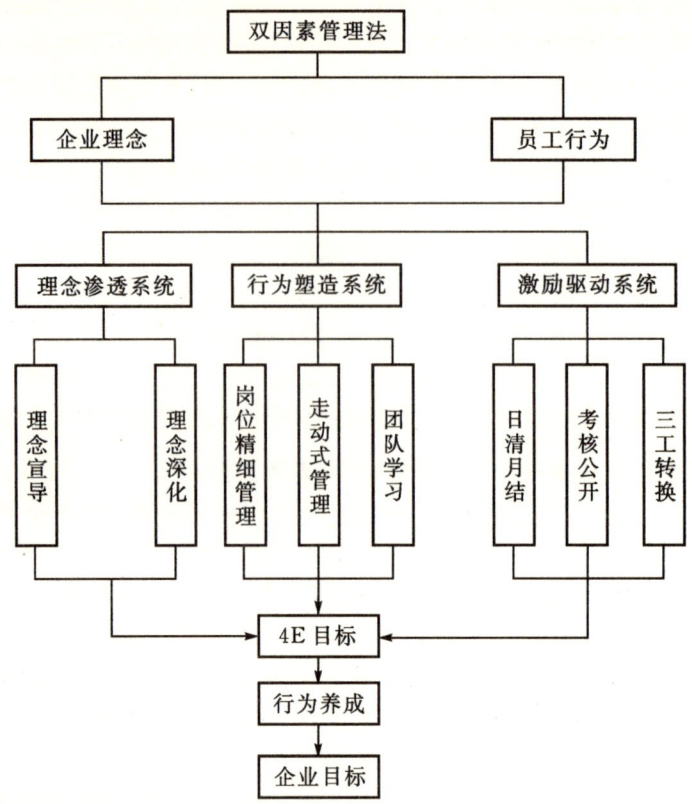

图 9-5 双因素管理简图

■ 双因素管理法的主要内容

两种宣贯方式:理念宣导,理念深化

- 理念宣导:通过氛围营造、班前礼仪和阵地建设等各种手段将金鼎公司的文化理念的主要内容传递到每一个员工,提高员工对企业文化的认同。
- 理念深化:在理念宣导的基础上,通过各种形式的活动,加深员工对金鼎公司文化理念的理解,使之内化于心。

三种管理手段:岗位精细管理,走动式管理,团队学习

(1)岗位精细管理。以精细作业为基本特征,通过制定覆盖每一人、每一天、每一事、每一物的工作标准以及相应的运行管理办法,提高每个员工的执行力,规范员工的岗位行为。

(2)走动式管理。以"走动无盲区,管理零漏洞"为目标,以管理技术人员为实施主体,按照每一人、每一天、每一事、每一物的标准实施现场管理和流程控制。

(3)团队学习。以提高员工岗位技能和综合素质为主线,通过构建团队学习体系、愿景体系、创新体系、激励体系、创效体系五大体系,促进团队和员工自我成长、充分展示学习创新成果,从而达到增强团队学习力和竞争力的目标。

三个考核环节:日清月结,考核公开,三工转换

(1)日清月结。建立 ABC 三卡,对每个员工当天与当班的工作绩效与行为表现,按照考核标准进行计分或计奖,每日一清,每月一结。

(2)考核公开。通过管理看板、走动管理巡查本、民主公开栏和局域网等载体,及时将与考核有关的信息和结果公开,接受员工的监督,增加管理透明度,防止暗箱操作,做到公开、公平、公正。

(3)三工转换。以 ABC 卡汇总的结果为依据,结合双向评议,按照员工得分的高低和相应的比例,评出每月的优秀员工、合格员工和待培训员工,并建立相应的奖惩机制。

9.2.3　金鼎文化建设的具体措施与重点工作

金鼎公司在进行企业文化建设过程中的重点工作与具体措施包括:

■ 根据集团公司企业文化融合要求,深入推进母子文化融合

在金鼎公司企业文化的建设过程中,首先要根据晋煤集团公司文化融合的要求,立足企情及发展需要,深入推进母子文化融合。在严格遵循集团公司视听觉识别基本要素规范的基础上,重点开展六项工作:

一是在基层车间和区队的班前会、安全会及重大活动和重大会议上,坚持唱晋煤企歌《阳光地带》和唱《煤机之歌》,以增强员工自豪感与责任感;

二是在重大活动悬挂企业旗帜和徽标;

三是建好员工文化长廊,规划好制造工业园区整体文化氛围,在文化长廊中要重点对集团公司理念进行宣传,各基层单位、车间要统一制作宣贯企业理念的文化排牌,在各基层单位的会议室、办公场所悬挂标语,营造浓厚的理念宣贯氛围;

四是公司生产的产品和各生产现场的牌板、灯箱以及办公用品、纪念品、印刷品的设计和制作要在保证和集团公司标识的统一性后,再强调突出本单位的特色,确保视觉系统的统一;

五是要广泛学习宣贯集团公司编印的《企业文化学习读本》,各单位要进行集中学习,深刻理解《手册》的内涵;

六是各子分公司要把集团公司战略愿景、企业精神、企业宗旨等核心理念悬挂在显要的位置,营造浓厚的企业文化氛围,推进母子文化的融合。

■ 以活动为载体,弘扬企业精神,熔炼团队精神

以学习型党组织创建活动为契机,通过深入开展形势任务教育、党员干部理论

学习、企业文化骨干培训、"两会"宣讲、座谈会、演讲赛、征文和"学管理、学经营、强素质、塑文化、促发展"等学习教育活动,结合思想政治工作和精神文明创建工作,大力宣传弘扬"脚踏实地、开拓创新"的金鼎精神,进一步统一思想,凝聚合力,为推动金鼎公司转型跨越发展提供强大的精神动力;在晋煤集团公司"熔炼团队精神"思想指导下,以人才建设为核心,通过各种途径,增强全员拼搏意识,对本职本岗的工作任务,做到雷厉风行,"拼"字当头,"抢"字为先,发挥铁血精神,像军人一样完成任务,锻造企业的高效执行力;要大力建设沟通文化,建立"上下思想沟通、工作上积极主动、纵横相互配合"的工作机制,打造金鼎特色的卓越团队;以"创先争优"活动为载体,把党员在活动中率先垂范、刻苦钻研业务、开拓创新、精益求精、锐意进取的精神传递给每一个基层员工,锤炼一种像军人一样完成任务的工作作风。

■ 强化理念融入管理,赋予企业文化管理内涵

企业文化必须融入生产经营管理,这是金鼎公司在推行企业文化建设中始终坚持的基本原则。各分子公司开展"质量回头看"、"我是技术创新领先者"、"上装备学技术、争做创新金鼎人"、"树信心,立标杆,搞创新,谋发展"等活动,使企业质量文化、创新文化等渗透到生产经营管理中,打造具有金鼎特色的企业文化品牌;通过铸造产品品质、加强团队建设、延伸服务文化来实施品牌战略,提升企业核心竞争力。

■ 开展四项活动,培育员工感恩心态,激发员工创业斗志

一是在全公司开展调查问卷活动,就影响员工士气、工作热情的背后问题进行深层调查,为公司建立科学的用人、激励、考核机制提供可行性参考信息;

二是要通过组织开展"我为十二五做什么"演讲赛等活动,讲奉献、讲安全、讲规则、讲敬业,培育广大团青立足本职、服从企业大局的积极心态和"心系金鼎、忠诚金鼎、奉献金鼎"的感恩心态;

三是各子分公司要从实际出发,开展"我从企业得到了什么?我给企业带来了什么"为主题的交流会,对员工进行感恩教育;

四是通过开展劳模评选活动,把在不同岗位上有优异表现、突出贡献的各类先进模范人物树为典型,列为标杆,并进行广泛宣传,进一步弘扬金鼎优良作风,激发员工"敢想敢做、勇往直前"的创业激情和顽强斗志,增强企业发展的凝聚力。

■ 打造"金鼎品牌",塑造企业良好形象

一是构建企业形象展示系统。以"五个一"文化载体为主要内容,形成对企业文化的全方位立体化展示。即:拍好一部企业整体形象展示片、做好一册企业"跨越发展新成就"宣传画册、办好《金鼎煤机》报、建好员工园文化长廊,规划好制造工业园区整体文化氛围,使"一片、一册、一报、一廊、一园"成为企业宣传改革发展成果的名片。

二是彰显金鼎文化特色。充分借助电视、报纸、网络、新产品推介、参展等各种途径,加强品牌的宣传。

三是大力宣传工序管理和"家电式"售后服务的推行,强化全员质量意识。

■ 编印《金鼎公司企业文化手册》

金鼎公司总结提炼金鼎公司发展的先进思想,突出板块特色,遵循"忠诚企业、奉献企业"的价值理念,构筑金鼎企业文化新体系,打造金鼎文化模式,并编印《金鼎公司企业文化手册》。

■ 以实施"干事干净"管理法为重点,大力开展廉洁文化建设

为了使廉洁理念和廉洁行为规范深入人心,把廉洁文化建设融入企业文化建设,公司组织开展一栏、一册、一廊活动,即举办党风廉政建设主题宣传栏评比,印发学习考核一体的廉政手册,开辟OA平台廉洁文化长廊,开展廉洁公益广告、廉洁格言警句、廉洁文化作品、寓言故事的征集活动,起到弘扬正气、警钟长鸣的作用。要充分发挥广播、电视、网络、报纸、杂志等媒体作用,有步骤、有重点地开展廉洁文化宣贯活动。通过悬挂廉洁标语、制作廉洁牌板、廉洁灯箱,组织党员干部观看廉洁文化宣教片,让廉洁理念渗透到思想深处,进一步推进廉洁文化进机关、进车间、进区队、进社区、进家庭,为实施"干事干净"管理法营造良好的氛围。

■ 加强"五型"社区创建,打造金鼎特色的社区文化

一是创建健康型社区。通过加快医疗健康中心投运,建设职工休闲广场、更换健身器材、完善职工医疗体检、绿化亮化美化生活环境等措施,打造一个充满生机、充满活力的健康小区。

二是创建平安型社区。通过开展未成年人思想教育、普法教育、各种突发事故的安全演练,加强群防群治,形成以社区警务为龙头,护卫队员巡逻为主导,社区居民共同参与的安全管理网络。

三是创建文明型社区。通过开展群众文化娱乐普及活动,陶冶居民情操,提高居民文明素养;通过开展文明家庭竞赛,提升社区的文明程度。

四是创建服务型社区。通过修建自行车、摩托车车棚,修建停车场,将医务所改建招待所,加快规划政和街街面商铺运营,为员工生活提供便利,完善小区服务体系,创建服务型社区。

五是创建学习型社区。通过设立小区宣传栏、橱窗,举办各类培训班等,让居民能够及时了解国家大事和企业的重大决策和发展成果,使居民受到教育,素质得到提高。

9.3 调整组织 优化体系

金鼎在集团化的发展过程中,按照"积极稳妥,科学合理,稳步推进,和谐统一"

的原则,对外进行资源整合,对内实施机构改革,实现了由"单个企业管理"向"集团化公司管理"的有效对接,初步构建起"主公司控制型"管控体系和事业部内部运营模式,探索出一条符合金鼎公司自身实际,能够形成各负其责、协调运作、有效制衡和发展的组织体系。

9.3.1 金鼎公司组织模式的选择

1. 金鼎公司现有的业务组合

从图9-6中可以看出,金鼎公司现有的业务组合主要是以煤机维修、煤炭采掘和矿井建设为主。其中煤机检修和矿井建设的行业吸引力高,在这两块业务中的资源禀赋和市场竞争能力也较强。同时,不可忽视的是煤机维修和煤炭采掘业。煤炭采掘业的行业吸引力很高,但金鼎公司关注的不仅仅在于单纯的煤炭采掘,而在于以矿井为基地,及时的了解一线采掘中对煤机的需求和改进要求,并迅速进行实验等环节。另外,煤机制造属于金鼎自身优势比较强、行业市场吸引力也比较高的产业。

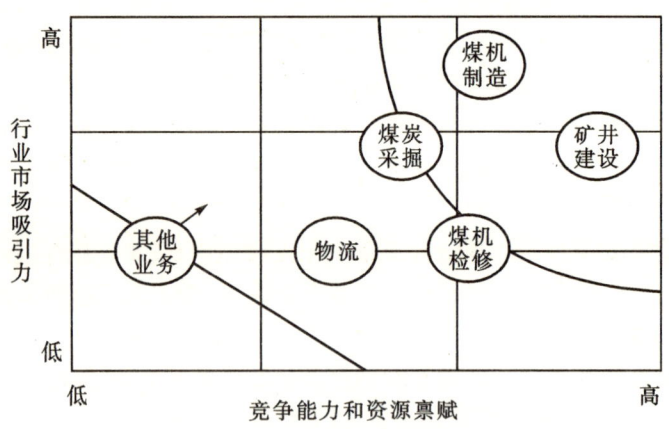

图9-6 金鼎公司现有的业务组合

2. 金鼎公司业务组合的优先顺序

根据各产业的外部环境和内部自身优势的不同,金鼎公司通过对各业务进行优先顺序的比较分析,确定了各业务板块的发展侧重点和投资顺序。如图9-7和表9-1所示。

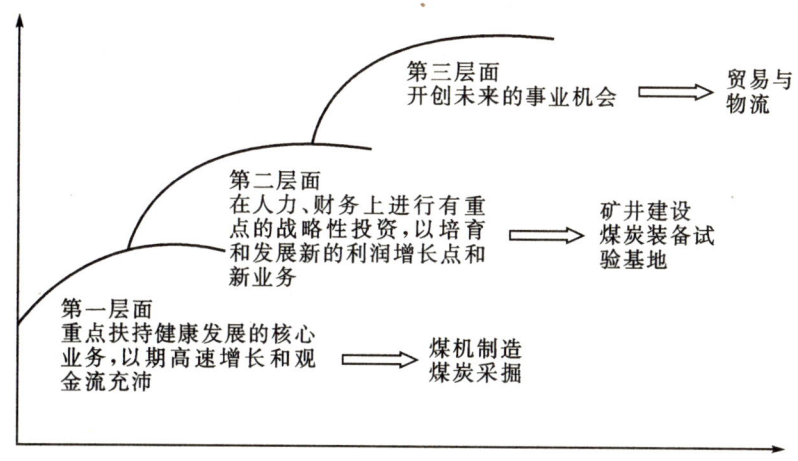

图 9-7 金鼎公司业务组合的优先顺序

表 9-1 各业务板块的主营目标

主营业务	目标
煤机制造和检修	核心业务
煤炭采掘	大力发展,成为公司的核心业务
矿井建设	大力发展,成为公司的核心业务
贸易与物流	协同主营业务
其他业务	强化自我造血机能

3. 金鼎公司组织模式的选择

金鼎公司在产业整合的过程中,总部充当了运营者、战略经营者、战略设计者和财务投资者几种角色。如图 9-8 所示。

由于金鼎公司的各业务群之间存在一定程度的协同性和关联度,所以金鼎公司需要采用多种管控模式的混合方式确定公司的功能。同时,规划的四大战略板块处于不同的发展阶段,同时各板块的战略特征和定位也不尽不同,因此,针对不同的业务板块设计针对性的业务系统,并且根据各产业群的发展阶段及在公司业务组织中的地位,确定相应的、具有不同的管理重点及深度的以战略管理为基础的复合型管理模式。

作为运营者,主要责任在于使下属企业具有持续的盈利、实现规模扩张。首先是设定了各经营板块和分子公司的战略和绩效目标,并进行监控。此外,在下属企业需要时要提供必要的技能和资源支持,主要是资金和外部资源整合的支持。

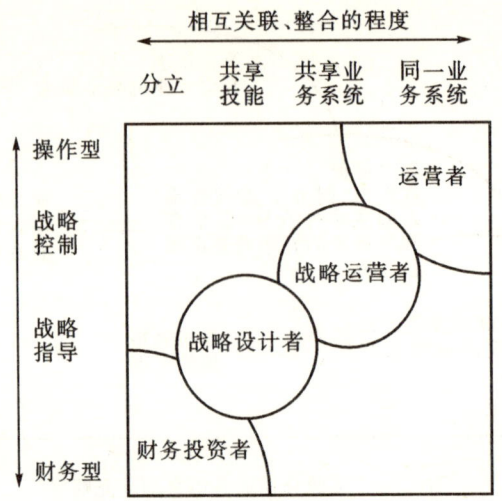

图9-8 金鼎的混合型管理模式

作为战略经营者,对分子公司的管控更多在关注在战略控制层面,目的在于着力培育公司未来的支柱性产业。这要求金鼎公司不仅决定下属企业的发展方向、目标及业务发展策略,同时协助进行业务开拓和市场的开发。另外,还要参与分子公司主要投资项目的评估与决策,控制并防范风险。

战略设计者的角色主要是对战略指导作用的要求。金鼎公司帮助下属企业建立核心竞争力,参与下属企业的战略决策及重大投资项目的评估和前期实施,协助开发外部资源的整合及建立系统的管理和运营体系,提供必要的技能和资源支持。

金鼎公司在分子公司的管控中,对分公司采用财务管控的模式,不仅要减少亏损,而且要提高资产价值。密切监控各分公司的盈利状态及现金流,在必要的时候通过资产重组实现价值提升,并且尽可能避免对公司技能和资源的消耗。

针对不同的业务类型及相应的组织模式,金鼎公司对该业务管理的重点相应地也有所不同,管理方向也有所侧重。如图9-9所示,金鼎公司在公司运营者、战略经营者、战略设计者和财务投资者这四种角色,以及在战略管理、风险控制、运营协调和职能支持这几个方面的具体力度是不同的。

模式	战略管理	风险控制	运营协调	职能支持
运营管理型（矿井建设）	▨▨□□□ 设定战略和绩效目标并监控	▨▨▨▨□ 财务审计 监控重大项目风险	▨□□□□ 资金支持 政府关系协调	▨▨▨▨▨ 人力资源、财务、信息、行政等职能支持与服务
战略指导型（煤机检修）	▨▨▨□□ 指导战略制定 确定绩效目标	▨▨▨□□ 监控财务风险 监控投资决策风险 监控重大项目运营风险	▨▨□□□ 协助建立系统的管理和运营体系 提供融资、政府关系、战略联盟的支持	▨▨▨▨▨ 人力资源、财务、信息、行政等职能支持与服务
战略经营型（煤机制造和煤炭采掘）	▨▨▨▨▨ 参与战略制定，决定其发展方向、业务发展策略及关键行动 设定绩效目标	▨▨▨▨▨ 通过预算管理控制财务风险 监控投资决策风险	▨▨▨▨□ 协助开展业务拓展，提供重组、并购项目的支持 协助开展内部整合	▨▨▨▨▨ 人力资源、财务、信息、行政等职能支持与服务
效益监控型（贸易与物流）	▨▨□□□ 设定效益目标	▨▨▨▨▨ 监控现金流及运营成本	▨▨□□□ 协助开展重组活动	▨▨▨▨▨ 人力资源、财务、信息、行政等职能支持与服务
公司本部主要负责部门	办公室 财务	财务部 审计部	办公室	人力资源部 财务部 信息中心 办公室

▨□□□□ 管理力度弱　　▨▨▨▨▨ 管理力度强

图 9-9　金鼎公司对各业务板块管理的侧重点

4. 金鼎公司的组织模式

进行组织结构优化后的金鼎公司主要突出四大业务板块：煤机制造与检修、矿井建设与安装、贸易与物流、煤炭装备试验基地。针对这四个业务单元的特点和战略定位的不同，可以分别采用子公司或控股公司、分公司等多种形式。而其他附属机构则逐步和主业分享。在公司总部设立人力资源中心、财务中心、行政中心、审计中心和党群系统及各职能部门等。优化的组织体系更好地满足了混合型管理模式的需要，也便于公司的管理。如图 9-10 所示。

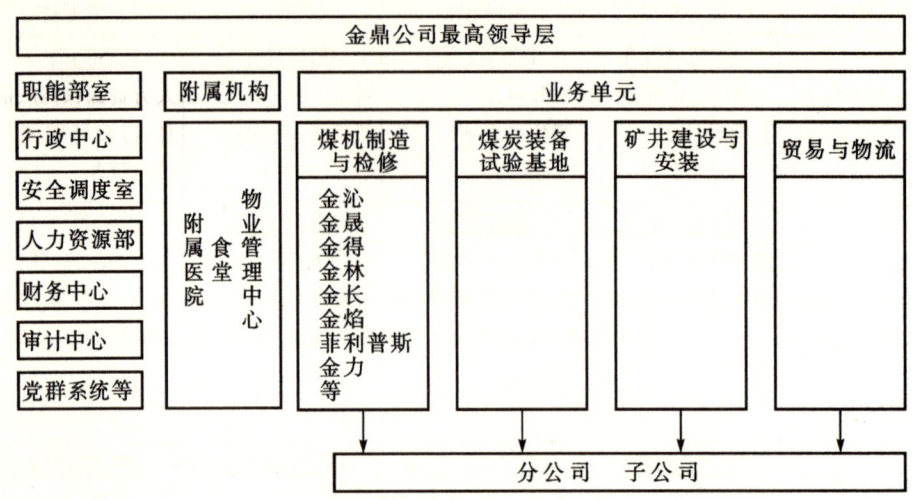

图 9-10 金鼎公司组织结构模式

9.3.2 金鼎公司管理层次定位

根据第六章的理论分析,公司选择的管控模式不同,公司内部各层次的功能定位就不相同。按照金鼎公司进行混合型管控模式的选择,金鼎公司在不同的业务板块中所体现的侧重点是不同的,在重组整合的过程中,公司总部的功能逐渐由作业管理向规划、指挥、服务、协调和业务发展转变。

1. 各层次管理功能界定

由于金鼎总部、各产业、分子公司三个层次之间的决策权划分不同,因此,其管理功能界定也是不一样的,每一层级的核心管理职能和管理的侧重点如图 9-11 所示。

从上图的分析中可以看出,金鼎公司的组织体系中,所处的层次越高,越是侧重于战略管理功能;层次越低,越是侧重于经营管理职能。

2. 各层次的不同角色

随着金鼎公司内部各层级管理功能的清晰界定,与功能相对应的角色也逐渐明晰。

根据各层级的角色不同,其业绩指标也各不相同。对于公司总部来说,主要的业绩目标在于最大限度地增加企业价值。各板块的业务指标则更多的是增加投资回报,再下一层的分、子公司的目标则在于增加销售收入、控制运营成本和优化资产使用。如图 9-12 所示。

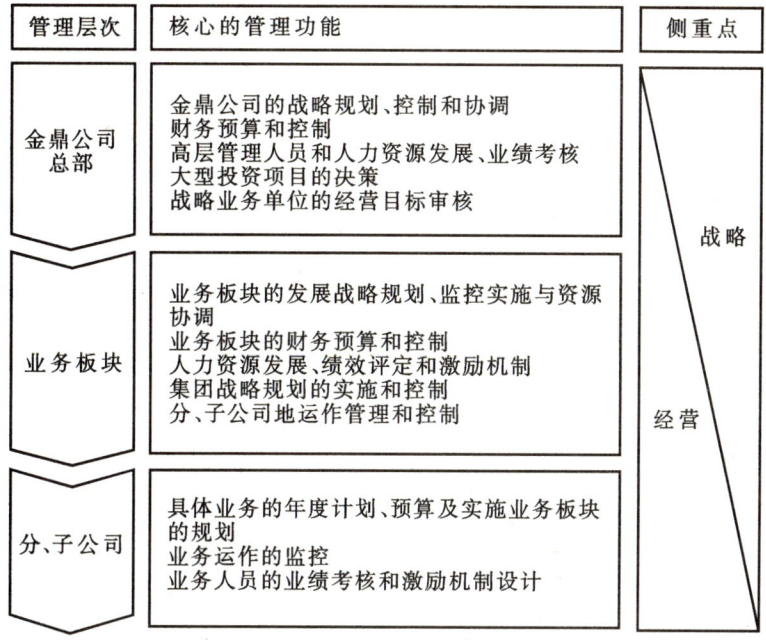

图 9-11　金鼎公司各层次管理功能的界定

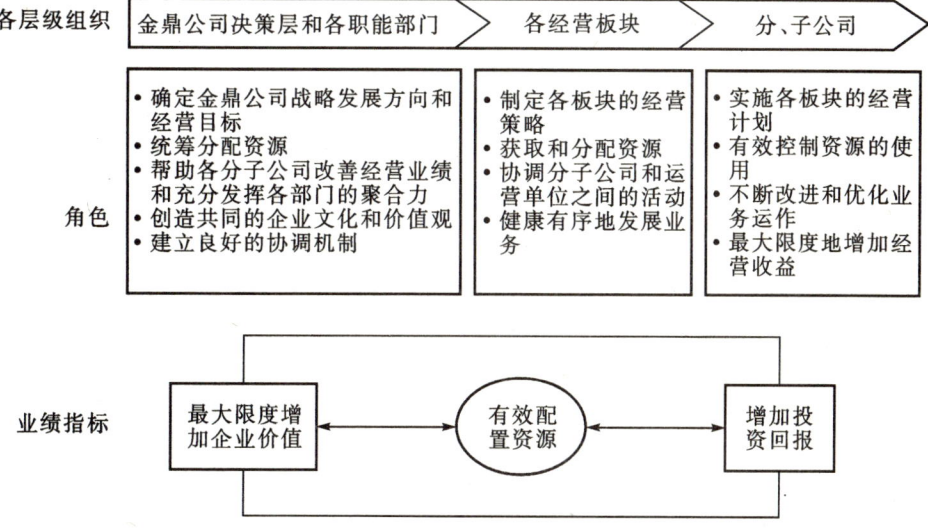

图 9-12　金鼎公司各层次的不同角色

金鼎公司严格按照《公司法》、《公司章程》和相关规定制度,制定公司《议事规则》,进一步完善法人治理结构,明确职责权限,真正构建起决策——执行——监督三条线,各负其责、协调运作、有效制衡的新机制。同时从三个层次规范母公司与子分公司行为:金鼎公司作为第一层次,要发挥重大问题决策中心、资产财务管理中心、人力资源配置中心的职能,行使好重大经营决策权、人事管理权和投资受益权,做好对子分公司的产权事务管理、全面预算管理、发展战略管理和运营监控管理;各控股子分公司作为第二层次,按照专业分工组织生产经营,负责完成母公司下达的年度财务预算指标;各子分公司的下属生产车间、区队等生产经营单位作为第三层次,负责日常的生产经营工作,完成各项分解指标。

3. 金鼎公司总部与各分、子公司的权限划分

金鼎公司与各下属公司之间的权限反映在分子公司自行制定、上报公司备案、总部审批和总部审定或制定4个层面上,总部与各下属单位的权限划分上呈现反比例关系,具体如图9-13所示。

分子公司自行决定	报金鼎公司备案	报金鼎公司审批	总部制定与推行
• 在预算框架范围内指定相应的战略规划、计划目标,并自行分解落实实施	• 分子公司负责在预算框架范围内制定相应的计划,并自行分解落实实施 • 同时对于相应的计划、工作文件和结果档案,上报总部相应部门并在该部门备案	• 分子公司负责相应业务的计划和预算的制定,并在年初计划制定完成后报总部 • 同时对于相应的计划、工作文件和结果档案,上报总部相应部门并在该部门备案 • 在计划和预算内,各分子公司自行决定日常的执行工作 • 超出计划和预算的部分,需报总部审批	• 总部负责相应的政策调研、制定、讨论、报批工作 • 总部以文件的形式推行相应的政策和规程,分子公司负责执行 • 总部对执行情况进行监督、考核

低 <----------------- 总部权限 -----------------> 高

图9-13 金鼎公司总部与各分子公司权限划分图

第十章 多鬲共鼎 运筹帷幄

10.1 子集团管控模式：金鼎的领导指挥与控制体系

金鼎公司的领导指挥与控制系统，是以纵向的垂直命令链体系和横向的专业化分工为纲，以金鼎公司层的战略管控体系、财务预算管控体系、大安全管理体系和四大业务板块为核心要素构成了分子公司制的管控模式，以周例会确保管理理念统一与问题的及时掌控与反馈为基础，形成的一个上行下效、管控到位的复合型管理系统，如图10-1。

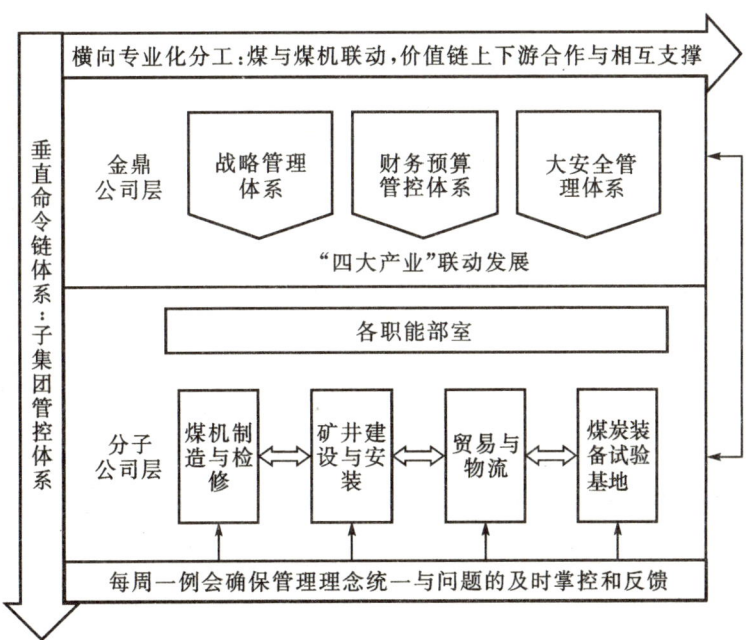

图 10-1　金鼎公司的管控系统

三大管控体系作为金鼎公司领导控制体系的核心，相互影响、共同作用于金鼎分子公司层的四大板块，使得四大板块联动发展，对于公司运作起到了举足轻重的作用。

- **战略管理体系**：金鼎公司按照建立现代企业制度的要求，完善了法人治理结构和制度体系的设计。在煤机板块成为具有独立法人资格的基础上，成立了金鼎煤机矿业有限责任公司，成为晋煤集团中主要承担煤机制造的分公司。构建"条块清晰、管理高效、决策统一、业务联动、服务专业"的子集团管控模式，实现了煤机资源、资产、管理的有机结合，使煤机板块成为煤机产业发展的决策平台、业务主体和职能服务体系。通过战略指导、决策咨询、管理监督、指标监控、沟通协调和资源调配等职能，实现煤机产业链的分类管控，实现整体战略管控体系。

- **财务预算管控体系**：在财务管控上完善了母公司统一管控、子公司独立运行的运营机制。根据企业管理责任和发展方式的转变，建立新型财务管控模式，推进综合管控、资产管控、业务管控、预算管控和业绩管控，实现从传统的核算模式向集团管控模式转变。在财务管理方面，总部设置专业化核算机构，对子分公司推行会计委派制，通过集中管控、分级核算的模式，增强经济发展的协调性、可持续性。在计划管理方面，强化计划是指导企业发展的基础，在计划的制订、执行、检查、调整的全过程中，合理调配人力、物力和财力等资源，协调企业生产经营活动，实现预期目标。在资产和成本管理上，制定了《产值、利润与资源、资产占用对比考核办法》等一系列制度性文件，加强资金监控，加快资金流转，提高资金使用效率。在投资管理方面，加强了对外投资和项目管控，建立项目策划、立项、可研、初设、建设为一体的环闭控制体系，强化项目评估，严把投资总量，追求企业投资收益最大化。在预算管理方面，要按照"横向到边、纵向到人"的要求分解指标，强化过程控制，严格考核奖惩，切实做到"先有预算、后有支出"，把有限的资金用在刀刃上，使每分钱都能产生效益。

- **大安全管理体系**：金鼎公司具有鲜明特色的"大安全"管控体系构建了"统一领导、分级负责、层次监管、自主管理"的安全管控机制。安全是做好一切工作的前提，安全是企业发展的保障。

四大产业作为金鼎公司管控体系的中坚力量，在三大管理体系的领导和影响下相互联动，形成了金鼎公司发展与运作的动力。"煤机制造与检修、矿井建设与安装、贸易与物流、煤炭装备试验基地"是金鼎公司重要的四大业务，是公司主要的业务来源，其相互联系与发展形成联动对于公司的发展至关重要。在分子公司层面，它们相互联系，形成联动；在金鼎公司层，它们受三大管理体系的领导，同时它们也将实践中的信息反馈给领导层，对领导层的指挥进行修正，最终形成完美的循环。此外，每周一的全公司的例会是金鼎整个管控体系的基础，是整个管控体系中最基础同时也是最重要的一环。在例会上企业能及时发现问题并进行处理与掌控，激发新的思路与解决方案，并能确保管理理念统一。

10.2 对外品牌塑造与对内市场营销：金鼎的品牌塑造与市场营销体系

管理大师彼得·德鲁克曾经说过："企业家就是做两件事，一是营销，二是削减成本，其他的都可以不做。"在市场经济的大潮中，企业要生存就要做好市场营销，做好市场营销品牌塑造又是不可缺少的部分。只有这样，企业才有可能将生产出来的产品尽可能地转换为经济效益，从而创造出更多的价值，使企业在激烈的竞争中立于不败之地。

与大多数国企一样，金鼎公司最初并没有品牌塑造意识，企业粗放型的发展出现了瓶颈，企业面临危机。求变，成为了当时金鼎公司发展的主题。随着2008年重组后的高管团队的到来，对金鼎进行了改革，为金鼎带来了新的思想、新的发展思路，带来了企业所急需的变革之法。高管团队很快意识到企业所面临的问题，大力进行整改，其中一项重要工作是强化品牌塑造意识，树立企业的品牌发展之路，坚定打造品牌型企业的方向。明确指出，企业品牌在市场中有强大的号召力，是企业发展的重要支柱，是参与市场竞争最为犀利、最为彻底的综合武器。它不仅是我们深入用户、踏进市场的"敲门砖"，而且可以在好几代用户中发挥依赖、辐射和决定作用，可以说，企业品牌就是企业的生命，而质量又是品牌的核心。因此，全体员工都要认识到质量管理是企业的生存之基、发展之源、竞争之本。在激烈竞争的市场环境中，企业的生存竞争实质上是质量竞争，拥有优越的质量，才能占有大量的市场份额，才能获取生存的空间，才能拥有发展的天地，才能立于不败之地。务必坚持"柔性管理"与"刚性管理"的有机统一，强化产品质量的控制和管理，打造煤机制造品牌企业。

为此，企业在品牌建设方面做了以下工作，如图 10-2 所示：

首先，企业明确地确立了金鼎品牌的内涵，并提出了品牌建设的指导思想，同时给出了金鼎品牌建设的目标（如表 10-1）。确定了品牌建设的理念即产品是制造出来的，品牌是塑造和销售出来的。产品在制造中只有品牌的潜在价值，只有通过塑造和销售才能激发出来。产品是卖制造价值，品牌是卖附加值。

其次，企业坚持科技创新，以科技创新为主导，提升创新能力，提高生产水平，制造名牌精品。企业敢于超越，善于借脑，内引外联，广泛吸收国内外煤机领域的最新成果，联合科研院所的技术力量，创造性地研发自己的核心技术和产品系列，把质量一流、技术一流、服务一流、性价一流的产品奉献给广大用户，使物有所值，物超所值。

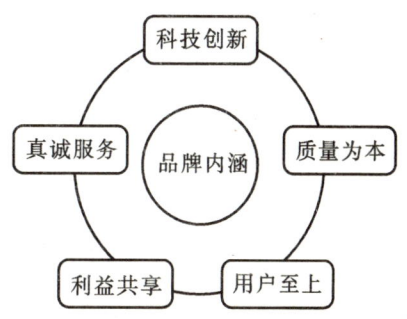

图 10-2　金鼎公司的品牌塑造

表 10-1　金鼎公司的品牌内涵,品牌建设指导思想以及建设目标

金鼎品牌的内涵	■ 属性:金鼎品牌建设应当表现出质量优良、服务周到、形象良好、管理优秀的品牌属性 ■ 利益:"质量优良"意味着功能利益,"服务周到"意味着使用利益,"形象良好"意味着社会利益,"管理优秀"可以转化为情感利益,使客户充分享受到金鼎品牌带来的效应 ■ 价值:金鼎品牌体现了公司高质量、高信誉、高满意度的价值所在 ■ 文化:金鼎品牌体现了金鼎公司创新卓越的企业文化
品牌建设的指导思想	以科学发展观为统领,以自主创新为支撑,以实施品牌战略为途径,营造良好的内外环境,树立企业良好形象,进一步提升品牌核心竞争力,形成适应加快转型跨越发展的金鼎品牌培育体系,提升企业的美誉度和社会影响力
品牌建设的目标	■ 公司全员都有强烈的品牌意识,聚全力树立金鼎品牌,维护金鼎品牌,使争创、培育和爱护金鼎品牌成为广大员工的自觉行动 ■ 实现核心技术的创新突破。产品的设计、工艺技术、产品性能均达到一流水平,使金鼎品牌享誉国内,走向国际

第三,企业坚持质量为本,以"顾客为关注焦点",建立持续改进的质量管理机制,以质量决胜于市场。通过无数事实,企业明白,在激烈的市场竞争中,要想站稳脚跟、赢得市场,最重要的还是过硬的质量。质量是企业的立身之本、利润之源、品牌之魂。牢牢抓住"质量"这个牛鼻子,应用先进的管理理念、科学的管理思想和规范的管理方法,不断强化和规范管理的基础工作,使企业步入良性成长、稳步前进、不断进取,持续改进的健康发展轨道。通过长期开展"三三"活动,提升了企业的品牌文化,坚定了把金鼎公司打造成品牌型企业的信心和决心。通过提高产品质量、优化售后服务,提升了品牌的知名度和美誉度。

第四,企业坚持用户至上。企业管理团队曾说:"谁是我们的老师？用户。谁是我们的专家？还是用户。只有用户才是我们研究的对象和崇拜的偶像。"企业把用户满意作为品牌建设的核心,关注用户的每一次需求,珍惜每一次服务机会,以一丝不苟的质量意识,诚挚精良的服务态度,赢得并不断壮大稳定的用户队伍。企业通过新产品推介和参加高规格展会,展示企业技术创新成果,增加了用户对品牌的了解和认同。在这期间,企业将拥有自主知识产权的 6.2 米液压支架同郑州、北京两家煤机公司的产品展开了一场现场擂台赛,最终金鼎产品胜出,打亮了品牌,增加了客户对品牌的感知和认同。

第五,企业坚持利益共享。煤矿生产的特殊性决定了对煤机产品需求的长期性、反复性和稳定性。企业始终以维护用户、合作者的利益为己任,把相互信任、利益共享、共同发展作为永恒的承诺和不懈的追求。

最后是企业坚持真诚服务。煤炭产业的快速发展对煤机设备的保障能力提出了新的更高的要求。企业全力以赴为煤炭主业提供安全、优质、高效的煤机产品,在强化服务意识、提升服务水平、增强服务能力和拓展服务领域上下大功夫。想用户所想,急用户所急,从产品的设计、制作、安装、使用、维修检测、技术咨询、后期服务等方面为用户提供全程化的服务,用最快的速度满足,甚至超出用户的服务需求。

同时,企业提出口号:品牌创建、人人有责。责任保证结果,锁定责任才能锁定结果。在品牌创建中,企业树立"乘零"理念,所谓"乘零"就是说一个工序的瑕疵、一位员工的小小失误都会把大家所有的付出、所有的投入化为乌有,一流员工追求结果,末流员工制造恶果。由此可知,每个人工作质量的优劣、每个细节的好坏都决定着企业品牌创建的成功与否。众所周知,多少知名企业由于不注重每个细小环节的管理而倒下,海棠洗衣机、菊花电扇、春笋电视就是例证。因此,在产品的质量管理中,必须坚持"人人抓、抓人人",大力开展"质量在我心中、品牌在我手中、幸福就在工作中"活动,营造良好的质量环境和氛围,不仅不生产不合格产品,更不放过不合格产品。以提升产品质量为目标,严格实施"质量终身负责制",建立质量档案,实现质量溯源,让每位员工对其质量终身负责。让全体员工认识岗位工作的重要性,立足本职,以岗位创优质、工作零缺陷推进企业品牌塑造与创建工作。

10.3　瞄准前沿、技术储备:金鼎的研发设计与生产体系

金鼎推崇创新。自新的领导班子接任以来,金鼎对技术创新孜孜追求,永不停止。正如华为对创新的独到观点——"不创新是华为最大的风险"一样,金鼎对创新也逐渐形成了自己的观点,创新是企业发展的根本。企业提出的六条发展路径中就有一条是创新之路。金鼎公司一届一次职代会上的工作报告上说道:当今,科技竞争已成为企业综合能力竞争的焦点。谁在科技创新方面占据优势,谁就能够在发展上掌握主动权。事实表明,没有自主的核心技术,就难以在市场竞争中占据一席之地。我们必须充分认识技术创新对企业发展的重要性,从思想上切实增强走创新型发展道路的自觉性和主动性,不断加大科技创新力度,努力提高自主创新能力,在创新中实现企业的又好又快发展。

1. "3·2·1"创新工程点燃希望的火种

意识到创新的重要性后,企业发生了对于整个以后金鼎发展都具有重要意义

的大事件——"3·2·1"创新工程的开展和推进("3"就是要研制5.5米、6.2米和15♯煤三种液压支架,"2"就是要开发1米刮板输送机和配套的转载破碎机,"1"就是要调研一项适合煤机公司长远发展的新产品)。企业上上下下憋着一股劲,尽全力攻坚,有充分的思想认识,解放思想,大胆超越,全力突破。

在这种精神的鼓舞下,企业从以下几方面着手开始完成"3·2·1"创新工程,见图10-3。

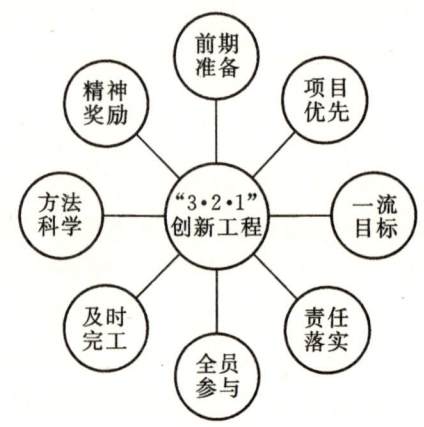

图10-3 "3·2·1"创新工程

一是注重前期准备。在技术、工艺调研的基础上,按照工艺设计配套完善硬件设施,做好设备、工装、场地的前期规划和部署。

二是坚持项目优先。在创新工程实施过程中,无论是人、财、物配备,还是资料准备和工艺确定,都必须优先考虑,优先安排。

三是瞄准一流目标。以一流企业为目标,以制造精品为己任,推动创新工程取得突破,赢得用户信任,打造煤机品牌。

四是狠抓责任落实。制定工作计划,加强考核奖惩,确保任务分解到位,压力传递到位,责任落实到位。

五是突出全员参与。就是以"3·2·1"工程攻关组为核心,全力突破关键技术的同时,大力实施群众性技术创新活动,激发员工小改小革的积极性,稳步推进创新工程。

六是注重方法科学。采取"筑巢引凤"、"外引内联"、"借船出海"等有效方法,要把"引进来"和"走出去"更好地结合起来,不仅要掌握技术主动权,而且要掌握工艺管理和质量管理的主动权,把防范和规避风险作为第一目标来抓,力保做到三个"零风险",即:样机零风险、试机零风险和成套零风险。

七是注重精神激励。为"3·2·1"工程作出特殊贡献的单位和员工戴光荣花,喝胜利酒,开庆功会,树铭记碑,立科技传,发创新奖,以此激励全体员工投身到创新工作中来。

坚持自主创新之路,企业取得硕果累累,见图10-4。

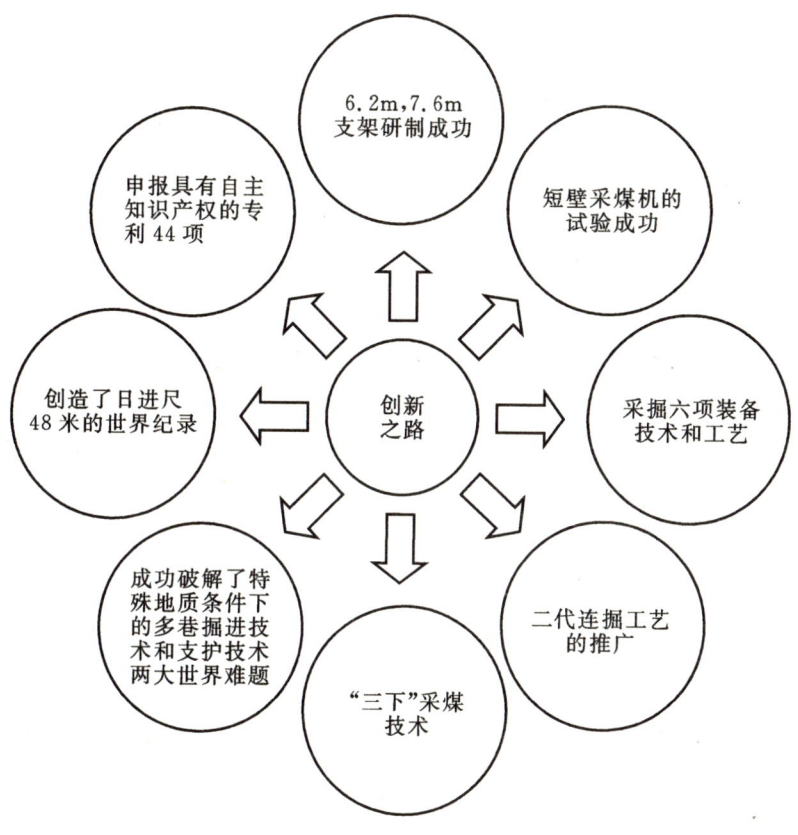

图10-4 金鼎的创新之路

2. 成立研究院和技术中心,突出技术储备与技术前沿地位,实现跨越式大发展

金鼎公司根据晋煤集团在"十二五"规划中所明确的"产业纵向一体化和产业相关多元化"公司整体战略,在系统分析金鼎公司外部环境及集团内部科技能力的基础上,通过战略分析方法,将科技发展战略规划为:"围绕一个目标,坚持二个并重,建设三个着力点,采用三项措施,经历四个阶段,达到四个效果"(具体如表10-2和图10-5所示)。

表 10-2　金鼎公司科技发展战略规划

一个目标	将企业建设成为创新型、开放式、综合性煤机制造业一流研发基地，把金鼎公司建设成中国煤机制造业技术领导者
二个并重	坚持应用研究和基础研究并重 坚持技术引进和自主创新并重
三个着力点	系统、完善、层次较高的硬件平台 运行流畅的内外部运行机制 配备合理、选拔科学的人才梯队结构
三项措施	重组组织体系 优化和创新运行机制 完善规章制度
四个阶段	整合、引进、吸收、创新
四个效果	完善的组织体系 合理的技术人员结构和水平 高效的技术中心运行机制 明确清晰的规章制度

如图 10-5 所示，企业科技战略围绕一个目标（即将企业建设成为创新型、开

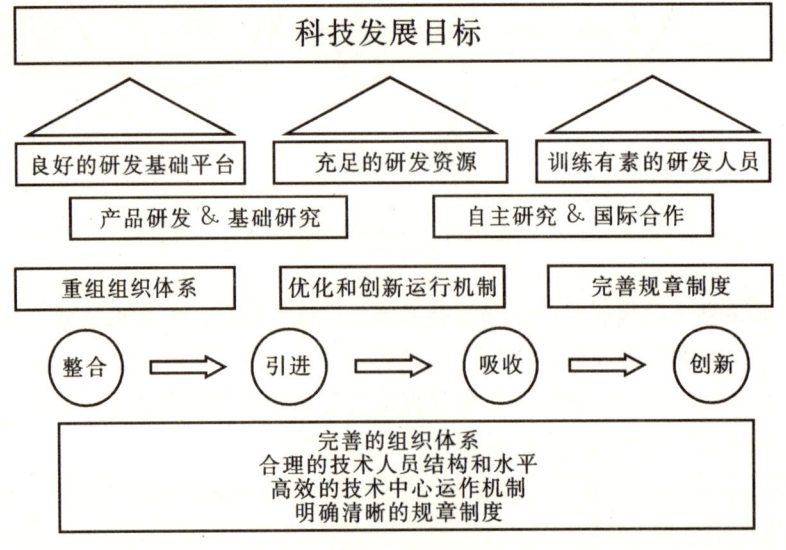

图 10-5　金鼎公司科技发展战略内容规划图

放式、综合性煤机制造业一流研发基地,把金鼎公司建设成中国煤机制造业技术领导者),在坚持两个并重(坚持应用研究和基础研究并重、坚持技术引进和自主创新并重)的原则下,完成了三个着力点(系统、完善、层次较高的硬件平台;运行流畅的内外部运行机制;配备合理、选拔科学的人才梯队结构),成立了研究院和技术中心。运用了三项措施(重组组织体系、优化和创新运行机制、完善规章制度),通过四个阶段(整合、引进、吸收、创新)的磨合与发展,达到了四个效果(完善的组织体系;合理的技术人员结构和水平;高效的技术中心运行机制;明确清晰的规章制度)。为实现金鼎科技发展战略,企业在科研工作的计划和安排中,重视重点突出、中长短结合的路线,巩固现有科技成果和服务的转化、生产,重点加大市场需求技术的研制,合理规划中期重点预研项目,适度储备基础研究成果,实现跨越式发展(如图 10-6)。

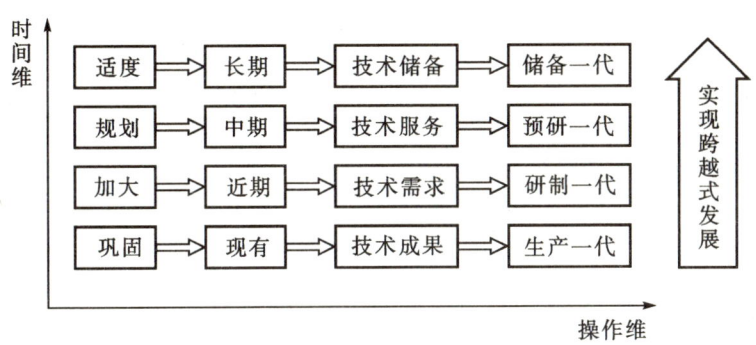

图 10-6 金鼎公司科技发展战略的分期技术路线

图 10-5 与此同时,金鼎公司在实施科技发展战略的同时,还采取了以下措施如图 10-7 所示:

- 巩固现有主业,加大两线投入:金鼎公司一方面不断强化、巩固现有主业,增强技术实力,提高产品质量,提升生产效率;另一方面加大深加工技术研发投入,实现产品纵向一体化,拓展企业产品价值链,寻找新的利润增长点。
- 建立中长期科技发展规划,部署战略"四代":金鼎公司为了做好中长期科技发展规划,秉承"生产一代、研制一代、预研一代、储备一代"理念,不断开发新产品,保持经济持续增长,做好了战略部署。
- 加强对外合作,建立战略联盟:不断加强与国际国内企业的合作与交流,尤其是技术上的合作。通过合作与交流提升了自身的技术实力,实现了企业的长远发展。

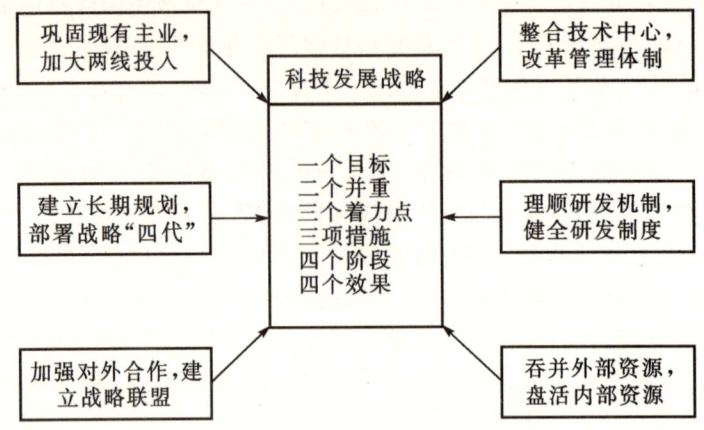

图 10-7 金鼎公司科技发展战略实施

- 吸收外部资源,盘活内部资源:金鼎公司充分利用自身优势,扩大对资源的控制能力,整合国内现有的技术资源。同时,盘活内部的科技资源,通过内外结合的方式增强自身科技资源优势。
- 整合技术中心,改革管理体制:增强企业竞争力,加强对技术中心的重视程度。金鼎公司对原有技术中心组织结构进行重组,整合现有技术部门,加大对技术中心的投入,提高对技术中心的重视程度,使技术中心更具竞争力,从而提升整个公司的竞争实力。
- 理顺研发机制,健全研发制度:对现有研发机制进行改革,健全项目管理制度。为了更好地调动研发人员的积极性,企业改革了激励机制,使激励体系更加合理,并加大人员培训力度,实现团队实力的整体提升。

3. 实现创新崛起,未来更加辉煌

面对着坚持走技术创新之路所带来的硕果累累,金鼎人并没有迷失。恰恰相反,这些成果更加坚定了企业走技术创新之路的战略,金鼎意识到创新之路是根本,科技实力决定企业命运,自主创新才能撑起企业脊梁。加强技术创新,鼓励技术创新,形成创新文化,创新无止境。坚持走技术创新之路,企业未来会更加辉煌。

企业未来会在以下六个方面继续做好创新工作(见图 10-8 所示),保障创新工作更好的在企业进行。

一是以机制建设促创新。从课题选择、资金保障、技术研发、成果申报、产权保护、成果转化、政策激励等方面,建立创新工作机制,推动技术创新实现制度化、程序化、系统化。

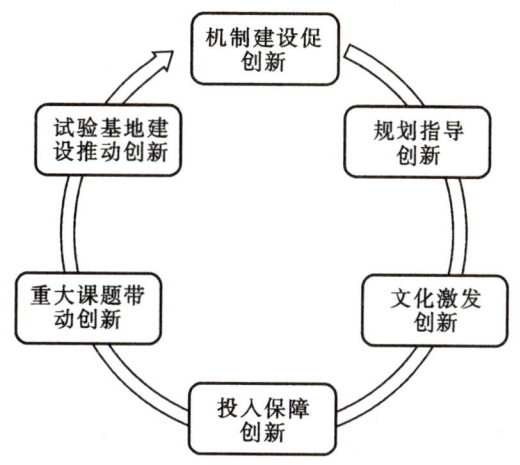

图 10-8　未来金鼎的创新工作

二是以规划指导创新。煤机研究院针对《国家重大装备技术目录》，开展多项国家级煤机装备项目的研发，争取有所突破。

三是以文化激发创新。科技创新是一项崇高而艰辛的事业，离不开追求真理、勇于探索、开拓创新的科学品质，更离不开遵循规律、尊重实践、实事求是的科学态度。要真正形成"理解创造、支持创新、尊敬创业、宽容失败"的文化氛围，激发广大员工敢于创新，永不言败的创新热情。

四是以投入保障创新。建立技术创新基金制度，一方面加大技术创新基金的提取比例；另一方面争取上级创新资金支持，为技术创新提供资金保障。

五是以重大课题带动创新。围绕国家《重大技术装备自主创新指导目录》，集中力量组织技术攻关。

六是以试验基地建设推动创新。以煤炭装备试验基地建设为契机，把煤机装备研发和采掘工艺创新融为一体，开展煤矿采掘工艺创新，使"创新力"转化为"竞争力"。

科技创新任重道远，企业振兴重任在肩。企业要实现真正意义上的转型、跨越和崛起，承担的任务会更加艰巨。金鼎坚信，有煤机公司广大干部员工的开拓创新、拼搏奉献，一定能够更好地推进创新工作的完成，取得更多的技术革新成果，为推动煤机公司转型、跨越、崛起提供强大的智力支持。企业的转型、跨越、崛起之路会越走越宽，越走越光明。

金鼎公司的发展历程可以称得上是极具困难、极富挑战、极不平凡又极其精彩。这些年，金鼎公司全体员工始终围绕企业不同阶段的愿景目标，积极应对挑战,高起点开拓,高水平运作。他们以实现煤机产业转型发展为首要任务,以振兴煤炭装备制造业为神圣使命,以打造企业核心竞争力为主要目标,以构建产业链为主要途径,把技术创新、品牌建设和追求社会效益为主攻方向,以深化改革为强大动力,大力推进煤机产业转型发展。在各项事业均取得重大突破的基础上,为未来煤机产业跨越发展奠定了良好基础。

站在今日与未来的交汇点上,金鼎公司蕴藏着无限的生机与活力。宏图凝众志,重任催奋进。不仅承载着构建和壮大煤机板块的神圣使命,而且身系着推动早日实现"全力打造独具特色创新型煤机产业集团"的重任。责任和使命面前,考验的是智慧和力量;困难和挑战面前,考验的是信心和勇气。金鼎公司将抓住新机遇,推进新跨越,昂首阔步踏上新的征程。

回顾金鼎发展的历程,每取得一次重大突破和进步,都体现出一个"新"字。坚定不移把加快发展作为第一要务,研究"新"情况,把握"新"机遇,寻求"新"突破,创新"新"体制,立足企业发展实际,积极顺应发展潮流,充分发挥比较优势,从五年前的工厂制到三年前的公司制,从多产业链构建到集团化运作,都牢牢把握住了时代脉搏和前进方向。前瞻"十二五"期间的愿景,金鼎公司又确立了"全力打造独具特色创新型煤机产业集团"的发展战略,并响亮提出了煤机产业发展的"1·1·1·1·0"奋斗目标:即十二五末,实现销售收入100亿元,完成投资100亿元,实现利润10亿元,人均收入达到10万元,转化专利成果100项,实现重伤以上事故为"0"。另外,在铺就的发展路径中,公司提出要全面振兴煤机修造的新型产业,建设集"研发、制造、安装、租赁、维修、技术服务"六大功能于一体的现代化煤机制造服务基地。这些新思路、新目标、新举措、新要求鼓舞人心、催人奋进,在拓宽金鼎公司发展的新视野的同时,提升了发展的新境界,并引领发展的新高度。可以说金鼎公司迎来一个较长时间战略发展的黄金期。

黄金有价,机遇无价。虽然金鼎公司迎来了较长时期的黄金发展战略机遇期,但是对全国煤机行业而言,机遇是平等的。目前,全国煤机行业正处于各方争霸、烽烟四起、剑拔弩张、纵横联合的"战国时期"。能否在竞争中抢滩掠地、拓疆扩业,就要看谁能抓住机遇、赢得主动。唯有把握机遇,才能赢得发展的先机。对于处在发展新型工业化煤机产业进程中的金鼎而言,抢抓重大战略发展机遇期,关系着金鼎煤机产业的发展大局,关系着金鼎公司全体干部员工的福祉,更关系着金鼎公司未来的发展走势。为了抓住机遇以谋求发展,以项目建设为主线,在巩固提升传统产业、培育壮大新兴产业的同时,继续加强技术创新、加强品牌建设、突出市场化运作,无疑是金鼎公司新时期的重点工作。

加快产业建设、推进产业升级,不仅有利于提高企业的核心竞争力,并且可以积聚发展势能,通过扩大规模、拓展市场,进而增强抗风险能力,推进协调发展。无论从资本积累、资源集聚、产能提升,还是从产业发展、规模效益的角度来看,几年的快速发展使得金鼎公司已进入加快发展的区间和整体提升的重大历史时期。以园区、产业集群为承载,细化和落实未来的产业建设,优化产业布局,实现产业升级是当前和今后一个时期金鼎发展的紧迫任务,是企业实现大跨越的核心工作内容。

总之,在发展的认识上,金鼎公司深刻地认识到,煤机板块的最大问题是发展不足、规模不大;最突出的问题是新产业发展和新项目储备不足。因此金鼎公司只有上大项目、好项目,并使其尽快投产达效,才能形成拉动经济增长的引擎、转型发展的支撑;才有充足的扩大就业、改善民生的经济来源;才能搭建起历练、培养、展示一流人才的大型舞台;也才能充分的把握发展的主动权。正是基于这样的认识,金鼎公司才掀起了有史以来最大规模的合资合作、兼并重组和上好项目、大项目的热潮,才有了一大批新公司的挂牌成立,才有了一大批重大产业项目的落地开花、蓬勃绽放,才呈现出了从南到北前所未有的项目建设、合资合作的大好局面。可以说,上项目、建产业,不仅是金鼎公司今天转型发展的新引擎,更是金鼎公司明天跨越发展的新动力。在发展的重点上,金鼎公司始终把安全作为企业发展的重点工作来抓,把安全工作作为一切工作的总路线,突出了"安全第一"的生存理念,把握了安全高危期的特殊性、复杂性和艰巨性,打造了环环相扣的安全生产责任链,掌握了安全生产的主动权,实现了安全生产的长治久安。在发展的战略上,金鼎公司坚持"低成本扩张、产业链构建,专业化制造、规模化发展",以开放合作之态,践行以"资本换技术、以技术占市场,以市场提规模"的发展之道。在发展的战术上,金鼎公司制定了"多措并举,引资引智,借船出海,借梯登高,借势发展"的发展措施。在发展的路径上,金鼎公司瞄准板块化、集群化、规模化发展,专业化、集约化、精细化经营的目标,全力推进"一个中心,两个园区,三个基地"的建设,实现了产业大集聚、环境大优化,初步形成了大企业、新产业、专业化、多链体、全循环"五位一体"的发展格局。在发展的成果上,金鼎公司与太重集团成立金鼎太重煤机装备公司,延伸了包括采煤机研发、制造、销售、检修、技术服务的产业链条;成功与澳大利亚GDS公司合作,成立了山西金鼎高宝钻探有限责任公司,引进了长孔钻机导向系统,掌握了煤层瓦斯长孔钻机的核心技术,在全国开创了该项技术国产化的先河;组建了圆环链制造分公司,引进德国EFD公司自动化生产线,将结束圆环链手工制造的历史。更为重要的是,金鼎公司组建了煤机技术研究院和煤机技术中心,从此拥有了自己的"工业心脏";并实施公司化运作,使金鼎公司在行业内率先走上了技术创新产业化发展道路;建立了橡胶制品公司,拥有了自己的"工业血管";与世界名企特浦朗克成立了成品油制造公司,拥有了自己的"工业血液"。组建了煤机技术研究院、技术中心,如果说,煤机产业发展是满树繁花,那么整合矿井建设就是锦上添花。2011年是整合矿井进展最快、收获最大的一年。五对矿井都实现了从拥有矿井产权到拥有煤炭产业的实质性转变。大家都说："谁拥有了资源,谁就拥有了产业发展的主动权"。金鼎公司可以自豪地讲,拥有500万吨产能的煤炭产业,不仅使金鼎公司拥有了自己的"工业粮仓",而且,从此金鼎煤机产业发展将如鱼得水、如虎添翼。特别是金匠园区建设取得重大进展,首期470亩土地开工奠基,在更高起点、更高层次上再造五个新金鼎的梦想有了脚踏实地的开局。三年的春华秋实,三年的励精图治,集聚了诸多优质发展要素的金鼎公司,必将成为跨越发展的行业巨人。在体制改革上,金鼎公司以实现子集团管理为目标,推进体制机制改革,不仅实现了从工厂制向公司制、从生产经营型向技术创新型的转变,而且推进了金鼎向着制造文明的大步跨越和根本转变。围绕煤机板块组织模式设计的重大课题,通过股份制合作、增资扩股、控股并购等方式,优化了32个子分公司的体制机制,仅2011年一年内就完成了10个新公司的组建。完善了子集团的管控模式,调整了组织机构,明确了管理职责,规范了业务流程,理顺了总公司、子公司之间的关系。通过改革改出了动力,改出了活力,改出了创造力,改出了生产力。在发展模式的构建上,金鼎公司以市场为导向、以资本为纽带、以协同为手段、以效益为目标,通过模式再造,构建起了煤机板块研发、制造、生产、服务四产为一体的经济共同体,使煤与煤机联动发展的优势得到进一步彰显。在管理制度的改革上,金鼎公司结合产业发展的不同阶段,创造性的引入了托管、监管、委派、合署办公等管理方法,推动了资源、资产、资本管理的有机结合;强化基础管理,建立了全面预算、工序管理、立标对标、一体化管理体系;完善了规章制度,形成了用制度管权、按制度办事、靠制度管人的制度体系,推进了管理水平极大提升。实践表明,改革是支撑金鼎洼地崛起的强劲活力,更是推动金鼎跨越发展的强大动力。

后　记

　　金鼎发展模式课题研究组最初是想研究一下这个企业,完成一次调研,形成一个报告。但在对金鼎公司进行调研的过程中,项目组成员走遍了金鼎的每一个下属公司和行政部门。在深入一个个厂区、一间间办公室、通过一次次访谈后,我们感受到一个曾经有着五十多年历史、积重难返的国有企业,在经历了涅槃后,欲火重生,顺利驶入发展快车道,创造了事业的辉煌。仰视着醒目的金鼎发展数据图,面对着谈论企业变化的金鼎公司员工兴奋的面孔,在为金鼎取得的成就欣喜的同时,不由得想到了那些跟金鼎的过去类似,今日却悄然退出经济舞台的那些企业。它们由于这样那样的原因,被湮没在经济发展的浪潮之中。与金鼎相比,它们的问题在哪里?鉴于此,课题研究组改变了初衷。矢志要对金鼎的发展模式进行探索和思考,对金鼎的成功因素进行剖析,更多地专注于观察和探索金鼎发展历程背后的、与其他企业共同或完全不同的东西。在与一个个篇幅较大的、内容精彩纷呈的MBA案例进行了对比后,居然滋生出想出版一本书的欲望,目的在于总结金鼎这家企业的发展之道。

　　管理模式要兼具企业管理的普适性和特殊性,但是管理模式的析出范式应该具有普适性。因此,本书首先介绍了总结归纳金鼎管理模式的方法,即一般质性研究方法和扎根理论研究方法;其次,才详尽地介绍了金鼎管理模式的具体内容。

　　看似寻常最奇崛,成如容易却艰辛。金鼎的发展历程正如本书的成书过程一样,结果的背后是一条艰辛的探索过程。对于一家老企业而言,管理模式的重构不仅仅是产业链和价值链的组合,还需要从战略、制度、企业文化等方面强化内功。要完成这一目标,既需要一位勇于担当、锐意进取、思路清晰、特立独行的领导者,也需要广大员工的理解、支持和努力。回顾多年的快速发展历程,无限感慨涌心头!用前沿的管理理论知识和对多家企业咨询的经验,去系统总结金鼎公司的管理模式,既激动、兴奋,又感觉有些许惆怅和挑战。在项目组近两年的坚持和努力之下,金鼎管理模式这本书呱呱坠地,真诚期待着读者的建设性意见和建议。

好风凭借力,冲锋正当时。在这样一个风云际会的时代,盼望更多的中国企业能够走出自身特色的成功之路。无数的中国企业发展之路汇集起来就是中国式的管理模式。

我们的努力,意亦在于此。

编　者

2012年7月